新潮文庫

葬られた王朝

—古代出雲の謎を解く—

梅原　猛著

新潮社版

9572

目次

美保神社
日本海
境港
境港市
美保湾
米子空港
中海
妻木晩田遺跡
大山口
松江
山代二子塚古墳
神魂神社
揖夜神社（黄泉比良坂）
東出雲町
揖屋
安来
山陰本線
境線
米子市
日吉津村
伯耆大山
淀江
米子
東出雲IC
安来道路
安来IC
米子西IC
米子IC
米子自動車道
島根県立八雲立つ風土記の丘（岡田山古墳）
八重垣神社
熊野大社
須我神社
安来市
島根県
赤猪岩神社
岸本
伯備線
溝口IC
南部町
伯耆溝口
鳥取県
伯耆町
奥出雲町
日野町
花見山
京都府
御形神社
播但連絡道路
兵庫県
伊和神社
日吉神社
姫路市埋蔵文化財センター
射楯兵主神社
播但線
加古川線
中国自動車道
辰馬考古資料館
相生
姫路
山陽自動車道
山陽本線
山陽新幹線
新神戸
夜比良神社
手柄山
西明石
大阪湾
神戸市立博物館
播磨灘
伊弉諾神宮
おのころ島神社
関西国際空港
南あわじ市滝川記念美術館（玉青館）
神戸淡路鳴門自動車道
大阪府
隆泉寺
洲本市立淡路文化史料館
淡路島
和歌山県
徳島県
沼島（オノゴロ島）
N

map design:網谷 貴博 (atelier PLAN)

《板絵著色神像》のうち稲田姫命（『古事記』では、クシナダヒメ）とされる女神像（伝巨勢金岡作　島根県松江市佐草町・八重垣神社蔵）

《板絵著色神像》のうち素盞嗚尊（スサノオノミコト）とされる男神像（右と同じ）　剝落のため顔だけが残っている

出雲大社拝殿にて。長さ8メートル、重さ約1.5トンの巨大な注連縄が架かる

日御碕神社で、平成21年(2009)夏、営まれた「夕日の祭」。地元の人が集って神楽が奉納される
〔上〕太刀を手にスサノオはヤマタノオロチの首をはねる
〔下〕若々しく舞う少女の姿も

須我神社は、オロチ退治を終えたスサノオが〈あが御心すがすがし〉と言って宮を造ったところという。随身門（ずいじんもん）に竹筒に挿した榊が結わえてあった

須佐神社もスサノオが住んだとされるひとつ、妻クシナダヒメとこの地で生涯を終えたという。社殿の裏には、杉の巨木が神さびた肌を見せていた(71頁参照)

出雲大社のすぐ西、日本海に臨む稲佐の浜は、オオクニヌシが国譲りの決断をくだした場所。筆者の後ろは弁天島で、弁財天が祀られている

出雲大社参道脇には、オオクニヌシの神話にまつわる銅像がいくつも建つ。これはオオクニヌシが「幸魂（さきみたま）」「奇魂（くしみたま）」を拝戴する《ムスビの御神像》

斐川町神庭（かんば）の荒神谷遺跡では、昭和59年（1984）から翌年にかけて、銅剣358本、銅鐸 6 個、銅矛16本が出土。出雲の歴史の全面的な書き直しを迫る大発見であった。史跡公園内では、発掘時の状況がレプリカによって再現されている

昭和39年（1964）、神戸市灘区桜ヶ丘町で14個の銅鐸と７本の銅戈が発見された。写真は、中でもすばらしい《５号銅鐸》のＡ面部分。クモやカマキリ、鹿の角を摑む狩人の姿が
高39.4cm　神戸市立博物館蔵

岡山県井原市木之子町猿森で出土した《袈裟襷文（けさだすきもん）銅鐸》の表面。鮮明かつ繊細に鋳上がった文様
高42.5cm　兵庫・辰馬考古資料館蔵

〔上〕出雲大社境内で、平成12年（2000）に発掘された心御柱は直径3メートルを超える。島根県立古代出雲歴史博物館にて
〔下〕「島根県立八雲立つ風土記の丘」史跡公園にて。敷地内の岡田山1号墳の石室から興奮気味の顔で出てきた筆者

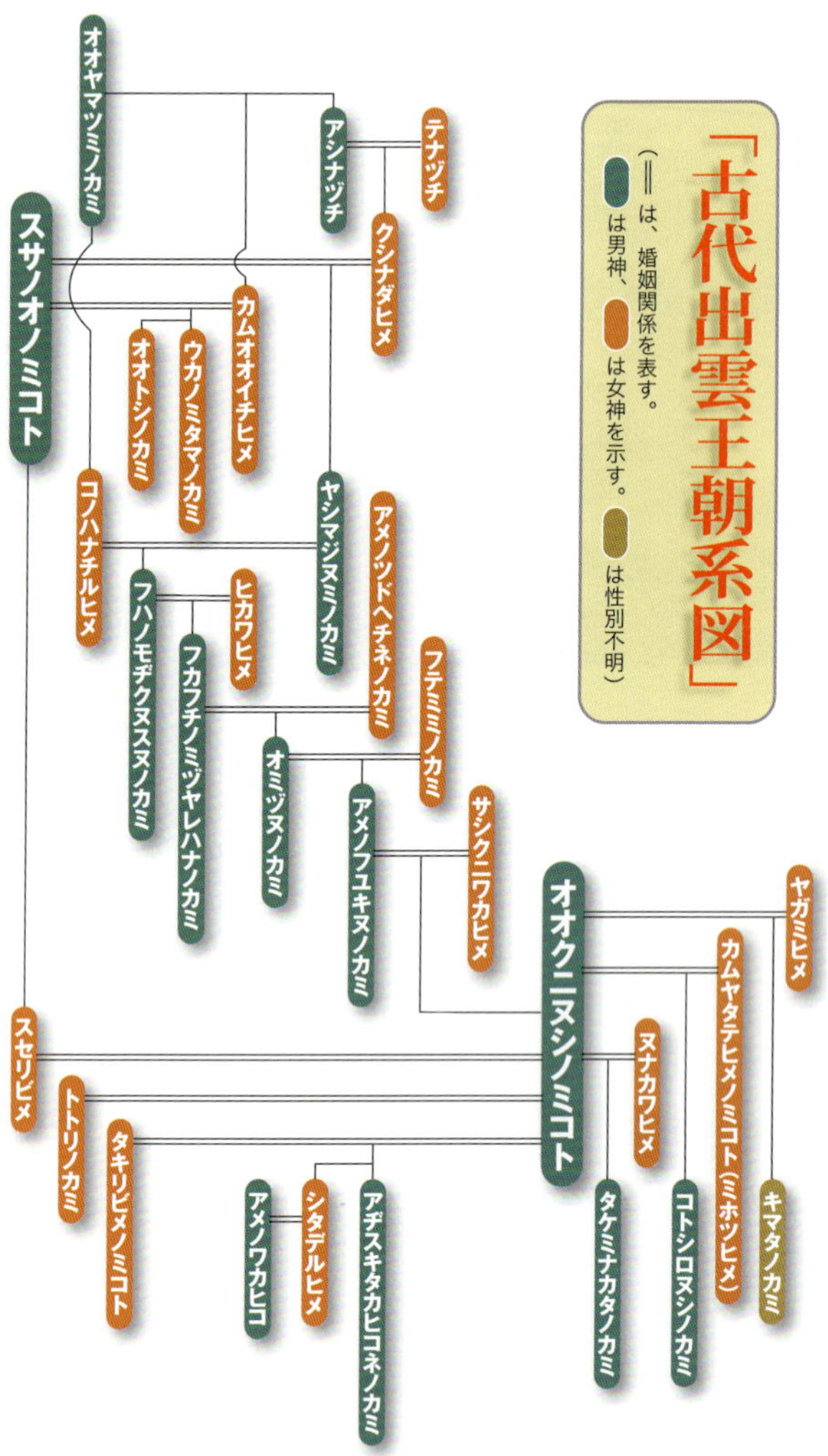
「古代出雲王朝系図」
（＝は、婚姻関係を表す。
は男神、
は女神を示す。
は性別不明）
テナヅチ
アシナヅチ
オオヤマツミノカミ
クシナダヒメ
スサノオノミコト
カムオオイチヒメ
ウカノミタマノカミ
オオトシノカミ
ヤシマジヌミノカミ
コノハナチルヒメ
アメノツドヘチネノカミ
ヒカワヒメ
フハノモヂクヌスヌノカミ
フカフチノミヅヤレハナノカミ
フテミミノカミ
オミヅヌノカミ
サシクニワカヒメ
アメノフユキヌノカミ
オオクニヌシノミコト
ヤガミヒメ
カムヤタテヒメノミコト（ミホツヒメ）
ヌナカワヒメ
スセリビメ
トトリノカミ
タキリビメノミコト
キマタノカミ
コトシロヌシノカミ
タケミナカタノカミ
アヂスキタカヒコネノカミ
シタデルヒメ
アメノワカヒコ

葬られた王朝

古代出雲《いずも》の謎《なぞ》を解く

はじめに　出雲へ

一昨年、平成二十年（二〇〇八）十月、私は前出雲市長西尾理弘《まさひろ》氏の招きによって出雲市を訪れた。西尾氏は、私が昭和六十年（一九八五）に国際日本文化研究センター創設のために文部省に設けられた準備室に勤務するため東京に単身赴任していたとき、いささか世話になった文部省の課長であった。西尾市長が私を呼んだのは、私にもう一度出雲神話に関する好奇心を呼び起こさせ、出雲神話についての著書を書かせようとする底意があったからであろう。

私は四十年ほど前、『神々の流竄《るざん》』（集英社）という本を書いた。そこで「出雲神話なるものは、大和に伝わった神話を出雲に仮託したものである」と論じた。その説は結論においては、戦後の歴史家が多く採用する、出雲神話ばかりか日本の神話そのものを全くのフィクションと考える津田左右吉《そうきち》（一八七三〜一九六一）の説と変わりなかった。

歴史家が出雲神話を全くのフィクションとするのは津田説の影響のみではなく、科学的根拠もあった。もしも記紀が語るような壮大な出雲王国というものが存在していたとすれば、その神話を裏づける考古学的遺跡が存在しなければならない。しかし四十年ほど前までは、出雲にそのような遺跡は存在しないと考えられていた。ただ一つ、出雲大社があるが、出雲大社は『古事記』や『日本書紀』が書かれた頃かその少し前に造られたことは、多くの建築史家の主張するところであった。遺跡がないとすれば、記紀が語る出雲神話は全くのフィクションであるとされても仕方がない。

だが、私は十年ほど前から、この私自身の説に疑問を感じ始めていた。

記紀神話は高天原《たかまがはら》神話、出雲神話、日向《ひゅうが》神話の三つの神話から成り立っている。高天原神話は天で起こった話であるから確かめようがないが、出雲神話と日向神話は出雲や日向で起こった話であり、その神話の跡を訪ねることができる。特に日向神話は、アマテラスの孫ニニギが日向の高千穂《たかちほ》に降臨して以来三代を経て、曾孫《ひまご》カムヤマトイワレヒコ、すなわち神武《じんむ》天皇が東征の旅に出て、ついにヤマトを占領し、天皇家の祖となる話である。いわば日向神話は歴史時代に近い神話である。しかし日本の神話を全くのフィクションとしてしまう津田説の影響下にある戦後の日本の歴史家には、日向神話に目を向ける者などいなかった。ところがこの日向神話に並々ならぬ関心を示す哲学者がいた。それは構造主義の開祖とされる偉大な哲学者、クロード・レヴィ＝ストロースである。

　私が初代所長を務めた国際日本文化研究センターは、昭和六十三年（一九八八）、第一回国際研究集会の基調講演の講師としてレヴィ＝ストロースを招いた。彼はその講演で「日向神話は実に興味深い神話で、あるいは歴史的事実を反映しているのではないか」と語ったのである。

　その言葉は私にとって甚だ意外であった。そして多分間違っているであろうが、偉大な哲学者の言葉であるから、あるいは真実かもしれないと心のどこかで思い始めていた。

　私は、レヴィ＝ストロースの説が正しいかどうかを検討するために、平成十一年（一九九九）約一か月間、日向の旅をすることにした。記紀においてニニギからホオリ、ウガヤフキアエズ、カムヤマトイワレヒコすなわち神武天皇まで、四代の天皇家の祖先が活躍した日向を訪ね、遺跡が多く残っていることに驚いたのである。しかもそれらの遺跡は神話そのものをそのまま表すような遺跡ではない。そのような遺跡ならば、神話が作られた後にその遺跡が作られたとも考えられる。しかし、それらは中央の歴史書にこそ書かれていないが、間接的にその神話が事実に基づいていることを示す遺跡であった。

たとえば、天孫降臨の地とされる高千穂には、神武天皇兄弟が東征に発《た》った後、この地を鬼八《きはち》という荒ぶる神が支配したが、その鬼八を神武天皇の兄のミケヌが退治したという伝承が残っている。ところがこの地には、ミケヌは常世《とこよ》の国へ行ったと伝えられている。記紀においてミケヌは常世の国に行かず、故郷に帰り、曾祖父《そうそふ》ニニギが降臨した高千穂を鬼八の手から奪い返したという伝承が残っていたのである。ミケヌが皇軍の指揮を弟カムヤマトイワレヒコ、すなわち神武天皇に任せ、自らは故郷に帰ったというのはごく自然なことであるように思われる。この鬼八の霊を弔うのが、この地に伝わる有名な「高千穂神楽《かぐら》」の原形である。

また、ニニギが降臨したときに、記紀の記述では国つ神であるオオヤマツミが「二人の娘を妻にしてほしい」といい、姉のイワナガヒメと妹のコノハナサクヤヒメを差し出したことになっている。ところがニニギは、姉のイワナガヒメは醜いので父のもとに帰してしまい、妹の美しいコノハナサクヤヒメのみを留めた。オオヤマツミが二人の娘を献上したのは、天《あま》つ神の命は岩の如《ごと》く永久に堅固であり、木の花の如く栄えてほしいとの思いからであったのに、ニニギはコノハナサクヤヒメ一人だけを留めたので、オオヤマツミは「天つ神の命は木の花のようにはかないものであろう」といったという。『古事記』は、この話の後に「今にいたるまで天皇命《スメラミコト》たちの御命《みいのち》は長くまさざるなり」という注を加えている。

記紀においてはこのような記事のみであるが、イワナガヒメの後日談が強く日向の地に残っていた。イワナガヒメは自分が追い返された悔しさに堪えきれず、鏡に映った自分の顔をつくづく眺めたが、自分の顔が醜悪なことを思い知って、絶望してついに自殺したという。このイワナガヒメの霊を弔うのが有名な西都市に伝わる「銀鏡《しろみ》神楽」である。「銀鏡」というのは白い鏡を見るという意味であろう。鏡を見て自分の醜悪さを思い知って自殺したイワナガヒメの霊を鎮《しず》める神楽が銀鏡神楽なのである。

私は、能、特に世阿《ぜあ》弥《み》の能は怨霊《おんりよう》鎮魂の劇であると考えている。しかし神楽もまた怨霊鎮魂の劇であった。世阿弥は、能楽すなわち申楽《さるがく》の「申」という字は「神」という字の偏を取ったもので、申楽は神楽と全く同じものであるという。怨霊鎮魂の劇という点においても、世阿弥のいうように能楽はまさに神楽の伝統を受け継いでいるのである。そう考えると、日向の地に「高千穂」「銀鏡」の両神楽が残っているということは、意味深いことと考えざるを得なかった。

私は日向の地を廻り、結論として日向神話は多分に歴史的事実を反映しているのではないかというレヴィ＝ストロースの説はほぼ正しいと考えるに至り、『天皇家の

〝ふるさと〟日向をゆく』（新潮社）という本を書いた。そして、もしも日向神話が多分に歴史的事実を反映しているとするならば、出雲神話もまた、日向神話ほどではないにしても歴史的事実を反映しているのではないかと、思わざるを得なかった。

しかしそれを主張するには、私の古代日本研究の出発点になった旧著『神々の流竄』の説をも厳しく批判しなければならない。

こうして私は出雲を訪ねたのである。

そもそも出雲には神話にふさわしい遺跡がないという通説は、昭和五十九年（一九八四）の荒神谷《こうじんだに》遺跡の発見によって吹き飛んでしまっていた。荒神谷遺跡から、銅剣三百五十八本と銅鐸《どうたく》六個、銅矛《どうほこ》十六本が出土したのである。それまで全国で出土していた銅剣の総数は約三百本、銅剣の数は一挙に倍以上になったのである。

さらに平成八年（一九九六）、加茂《かも》岩倉《いわくら》遺跡が発見され、三十九個の銅鐸が出土した。三十九個もの銅鐸が一か所から出土したのは加茂岩倉遺跡が初めてである。さらにまた出雲を中心にして四隅突出型墳丘墓《よすみとつしゅつがたふんきゅうぼ》が数多く発見されている。四隅突出型墳丘墓とは、方形墳丘墓《ほうけいふんきゅうぼ》の四隅が飛び出て特殊な形をした大型墳丘墓のことである。現在までに発見されている四隅突出型墳丘墓は、山陰地方から遠く富山の地まで及んでいる。この古墳の築造は、三世紀に出現したと思われる前方後円墳《ぜんぽうこうえんふん》から遡《さかのぼ》ること約二百年、このような巨大でしかもまことに美しい古墳が造られたことは、出雲を中心とし日本海沿岸に根強く一つの権力が存在し続けたことを意味すると考えてよかろう。

これらのことを考慮すれば、出雲には壮大な神話にふさわしい考古学的遺跡はないという通説は木《こ》っ端微塵《ぱみじん》に粉砕される。

とすれば、我々は学問的良心を持つ限り、出雲神話は全くの架空の物語であるという説を根本的に検討し直さなければならないことになる。旧説に対する厳しい批判が必要であるが、それは私にとっても大変辛《つら》いことである。しかし学者というものは、自分の旧説が間違っていたとすれば、自説といえども厳しく批判しなければなるまい。

もう一度出雲神話を考え直し、そしてその神話がどのような内容を持ち、それが考古学などによって裏づけられるかを抜本的に検討しなければならない。しかしそのような仕事をするのは至難の業のように思われる。なぜなら歴史学、国文学、神話学、神道学、宗教学、民俗学、考古学などの諸学問を総合しなければ、そのような学問的要求に応《こた》えることはできないからである。現在、日本神話、特に出雲神話を見直さなければならないという機運は高まっているように感じられるが、思いきってそのような仕事に着手する者はいない。なぜならそんなことを行えば、旧説を墨守《ぼくしゅ》する多くのジャンルの学者から厳しい批判を受けねばならず、穏健な学者ならあえてしないからである。

しかし私は、昔から通説を根本的に覆《くつがえ》す論を展開してきた。『隠された十字架』（新潮社）における法隆寺を聖徳太子一家の怨霊鎮魂の寺とする説、『水底《みなそこ》の歌』（新潮社）における柿本人麻呂《かきのもとのひとまろ》を流罪《るざい》刑死の人とする説など、何百年の間真理として伝えられてきた説を覆す新説を私は立ててきた。それらの説に対して誹謗《ひぼう》、中傷、冷笑、黙殺こそ続いたが、首尾一貫した私の説に根本的に異議を唱える学者はいなかった。今、それらはほぼ定説になりかけているように思える。若き日、このような思想の冒険を行なった私が齢《よわい》八十四を超えて、あえて今まで多くの学者が信じてきた通説を批判し、新説を唱えることに何を恐れることがあろう。私が恐れるのは通説に安住することであり、真理を語って孤独になることではない。私の人生は残り少ない。残された人生において私は真理を語りたいのである。世間の評価など、何を恐れることがあろう。私はこの論文でそのような思想の冒険を行なおうとしている。

さて、日本神話、特に出雲神話を見直すには、戦前および戦後における日本神話についての定説を批判しなければなるまい。そしてそのためには、そのような定説がどのような『古事記』『日本書紀』の解釈の上に立てられたかを詳察する必要があろう。とすれば、『古事記』および『日本書紀』がいかなる政治的事情によって作られたかをかなり詳細に解明しなければなるまい。

私はこの書物で最初、『古事記』『日本書紀』を論じ、次に主として『古事記』で語られる出雲神話について述べ、その遺跡を訪ね、最後に、新たに出雲で出土したすばらしい考古学的遺物がいかにしてこの壮大な出雲神話を裏付けるかを論じようと思った。しかしこの『古事記』『日本書紀』論はいささか煩雑《はんざつ》な理論に陥ることは必至で、このような煩雑な理論が冒頭にくることは読者には少なからぬ倦怠感《けんたいかん》を与えるかもしれない。

私は、日本国の成立に関するこの書物を、できるだけ多くの日本人に読んでもらいたいと思っているので、思いきって叙述の順序を逆にしたい。まず主として『古事記』によって出雲神話について語り、次にその神話がいかに考古学的遺物によって裏付けられるかを語り、最後に、『古事記』に記された出雲神話が決して『古事記』編《へん》纂者《さんしゃ》が勝手に作り上げた神話ではなく、古くから日本の朝廷で語り継がれていた古物《ふるもの》語《がたり》であることを証明しようと思う。

第一章　出雲王朝はスサノオから始まった

では、早速、出雲神話とは何かを語ることとしよう。

先にも触れた通り、出雲神話について語るには、『日本書紀』より『古事記』によらねばならない。なぜなら、『日本書紀』においてはオオナムヂ、すなわちオオクニヌシの話は国譲《くにゆず》りの話以外はほとんど省かれているからである。有名な「稲羽《いなば》の素《しろ》兎《うさぎ》」の話も、ヌナカワヒメとの結婚の話も、『日本書紀』には、本文はもちろん一書においてもまったく語られていない。

出雲神話の主人公はスサノオというより、むしろオオクニヌシであろう。それゆえに、このオオクニヌシの話をほとんど省いてしまった『日本書紀』によって出雲神話を論じることは不可能といってよい。

といっても、『日本書紀』の説もけっして見逃すことはできない。特にスサノオについての『日本書紀』の一書の説は、スサノオがどのような人間であったかを明らかにしている。これは『古事記』や『日本書紀』の本文とはまったく異なる伝承であるが、こちらのほうに信憑性《しんぴょう》があるように思われる。

また『出雲国風土記』及び『播磨国《はりまのくに》風土記』も、スサノオやオオクニヌシを語るために必要欠くべからざる文献である。『出雲国風土記』にはスサノオやオオクニヌシの国づくりの有様が詳しく語られているが、『播磨国風土記』にもオオクニヌシのことが意外に多く語られている。『出雲国風土記』には国づくりの苦労話、成功話が語られている。それに対し、『播磨国風土記』にはオオクニヌシ王国の分裂、崩壊の過程が語られているように思われる。

さらには『出雲国風土記』『播磨国風土記』のみならず、ほかの多くの国の風土記の断片にもスサノオやオオクニヌシのことが語られている。それらも参考にしながら、スサノオからオオクニヌシにいたる国づくりの有様を考えることとしよう。

『出雲国風土記』は、出雲の土地の人によって書かれていて、そこに書かれている国づくりの神話も『古事記』や『日本書紀』とまったく異なる精神によって語られているという説があるが、私はそのような説はとらない。もちろん、記紀に語られるスサノオによるヤマタノオロチ退治の話や、オオクニヌシの国譲りの話が『出雲国風土記』には記されていないではないかという指摘は承知している。しかし『出雲国風土

記』をよく読めば、それらがまったく書かれていないとはいえない。例えば、意宇《おうの》郡《こおり》母理《もり》の郷《さと》の条に、

天《あめ》の下造《つく》らしし大神《おほかみ》、大穴持命《おほなもちのみこと》、越《こし》の八口《やくち》を平け賜ひて、還《かへ》りましし時、長江山《ながえやま》に来まして詔《の》りたまひしく、「我《あ》が造りまして、命《し》らす国は、皇御孫《すめみま》の命、平らけく み世知らせと依《よ》さしまつらむ。但《ただ》、八雲立つ出雲の国は、我が静まります国と、青垣山廻《めぐ》らし賜ひて、玉珍《たま》置き賜ひて守《も》らむ」と詔りたまひき。故《かれ》、文理《もり》といふ

と記されている。ここで「天の下造らしし大神、大穴持命《おほなもちのみこと》」というのはもちろんオオクニヌシのことである。オオクニヌシが「越《こし》の八口《やくち》」を平定した後に出雲へ帰り、自分のつくった大きな国の支配を、「皇御孫《すめみま》の命」、すなわちニニギに任せて、自分は青垣山を廻らせた出雲国に隠居しようと語ったとある。

これはやはり「国譲り」の話といわねばなるまい。オオクニヌシのつくった山陰一帯及びヤマトや播磨を含む大国の支配を、アマテラスの子孫であるニニギに任せて、自分は小さいけれど美しい出雲一国の支配に甘んじようと語った、というのである。

またここに「越の八口を平らげた」とある。「クチ」はクチナワ（蛇）、クチバミ

（蝮）と同じ意味であり、蛇を指す言葉である。『古事記』では、スサノオが退治したヤマタノオロチのことを「越《こし》のヤマタノオロチ」というが、「越の八口」というのは、まさにスサノオの退治した越のヤマタノオロチと同義語であると思われる。そうすると、ヤマタノオロチを退治したのはスサノオではなくオオクニヌシということになってしまうが、ともかく『出雲国風土記』においても、わずかながらもヤマタノオロチについて語られているのである。

逆に『出雲国風土記』には、記紀に語られていないヤツカミヅオミツノの「国引き」の話がある。これは実に雄大な話である。しかし、『古事記』にはヤツカミヅオミツノと同一人物と思われるオミヅヌという神がスサノオの玄孫《やしゃご》として記されている。このオミヅヌの孫がオオクニヌシなのである。おそらくオミヅヌすなわちヤツカミヅオミツノは農業を興して、スサノオのつくった国を大いに発展させた神であったのであろう。

この「国引き」、すなわち出雲の国を大国にしたヤツカミヅオミツノの存在を考えなければ、オオクニヌシが出雲王国を日本のほぼ三分の一を支配するような超大国にしたというようなことは不可能であろう。

『日本書紀』の本文においてはオオクニヌシをスサノオの子としてしまっている。これはアマテラスと兄弟であるはずのスサノオの六代の孫のオオクニヌシに、アマテラスの孫であるニニギに国を譲るよう交渉するのは年代が合わないので、『日本書紀』的な合理主義によって、オオクニヌシをスサノオの子としてしまったのだと考えられる。出雲王朝は、おそらく何百年か栄えたはずで、その歴史はスサノオとオオクニヌシの二代限りのものとはとても考えられない。

出雲王朝は少なくとも六代は続いたとみなければならない。スサノオと、ヤマタノオロチから救ったアシナヅチとテナヅチの娘、クシナダヒメとの間にヤシマジヌミが生まれたが、『古事記』はそのヤシマジヌミから続く十七代の神の系譜を語っている。この系譜が出雲王朝の系譜であるとすれば、出雲王朝はオオクニヌシ以降、日本全国を支配する王ではなく、出雲一国を支配する王としてささやかながら続いたと考えねばならないであろう。

しかし出雲神話を語るには、このような文献学的研究のみではだめである。やはりフィールド調査が必要となろう。日向にある日向神話の遺跡のように、この出雲神話において活躍した神々を祀《まつ》る神社が出雲にもたくさんある。そのような神社は出雲ばかりか山陰、山陽、近畿地方にまで広く存在するのである。また多くの神社には出雲神話の一端を語るような祭が残されている。それらの神社及び祭祀《さいし》には昔からの言い伝えがあり、それは宮司が代々口から口へと伝えてきたもので、文書にされていないものが多い。

平成二十一年（二〇〇九）四月、私は出雲地方に一週間の調査旅行をした。そこで地元の神主や地方史研究家からさまざまな話を聞くとともに、考古学的遺跡を訪ねた。ただ一週間は甚だ短く、調査には最低一か月が必要であると思った。しかし、それは八十四歳の肉体にとってあまりに過酷であり、一週間の旅で満足しなければならなかった。さらに五月、播磨地方に二日間の旅を、また六月にも神戸・淡路島に二日間の旅をした。

出雲の旅では、国際日本文化研究センター教授の宇野隆夫氏と、出雲市に勤める元奈良文化財研究所遺構調査室長の花谷《はなたに》浩氏が付き添って、出雲にある多くの考古学的遺跡を案内してもらった。その道中、図らずもずっと彼らから考古学の講義を受けることができた。その旅の成果を第三章で語ることにして、まず主として『古事記』によりながら出雲神話について語ることにしよう。

『古事記』を素直に読む限り、アマテラスを開祖とするヤマト王朝の前に、スサノオを開祖とする出雲王朝が、この日本の国に君臨していたと考えねばならない。スサノオとは何者であろうか。

『古事記』『日本書紀』によれば、スサノオには出雲の神となる以前に、高天原《たかまがはら》を舞台とした前史がある。『古事記』によれば、まずアメノミナカヌシをはじめとする別《こと》天《あま》つ神五柱が独神《ひとりがみ》として身を隠した後に神代《かみよ》七代《ななよ》の神が現れ、その最後に出現したイザナギ・イザナミが国生みをした。イザナギ・イザナミ神話は日本の国で起こった神話である。イザナギ・イザナミは「大倭豊秋津嶋《おおやまととよあきつしま》」、すなわち日本本州をはじめとするさまざまな島々を生み、そして国生みを終えると、次に日本国にいるさまざまな神を生んだ。しかしその神生みの最後に、イザナミは、火の神カグツチを生んだために「みほと」すなわち女陰を焼かれて亡《な》くなってしまう。

愛《いと》しき妻を失ったイザナギは死者の国である黄泉《よみ》の国に行き、イザナミに「まだ国生みは終わっていない。帰ってきてほしい」と頼むが、すでに遅い。イザナミの体にはウジがたかり、変わり果てた姿になっていた。それを目にしたイザナギは驚いて黄泉の国から命からがら逃げ帰ってきた。そして、穢《けが》れた身体を浄《きよ》めようと筑紫《つくし》の日向の橘《たちばな》の小門《おど》の阿波岐原《あわきはら》で禊《みそぎ》をし、水の中に潜って身体を洗い清めると、ヤソマガツヒ、オオマガツヒという二柱の穢れた神が生まれ、次にカムナオビ、オオナオビ、イズノメという三柱の神が生まれた。さらに水の中で身体を滌《すす》ぐ時に、ソコツツノオ、ナカツツノオ、ウワツツノオ、住吉神社に祀られる住吉三神が生まれた。そして、左の目を洗った時にアマテラス、右の目を洗った時にツクヨミ、鼻を洗った時にスサノオと、三貴子《さんきし》が生まれたのである。つまり出雲王朝の祖先神スサノオとヤマト王朝の祖先神アマテラスとは、禊によって生まれた姉弟ということになる。

禊によって三貴子を生んだイザナギは、アマテラスには高天原、ツクヨミには夜の国、スサノオには海原を支配せよと命じた。ところが、スサノオは母イザナミを慕って泣いてばかりいて、一向に海原を支配しようとしない。イザナギは怒ってスサノオに「それならお前はこの中《なか》つ国にいてはならない」と言って、スサノオを追放してしまう。

父イザナギに追放されたスサノオは「では、姉のアマテラスに訳を申し上げてから、根《ね》の国《くに》へと参ろう」と言って、天に上っていった。その有様は猛々《たけだけ》しく、山川はことごとく鳴り響き、国土はみな揺れ動いたという。スサノオのたてるすさまじい物音を聞いたアマテラスは、スサノオが襲ってくるものと思い、負けまいと男装し、待ち構えた。そしてスサノオが来ると、「何ゆえに天に上ってきたのか」と詰問《きつもん》した。スサノオはそれに答えて「私には汚い心はなく、母上イザナミのことを思ってただ泣いていただけなのです。しかし、そのことで父上イザナギに追放されてしまいました。それでその訳を姉上に申し上げて、お暇乞《いとまご》いをしようと天に上ってきたのです」と言う。「では、お前の心の清く明るい様はどのように示すことができるのか」とアマテラスが問うと、スサノオは答えて「それならば、お互いに誓約《うけい》して子を産みましょう」と提案した。

そこでアマテラスはスサノオの十拳《とつか》の剣《つるぎ》を貰《もら》い受け、それを三つに折って、天の真《ま》名井《ない》という高天原の神聖な泉で滌ぎ、口に含んで嚙《か》みに嚙んで吐き出すと、その息吹の霧とともに、タキリビメ、イチキシマヒメ、タキツヒメの宗像《むなかた》神社に祭られる三柱の女神が生まれた。つづいて今度はスサノオが、アマテラスの八尺《やさか》の勾玉《まがたま》を天の真名井で滌ぎ、それを口に含んで嚙みに嚙んで吐き出すと、その息吹の霧とともに、マサカツアカツカチハヤヒアメノオシホミミ、アメノホヒ、アマツヒコネ、イクツヒコネ、クマノクスビの五柱の男神が生まれた。

誓約《うけい》の結果は、スサノオの勝ちであった。スサノオはアマテラスに「私が生んだ子は女の子だ。それは私の心が清く明らかであった証拠で、だから当然私が勝ったのだ」と高らかに宣言する。だが、その後、勝ち誇ったスサノオは傲慢《ごうまん》になり、アマテラスの作った田んぼの畦《あぜ》をこわし、その溝《みぞ》を埋めたりしたばかりか、神聖な御殿に糞《くそ》をまき散らしたりする悪《あ》しき業を繰り返し行った。そして、このことが原因でアマテラスが天《あま》の石屋戸《いわやと》に隠れたという、天つ神にとっての大事件が起こるのである。この大事件は智恵者として名高いタカミムスビの子、オモイカネの策略によって解決し、アマテラスは石屋戸から現れるが、神々はスサノオの悪行に憤《いきどお》り、スサノオを流罪《るざい》にしてしまう。そこでスサノオは出雲の国にやってきたわけである。

ところでアマテラスとスサノオの誓約で生まれた五柱の男神のうち、マサカツアカツカチハヤヒアメノオシホミミというのは、スサノオが「まさに私が勝った」とあたかもスサノオの勝利を誇っているような名の神なのであるが、アマテラスの意志によって、この神はアマテラス直系の男神となる。そしてこのマサカツアカツカチハヤヒアメノオシホミミの子が、天孫ニニギなのである。

マサカツアカツカチハヤヒアメノオシホミミをはじめとする五柱の神は、アマテラスとスサノオによる誓約の結果の子であり、こちらもセックスによって生まれた子ではない。『古事記』には、このようなセックスによらない異常な出産の話が二代続く。つまりスサノオを祖とする出雲王朝とアマテラスを祖とするヤマト王朝の関係は、同じ誓約によって深くつながっていることになる。スサノオはアマテラスの弟であるが、アマテラスとの誓約によって、アマテラスの嫡子《ちゃくし》であるマサカツアカツカチハヤヒアメノオシホミミを生み、その子のニニギが、まさにアマテラスの寵愛《ちょうあい》する孫神として高天原から葦原中つ国《あしはらなかつくに》である日本の国へ降り、そしてやがてカムヤマトイワレヒコ、すなわち神武天皇を初代とする天皇家の祖先となるのである。

出雲王朝の祖であるスサノオは、イザナギが最後に生んだ三貴子のなかで嫡男《ちゃくなん》ともいえる男神である。アマテラスは女神であり、ツクヨミも男神ではあるが影が薄く、そうなると三貴子の中ではやはりスサノオが嫡男ということになる。スサノオは当然、葦原中つ国、つまり日本の国を支配してもよいわけである。『日本書紀』の一書（神代上、第五段一書第六）によれば、「以て天下《あめのした》を治すべし」とあるので、スサノオは実際にイザナギから日本国の支配を命ぜられていたのである。それなのに彼は、黄泉《よみ》の国で暮らす母イザナミを慕い、結局、根の国に流罪となった。

このように、イザナギ、イザナミはその子孫によって二つの系統の神々に分かれた。一つはイザナギ、アマテラス、ニニギのヤマト王朝の系統である。そしてもう一つは、イザナミ、スサノオ、オオクニヌシの出雲王朝の系統である。前者はまさに日本を支配する光の神であり、後者は一旦《いったん》は成功をおさめるが、最後には悪神となり、根の国へと行かざるをえない神である。ヤマト王朝と出雲王朝の神々はもともと親戚《しんせき》であったが、ヤマト王朝の神々はすべて光の神、善神であり、出雲王朝の神々は結局闇《やみ》の神、悪神である。

二つの王朝の関係は、例えばヤマト王朝に伝わる八咫鏡《やたのかがみ》、八坂瓊曲玉《やさかにのまがたま》、天叢雲剣《あめのむらくものつるぎ》（草薙剣《くさなぎのつるぎ》）の三種の神器にも見ることができる。そのうち鏡は、出雲王朝では神聖とされないものであり、ヤマト王朝の独自の神器である。これに対して天叢雲剣は、スサノオがヤマタノオロチを斬《き》って、その尾から取り出したものであり、勾玉についてもまた出雲の地で盛んに作られていたもので出雲王朝でも宝器とされるものである。このことから、ヤマト王朝が出雲王朝の権力を受け継いでいるという継承性と、その王朝の独自性と正統性を示すために、このような三種の神器の神話が作られたとみるべきであろう。つまり、記紀に書かれた神話はヤマト王朝と出雲王朝の血縁関係を示すものであり、すでに五世紀以前に成立していたに違いないと思われる。

さて、このようにスサノオには、出雲の神となる以前に高天原を舞台とした前史があるが、もちろん物語が起こった高天原を我々は実際に訪ねることはできない。それゆえスサノオを考察するにあたり、私はその論を出雲流罪以後に絞ろうと思う。しかしその前に、スサノオ流罪直前の話として『古事記』に書かれた興味深い話に触れておきたい。

また、食物《をしもの》を大気都比売《おほげつひめ》の神に乞《こ》ひき。しかして、大気都比売、鼻・口また尻《しり》より種々《くさぐさ》の味物《ためつもの》を取り出《い》でて、種々作り具《そな》へて進《たてまつ》る時に、速須佐之男《はやすさのを》の命《みこと》その態《しわざ》を立ち伺ひて、穢汚《けが》して奉進《たてまつ》ると、すなはちその大宜津比売《おほげつひめ》の神を殺しき。かれ、殺さえし神の身に生《な》れる物は、頭《かしら》に蚕《かひこ》生《な》り、二つの目に稲種《いなだね》生り、二つの耳に粟《あは》生り、鼻に小豆《あづき》生《な》り、陰《ほと》に麦《むぎ》生《な》り、尻に大豆《まめ》生《な》りき。かれここに、神産巣日《かむむすひ》の御祖《みおや》の命、これを取らしめて種と成したまひき（『古事記』上巻）

この記事は、我が国における農業の始まりを記したものと考えられ、はなはだ重要な意味を持つ。ここで八《や》百万神《およろずのかみ》はオオゲツヒメに食物を乞うている。オオゲツヒメというのは、『古事記』において国生みの場面で登場する神である。

イザナギ・イザナミは、国生みにあたって、まず「淡道之穂之狭別《あはぢのほのさわけ》の嶋」、すなわち淡路島を生んだ。そして次に「伊予之二名《いよのふたな》の嶋」、すなわち四国を生んだのであるが、ここで『古事記』は次のように記している。

この嶋は身《み》一つにして面四《おもよ》つあり。面《おも》ごとに名あり。かれ、伊予の国を愛比売《えひめ》といひ、讃岐《さぬき》の国を飯依比古《いひよりひこ》といひ、粟《あは》の国を大宜都比売《おほげつひめ》といひ、土左《とさ》の国を建依別《たけよりわけ》といふ（『古事記』上巻）

つまり「粟の国」、すなわち徳島県がオオゲツヒメだというのである。ここで阿波《あは》国は「阿波」と書かれずに、五穀のひとつである「粟」と書かれている。とすれば、徳島県は粟農業を始めた国なのではないかとの発想がわく。オオゲツヒメが粟を多く生産した徳島県の神だから、八百万神はそのような神に食物を乞うたのであろうか。神々は、スサノオの追放が決まったので、お腹がすいて、オオゲツヒメに食物をくれと言ったのかもしれない。ところが、なんとこの場面でオオゲツヒメは、鼻や口や尻からいろいろな食物を取り出して神々に献上するのである。そのさまを窺《うかが》っていたスサノオは、汚いものを献上したと思い、すぐさまこの神を殺してしまった。そして、その殺されたオオゲツヒメの頭から蚕が、目から稲の種が、耳から粟が、鼻から小豆が、女陰から麦が、尻から大豆が生まれ、カミムスビがこれらを採って、穀物の種にしたというのである。

カミムスビは、『日本書紀』の本文に登場しない神である。しかし『古事記』では、タカミムスビがヤマト王朝を守護する神として登場するのに対し、カミムスビは出雲王朝を守護する神として登場する。カミムスビはオオクニヌシが兄弟神によって殺された際に、オオクニヌシの母親サシクニワカヒメの願いに応じてキサガイヒメとウムガイヒメを遣わし、オオクニヌシを生き返らせた神であり、オオクニヌシとともに国造りをしたスクナヒコナの父でもある。このことから考えても、カミムスビは明らかに出雲系の神であり、そして先の『古事記』の一節は、稲作や養蚕ばかりか、粟や小豆、麦、大豆などの農業が出雲系の神々によって始められたことを物語っているのであろう。これは実に重要なことであり、いわゆる日向の高千穂に降臨したヤマト王朝の祖先神である天孫族《てんそん》がもたらしたのは稲作農業と養蚕に限られていることに対応している。

日本には、稲作農業以前に粟、稗《ひえ》、黍《きび》、麦、小豆、大豆などの雑穀農業が行われていたと思われるが、徳島県すなわち阿波は、この雑穀農業のうち粟農業が日本で最初に行われた国ではなかろうか。また岡山県すなわち吉備《きび》も、黍農業が盛んな国であったのではないかと思われる。そしてこの阿波も吉備も、出雲王朝の権力が及ぶところであった。雑穀農業についての考古学的研究はまだほとんど行われていないようであるが、やがて行われるであろう。それらの研究の成果が、この『古事記』の記事が正しいことを示す日がくるかもしれない。

さて、話を元に戻すことにしよう。

『古事記』に記されたスサノオの人生は波乱万丈といってよいが、その業績はほぼ一つである。それは有名なヤマタノオロチ退治である。
『古事記』では、スサノオは高天原から追われて出雲にやってきたということになっているが、これとは異なる伝承が『日本書紀』の第四の一書に語られている。多少長いが大変興味深いので引用しよう。

一書《あるふみ》に曰はく、素戔嗚尊《すさのをのみこと》の所行無状《しわざあづきな》し。故《かれ》、諸《もろもろ》の神《かみたち》、科《おほ》するに千座置戸《ちくらおきと》を以《も》てし、遂《つひ》に逐《やら》ふ。是《こ》の時に、素戔嗚尊、其《そ》の子五十猛神《いたけるのかみ》を帥《ひき》ゐて、新羅国《しらきのくに》に降到《あまくだ》りまして、曾尸茂梨《そしもり》の処《ところ》に居《ま》します。乃《すなは》ち興言《ことあげ》して曰《のたま》はく、「此《こ》の地《くに》は吾《われを》居らまく欲《ほり》せじ」とのたまひて、遂に埴土《はに》を以て舟に作りて、乗りて東《ひむがしのかた》に渡りて、出雲国の簸《ひ》の川上に所在《あ》る、鳥上《とりかみ》の峯《たけ》に到《いた》る。時に彼処《そこ》に人を呑《の》む大蛇《をろち》有り。素戔嗚尊、乃ち天蠅斫劔《あまのははきりのつるぎ》を以て、彼《そ》の大蛇を斬りたまふ。時に、蛇の尾を斬りて刃缺《か》けぬ。即ち擘《さ》きて視《みそなは》せば、尾の中に一《ひとつ》の神《あや》しき劔有り。素戔嗚尊の曰はく、「此《こ》は以て吾《わ》が私に用ゐるべからず」とのたまひて、乃ち五世《いつよ》の孫《みま》天之《あまの》葺根神《ふきねのかみ》を遣《まだ》して、天に上奉《たてまつりあ》ぐ。此今、所謂草薙劔《いはゆるくさなぎのつるぎ》なり。初め五十猛神、天降ります時に、多《さは》に樹種《こだね》を将《も》ちて下る。然《しか》れども韓地《からくに》に殖《う》ゑずして、尽《ことごとく》に持ち帰る。遂に筑紫より始めて、凡《すべ》て大八洲国《おおやしまのくに》の内に、播殖《まきおほ》して青山に成さずといふこと莫《な》し。所以《このゆゑ》に、五十猛命を称《なづ》けて、有功《いさをし》の神とす。即ち紀伊国《きのくに》に所坐《ましま》す大神是《おほかみこれ》なり（『日本書紀』神代上　第八段　一書第四）

この一書によれば、スサノオは高天原から追放されて直ちに出雲に降ったのではなく、まずその子のイタケルとともに新羅の「曾尸茂梨《そしもり》」という所に降り立ったというのである。この「曾尸茂梨」について、日本古典文学大系『日本書紀』の頭注には、統一時代新羅《しらぎ》の「蘇之保留《そしほる》」であるという『釈日本紀《しやくにほんぎ》』述義に記された惟良宿禰《これよしのすくね》の解釈を引いて、次のような説明がある。

> 近代の言語学者は「蘇之」の「之」は、朝鮮語の助辞促音s（ノの義）をあらわすと説明する。そうすれば蘇之保留とは、当時の新羅言葉でいう王都、すなわち徐耶伐 sio-ia-por, 徐羅伐 sio-ia-por, 徐伐 sio-por をさしていると思われる。sio は金の意。ia は「…のあるところ」。por は日本語でフレともいい、村の意。つまり金のある部落の意。シラキのシラは、やはり「金のある」という意の古語、キは部落と考えられるから、この解釈に従えば、曾尸茂梨は語源的には新羅と同語となる

もちろんスサノオの時代に新羅の国があったとは思えない。おそらく「曽尸茂梨」は辰韓《しんかん》の国のかなり豊かな町であったのであろう。ところがスサノオは、このような豊かな地に自分は住みたくないといって、舟を造り、その舟に乗って出雲の国に到り、簸《ひ》の川をさかのぼり、そして目的地である「鳥上峯《とりかみたけ》」にたどり着く。「鳥上峯」とは、現在の島根県仁多郡船通山《にたぐんせんつうざん》とされるが、なぜスサノオがこの山を目的地としたのかはよく分からない。

この『日本書紀』の一書では、次に例のヤマタノオロチを退治して草薙剣を取り出したことが語られ、最後にスサノオの子イタケルがたくさんの樹木の種を持って高天原から天降ったことが語られている。しかしイタケルは持ってきた種子を最初に降り立った新羅の国には植えず、筑紫をはじめ日本のあらゆる地にことごとくその種子を蒔いて、日本全体を青い山にしたという。これもまたはなはだ興味深い話である。

さらに、この第四の一書に続く第五の一書には次のようにある。

一書に曰はく、素戔嗚尊の曰《のたま》はく、「韓郷《からくに》の嶋《しま》には、是金《これこがね》銀《しろかね》有り。若使《たとひ》吾が児の所御《しら》す国に、浮宝《うくたから》有らずは、未だ佳《よ》からじ」とのたまひて、乃ち鬚髯《ひげ》を抜きて散《あか》つ。即ち杉に成る。又、胸の毛を抜き散つ。是、檜《ひのき》に成る。尻《かくれ》の毛は、是柀《まき》に成る。眉《まゆ》の毛は是櫲樟《くす》に成る。已《すで》にして其の用ゐるべきものを定む。乃ち称《ことあげ》して曰はく、「杉及び櫲樟、此《こ》の両《ふたつ》の樹は、以《も》て浮宝《うくたから》とすべし。檜は以て瑞宮《みつのみや》を為《つく》る材《き》にすべし。柀は以て顕見蒼生《うつしきあをひとくさ》の奥津棄戸《おきつすたへ》に将《も》ち臥《ふ》さむ具《そなへ》にすべし。夫《そ》の噉《くら》ふべき八十《やそ》木種《こだね》、皆能く播《ほどこ》し生《う》う」とのたまふ。時に、素戔嗚尊の子《みこ》を、号《なづ》けて五十猛命《いたけるのみこと》と曰す。妹大屋津姫命《いろもおほやつひめのみこと》。次に枛津姫命《つまつひめのみこと》。凡て此の三《みはしら》の神、亦《また》能く木種を分布《まきほどこ》す。即ち紀伊国《きのくに》に渡し奉る。然《しこう》して後に、素戔嗚尊、熊成峯《くまなりのたけ》に居《ま》しまして、遂に根国《ねのくに》に入りましき（『日本書紀』神代上　第八段　一書第五）

この話も先の話と通じ、スサノオが「韓国には金銀があるが、日本からかの地に渡るには舟が必要だ」と言って、髭《ひげ》を抜いて杉を生み、眉毛を抜いて樟《くすのき》を生み、その杉と樟の木を使って舟を造れと命じたとある。また「胸毛を抜いて生まれた檜《ひのき》で宮殿を造れ、尻《しり》の毛を抜いて生まれた柀《まき》で棺を造れ」と言って、それらの樹木を育てたところ、みなよく育ったというのである。さらに、スサノオとともにこの植林をしたのは、子イタケルとその妹のオオヤツヒメとツマツヒメである。このイタケル、オオヤツヒメ、ツマツヒメは「紀の国」すなわち和歌山県にいたという。紀の国は「木の国」であり、樹木の繁茂する国である。

日本はまさに森の国であり、国土の三分の二が森で、その四割が天然林である。世界の先進国のなかで日本のように緑豊かな国は他にない。今後の環境問題を解決するためにも、日本の森を守っていかねばならないと私は思うが、そのような森の国、日本を作ったのがスサノオであると『日本書紀』の一書は伝えるのである。

さらにまた『日本書紀』は、スサノオの故郷を物語る別の一書を伝えている（『日本書紀』神代上　第八段　一書第三）。そこでは、スサノオがヤマタノオロチを斬った刀は「韓鋤《からさい》の剣」であるという。韓鋤の剣とは、韓国《からくに》から伝来した小刀のことを指す。その韓鋤の剣でヤマタノオロチを斬ったとすれば、スサノオ自身も韓国から来たと考えるのが自然であろう。

第三章で述べるように、スサノオに始まる出雲王朝が最も尊い祭器としたのはおそらく銅鐸《どうたく》であるが、考古学者の佐原真《さはらまこと》氏によれば、銅鐸の源は馬の首に着けた朝鮮の馬鈴であるという。このようにスサノオに始まる出雲王朝には朝鮮の影が強く差しているのである。そのことを頭におきながら、例のヤマタノオロチのことを考えたい。

ヤマタノオロチ伝説については、『古事記』で語る話も『日本書紀』で語る話もほぼ同じである。『古事記』によれば、そのあらすじは次のようである。

スサノオが高天原から出雲の国の斐伊川《ひいかわ》の上流にある鳥髪《とりかみ》という所に降り立った時、箸《はし》が川上から流れ下って来た。スサノオは人が住んでいると思い、さらに川を上っていったところ、老人と老女が、少女を真ん中にして泣いていた。スサノオが「お前たちは誰だ」と聞くと、その老人は「私は国つ神のオオヤマツミの子でアシナヅチといい、妻をテナヅチといい、娘をクシナダヒメといいます」と答えた。泣いているわけを訊《たず》ねると、老人は「私には多くの娘がいましたが、毎年、高志《こし》のヤマタノオロチがやってきて娘を食べてしまいました。今年もヤマタノオロチがやってくる時期になり、それで泣いているのです」と答えた。スサノオが「ヤマタノオロチとはどんな形をしているのか」と訊《き》くと、老人は答えて「その目はほおずきのように赤く、八つの頭と八つの尾があり、その身体には苔《こけ》と檜と杉が生えていて、その長さは八つの谷、八つの峰にも渡るほどで、その腹はいつも爛《ただ》れています」という。そこでスサノオは天つ神である自分の身分を名乗り、娘を自分にくれという。アシナヅチ、テナヅチが「恐れ多いことです。さしあげましょう」と答えると、スサノオはさっそくその少女を神聖な爪《つめ》の形をした櫛《くし》に変身させて、自らの頭に挿した。そしてアシナヅチとテナヅチに「おまえたちは、何度も醸造した強い酒を造り、垣根を巡らして、その垣根に八つの門をつけ、門ごとに桟敷《さじき》を設けて、そこに酒を入れる器を置き、その器を酒でいっぱいにして待っておれ」と命じた。アシナヅチとテナヅチは命令どおりに準備して待っていると、ヤマタノオロチがやってきて、器に自分の頭を差し入れて、たらふく酒を飲んで寝てしまった。それを見て、スサノオは十握《とつか》の剣を抜いて、オロチをばらばらに切り殺した。斐伊川はオロチの血で真っ赤に染まり、そして尾を切った時に、スサノオの剣の刃が欠けた。不思議に思い、剣の先でオロチの尾を刺し割ってみると、そこから立派な太刀が出てきた。この太刀こそ天叢雲剣《あめのむらくものつるぎ》、すなわち後にヤマトタケルが蝦夷《えぞ》征伐に用いた草薙剣《くさなぎのつるぎ》である（抄訳・筆者）

スサノオがヤマタノオロチを退治したのは出雲の国の鳥髪山の近くということになっている。それは現在の奥出雲地方の木次《きすき》の地である。私は、長らくこの地方の小学校の校長先生をされていた浅沼博氏と雲南市教育委員会に勤めておられる坂本諭《さとし》司氏の案内でヤマタノオロチの伝承地を回り、お二人から詳しい説明をうかがった。

奥出雲地方にはヤマタノオロチの遺跡が多すぎるほど残っていて、その伝承も様々である。ヤマタノオロチの住居となっていたという天が淵《あまがふち》、スサノオが斐伊川を歩いていると上流から箸が流れてきたとされる鳥髪の地である八俣《やまた》の大蛇《おろち》公園、オロチに飲ませる酒を造った石甕《いしがめ》がある亀石谷、オロチの尾から天叢雲剣が出現した場所という尾留《おとめ》大明神旧社地など、いろいろな遺跡を見せていただき、私の頭はヤマタノオロチでいっぱいになった。

なかでも私が最も興味を持ったのはヤマタノオロチの首塚とされる「八本杉」である。小さな広場を囲んで八本の杉の木が植えられており、その杉の根元に斬《き》り落とされたヤマタノオロチの八つの首が埋められたという。その近くには、「ヒハヤヒコノミコト」という神を祀《まつ》る斐伊《ひい》神社があり、このヒハヤヒコノミコトがヤマタノオロチであるというのである。日本では良い神でも悪い神でも、強い力を持つ人間や動物はすべて神に祀られる。例えば狼《おおかみ》というのは「オオカミ」すなわち大きな神ということで、狼は人を食うから神に祀られ、人はそのような強い動物を神に祀ることによって自分の味方となってくれることを願う。とすれば、大勢の人を食ったヤマタノオロチが、神に祀られないはずはない。毎年十月二十一日、この斐伊神社ではヤマタノオロチの霊を降ろし、八本杉のある広場で剣舞を舞って、その霊を鎮《しず》めるそうである（斐伊神社神幸祭）。

〔上右〕斐伊川のほとり「八俣の大蛇公園」。流れてくる箸をスサノオが拾い、人が住んでいるのを知ったとされる地　〔上左〕斐伊川上流の「天が淵」。青く水が淀むあたりにヤマタノオロチが住んでいた　〔下右〕尾留大明神（御代神社）は、スサノオがオロチの尾を切り裂いて、天叢雲剣を得た場所。現在は旧社地に　〔下左〕斐伊神社にはヒハヤヒコノミコトことヤマタノオロチが合祀されている

〔上右〕「八本杉」は、スサノオがヤマタノオロチの八つの頭を埋めたとされる場所　〔上左〕スサノオが最初に王国を築いた奥出雲の田園風景

雲南市大東町の佐世の森のシイの木。ヤマタノオロチを退治したスサノオと妻のクシナダヒメは、この木の青い葉を髪に挿して舞った

もう一つ、私が大変興味を持ったのは、ヤマタノオロチを倒したスサノオが頭に「佐世《させ》の木」の青い葉を挿してクシナダヒメと一緒に踊ったという伝承が残る佐世《させ》神社である。境内には、その木の葉が落ちてすくすくと育ったという大木がある。同行した妻はその大木の葉を見て、この木はオガタマの木だと言った。それは、かつて妻の友人が御所を訪れた際にその枝を拾ってわが家に持ってきたのを妻が大事に育てた木であった。そのオガタマの木は、神に捧《ささ》げる舞で使われるもので、巫女《みこ》が鈴とともにその枝を持って舞うのである。

オロチを退治して命が助かったクシナダヒメはもちろん、スサノオにとってもよほど嬉《うれ》しかったに違いなく、そこで二人は狂喜乱舞したというのであろう。この話はスサノオという神の個性がよく表れている。

ところで私は戦前、小学校でこのヤマタノオロチの話を習い、酔ったヤマタノオロチがスサノオに斬り殺される挿絵をよく見た。しかし、八つの頭と尾を持ち、胴が一つのオロチは甚だ描きにくい。ましてや『古事記』にあるように、その背の上に苔と檜と杉が生えたオロチとなると、どうにも絵に描けない。背中に苔や檜や杉が生えていたことは『古事記』にも『日本書紀』にも語られており、それを抜きにしてヤマタノオロチを語ることはできない。また『古事記』には「高志《こし》の八俣《やまた》のをろち」と書かれているが、「高志」は「越」であり、明らかに越前・越中・越後の越を意味している。どうしてヤマタノオロチが越のヤマタノオロチでなくてはならないのか。そのことを考えるとき、先に私が引用した『出雲国風土記』の記事が思い起こされる。

　大穴持命《おほなもちのみこと》、越《こし》の八口《やくち》を平《ことむ》け賜ひて、還《かへ》りましし時、長江山《ながえやま》に来まして詔《の》りたまひしく、「我《あ》が造りまして、命《し》らす国は、皇御孫《すめみま》の命、平らけくみ世知らせと依《よ》さしまつらむ。但《ただ》、八雲立つ出雲の国は、我が静まります国と、青垣山廻《めぐ》らし賜ひて、玉《たま》珍置き賜ひて守《も》らむ」と詔りたまひき（『出雲国風土記』意宇郡《おうのこおり》　母理郷《もりのさと》）

　この言葉は何を意味しているのであろうか。「越の八口」という言葉の「クチ」は前述したとおり、クチナワ（蛇）・クチバミ（蝮）と同語で、「越の八口」は記紀にある越のヤマタノオロチと同じ意味であるという。そして、オオクニヌシは越のヌナカワヒメを娶《めと》って、縄文以来ヒスイの生産によって豊かで強い国であったと思われる越の国を征服したが、越のヤマタノオロチを退治したとは書かれていない。しかし『出雲国風土記』のこの記述は、ヤマタノオロチ退治をしたのはスサノオでなく、実はオオナムチ、すなわちオオクニヌシであったと暗にほのめかしているように思われる。

もちろん八つの頭と八つの尾を持つオロチが実在したとは考えられない。オロチは、しばしば強くて悪い人間に例えられる。その人はオロチのような人だというのは、鬼のような人だというのとほぼ同じ意味である。鬼退治やオロチ退治というのは、人民を苦しめる強く悪《あ》しき人間を退治することをいうのであろう。

このように考えてみると、ヤマタノオロチとは、人民を苦しめる強くて悪い豪族を指すのかもしれない。後に述べるが、ヤツカミヅオミツノは国引きにおいて、西は新羅の国から、東は越の国から国を引いてきたという。つまりヤツカミヅオミツノの出雲王国の交易範囲は、西は新羅から東は越に及んでいたことを意味するのであろう。『出雲国風土記』には越の人の来訪がしばしば語られているが、日本海に臨む当時の国々の中で、ヒスイを生産した越の国が最も豊かで強い国であったに違いない。そしてこの越の国からやって来た豪族が出雲の山々を支配し、海や川を支配し、そこに住む人々を苦しめていたのではなかろうか。その強き悪しき越の豪族ども、すなわち「高志の八俣のをろち」に、スサノオは酒を飲ませて油断させ、皆殺しにしたのではなかろうか。つまり出雲王朝は、出雲が越の支配から解放されたスサノオの時代に始まったのではないか。そして、スサノオの行なった越の国の支配からの解放をさらに進め、越の国を逆に出雲の国の支配下に置いたのが、スサノオから数えて六代目の子孫、オオクニヌシであったと、私は考えたい。

先に述べたとおり、ヤマタノオロチについて、『古事記』は次のように語っている。

その目はほおずきのように赤く、八つの頭と八つの尾があり、その身体には苔と檜と杉が生えていて、その長さは八つの谷、八つの峰にも渡るほどで、その腹はいつも爛れています（抄訳・筆者）

これは、多くの出雲の山々が越の豪族の支配下にあり、その山々が荒廃していることを表現したのではないかと思う。すなわち、スサノオは出雲の森林の荒廃を嘆き、出雲の国を越の支配から解放して山々に木を植え、そして今のような樹木が青々とした森の国にしたのではなかろうか。このようにスサノオは出雲の山林を再生することによって、さらにまた農業も盛んにしたのだと思われる。『古事記』によれば、スサノオはアシナヅチとテナヅチの間に生まれた娘のクシナダヒメを妻として、ヤシマジヌミを生むが、このヤシマジヌミの子孫が以後代々にわたって出雲王朝の主となった。

アシナヅチはオオヤマツミの子であるが、オオヤマツミというのは、天孫ニニギが日向の国の高千穂に降臨した時、このニニギに自分の娘、イワナガヒメとコノハナサクヤヒメを与えようとした神と同名である。もちろんアシナヅチの父であるオオヤマツミと、イワナガヒメやコノハナサクヤヒメの父であるオオヤマツミはまったく別人であると思われる。しかし、その名のごとくいずれも土着の国《くに》つ神で、山々を支配していた神なのであろう。そのオオヤマツミの息子であるアシナヅチの娘が、ヤマタノオロチによって次々と殺されてしまったのである。山を司《つかさど》ったオオヤマツミが、この越のヤマタノオロチの暴挙に腹を立てないことがあろうか。オオヤマツミは、森林ばかりか農業も司る神ではなかったかと思われる。というのは、アシナヅチとテナヅチの娘クシナダヒメは『日本書紀』では「奇稲田《クシイナダ》姫《ヒメ》」と書き、稲の神であることがその名に示されているのでわかろう。

またスサノオは、オオヤマツミの娘カムオオイチヒメ、すなわちクシナダヒメの叔母に当たる女をも娶って、オオトシおよびウカノミタマを生んでいる。オオトシというのは穀物が熟することをも意味する言葉である。つまり、それは穀物の実りの神であろう。『万葉集』にもこの神のことが詠《うた》われ、また最も古い『祝詞《のりと》』といわれる祈念祭の祝詞にもこの神が語られている。またウカノミタマは稲に宿る神秘的な霊のことをいう。トヨウケと同一神ともいわれる。トヨウケは後に伊勢神宮の外宮に祀られる神であるが、ウカノミタマも『祝詞』の中に多く詠われている神である。オオトシおよびウカノミタマは、『祝詞』において最も重要とされる農業神であるが、この農業神の祖父こそがオオヤマツミなのである。つまりオオヤマツミもまた土着の神であり、初期農業の神であったと思われる。

このように、土着の神であり、初期農業の神であるというオオヤマツミの支配を妨げ、出雲の国を植民地として荒廃させた越の豪族が、韓の国からやって来たであろう神であるスサノオに退治されたと解釈すれば、ヤマタノオロチ伝説はよく理解できるのである。

この伝説は私の積年の謎《なぞ》であった。かつて私は『神々の流竄《るざん》』で、ヤマタノオロチはヤマトの三輪山《みわやま》に住む大蛇ではないかと考えたが、それはまさしく私の根拠なき妄《もう》想《そう》であって、いま改めたいと思う。

さて、このように長年の間、出雲の民衆を苦しめた「高志の八俣のをろち」を退治したからには、スサノオは出雲の国の英雄なのである。

『古事記』上巻には、

スサノオが、かの〈八雲立つ　出雲八重垣……〉の歌を詠み、「和歌発祥之遺跡」を称する須我神社（10頁）の奥宮へ向かう道

須我神社の奥宮には、岩座（いわくら）がそびえていた。通称「夫婦岩」、最も大きい岩がスサノオ、左手の岩が妻クシナダヒメ、手前の小さい岩が息子ヤシマジヌミとされる

かれここをもちて、その速須佐之男《はやすさのを》の命、宮造作《つく》るべき地《ところ》を出雲の国に求《ま》ぎたまひき。しかして、須賀《すが》の地《ところ》に到《いた》りまして詔《の》らししく、「あれここに来て、あが御心すがすがし」とのらして、そこに宮を作りて坐《いま》しき。かれ、そこは今に須賀といふ。この大神、初め須賀の宮を作らしし時に、そこより雲立ち騰《のぼ》りき。しかして、御歌を作《よ》みたまひき。その歌に曰《い》ひしく、

八雲立つ　出雲八重垣
妻籠《つまご》みに　八重垣作る　その八重垣を

ここに、その足名鉄《あしなづち》の神を喚《よ》びて告言《の》らししく、「いましは、わが宮の首《おびと》に任《よ》ささむ」

また、名を負《おほ》せて、稲田の宮主須賀之八耳《すがのやつみみ》の神と号《なづ》けたまひき

とある。このように出雲の民の救済者となったスサノオは、宮殿を造るべき場所を出雲の国に求めて、ついに須賀《すが》（須賀）の地に家を建て、その地から雲が立ち上ったので、日本最初の和歌とされる〈八雲立つ　出雲八重垣　妻籠《つまご》みに　八重垣作る　その八重垣を〉という歌を作ったというのである。幾重にも垣根で囲まれた家にまた雲が立って、その家を隠している。その隠れ家の中で、妻と一緒に楽しく過ごそうとい

う歌であり、ヤマタノオロチを殺してやっと安穏な生活を送れるという故郷を追われて出雲に来たスサノオの心境をよく示している。この須賀の宮の地が、例のオロチ退治の鳥髪山から北東に十五キロぐらい離れた、いま須我《すが》神社のある場所である。

この須我神社の近くには、出雲大社とともに、古代出雲において最も格が高いとされる熊野《くまの》大社がある。熊野大社は出雲の国の一之宮であり、かつては意宇川《おうかわ》の川上にある天狗山《てんぐやま》にあったが、中世以降に里に降り、「上の宮」と「下の宮」の二社となった。上の宮にはイザナミ、コトサカノオ、ハヤタマを祀《まつ》り、下の宮にはアマテラスとスサノオを祀っている。この祭神についてはいろいろ議論があるが、本居宣長《もとおりのりなが》は、この神社の第一の祭神はスサノオであるとする。

熊野大社では「鑽火殿《さんかでん》」が有名である。鑽火殿は、スサノオが檜の臼《うす》と卯木《うつぎ》の杵《きね》で火を鑽《き》り出す方法を教えたという、燧臼《ひきりうす》と燧杵《ひきりきね》が奉安されている施設である。この鑽火殿が脚光を浴びるのは、出雲国造《こくそう》である出雲大社の宮司が亡《な》くなり、新しい宮司に代わるときである。出雲大社の新しい宮司は前の宮司が亡くなるや、直ちに熊野大社の鑽火殿に赴いて、「火継《ひつぎ》」の式を執り行わねばならない。この鑽火殿で神聖な火をもらわないと、出雲大社の宮司にはなれないのである。

また熊野大社では、毎年十月十五日に出雲大社の宮司がやって来て、神器の燧臼と

熊野大社は、出雲国一之宮として高い格式を誇る。祭神はイザナギノヒマナコカブロギクマノオオカミクシミケヌノミコト、どうやらスサノオの別名らしい

亀太夫神事について語ってくれる熊野高裕宮司。名調子の解説を聞いて、大いに盛り上がる

熊野大社の「鑽火殿」。スサノオが火を鑽り出す方法を教えた際に用いたのと同じ燧臼と燧杵が奉安されている

亀太夫神事。熊野大社社人の亀太夫（左）が出雲大社宮司（右）が供する神餅（中央）の出来にケチをつける　写真提供＝熊野大社

燧杵を頂戴《ちょうだい》する「鑽火祭」があり、それに先立って「亀太夫《かめだゆう》神事」というユニークな神事が行われる。これは、熊野大社の社人《しゃにん》である亀太夫が、出雲大社の宮司が持ってきた神餅《しんぺい》の出来ばえにケチをつけ、それに対して出雲大社の宮司が弁解するやりとりを神事にしたものである。熊野大社の宮司、熊野高裕氏によれば、毎年その時期になると、熊野大社の近くには代々この亀太夫を務める一家があり、亀太夫は、毎年その時期になると、今年はどんなケチをつけようかと、この神事を楽しみにしているそうである。亀太夫にとっては一年に一回のこの儀式ほど痛快なことはなく、出雲大社の宮司にとってはこれほど腹の立つことはないであろう。

さて、スサノオ夫婦が住んだとされる地は他にもある。熊野大社から北に五キロほど行った八重垣神社もそのひとつで、ここはスサノオがヤマタノオロチを退治するのに際し、斐伊川の川上から七里離れた「佐久佐女《さくさめ》の森」が安全な場所だとして、八重垣を作ってクシナダヒメを隠した地であるとされる。そしてオロチを退治した後、この地に宮を造って夫婦の住まいとしたという。

八重垣神社の宝物殿には、八九三年に巨勢金岡《こせのかなおか》が描いたと伝わる彩色の六神像の板絵三面が残されている。中央にスサノオとクシナダヒメ、右にアマテラスとイチキシマヒメ、左にアシナヅチとテナヅチが描かれており、ここに『古事記』に語られる世

〔上〕八重垣神社には、平安前期の伝説の絵師・巨勢金岡の作と伝わる《板絵著色神像》、スサノオ、クシナダヒメ（八重垣神社の祭神名は素盞嗚尊、稲田姫命）らの壁画が保管されている（6頁、7頁参照）
〔下〕八重垣神社奥、森の中にある「鏡の池」。クシナダヒメの御霊が鎮まっているといい、結婚祈願の男女がよく訪れる

界がありありと表現されている。また、この神社の奥の院の森の中には「鏡の池」という池があって、クシナダヒメの御霊《みたま》が水底深くに沈んでいるといい、今でも硬貨を紙に乗せてお供えする。紙が早く沈めば、早く結婚ができるということである。

この八重垣神社の宮司、佐草敏邦《さくさとしくに》氏はスサノオとクシナダヒメの子、アオハタサクサヒコの子孫にあたるという。この神社ばかりではなく、出雲の神社には、遠い祖先が宮司となり、今日まで代々宮司の職を受け継いできたという神官がたくさんおられ、出雲にはまだ神々が生きているという印象を私は強く受けた。

スサノオの住居とされるこれらの神社のほかに、出雲にはもう一つ、晩年のスサノオが過ごしたと伝えられる須佐《すさ》神社がある。

須佐神社は、オロチ伝説が残る奥出雲地方や、熊野大社、八重垣神社がある意宇《おう》郡の地から遠く離れた飯石《いいし》郡（現出雲市）に鎮座している。出雲には二つの大きな平野があり、一つは意宇郡、すなわち今の松江市を中心とする意宇平野で、もう一つは出雲市を中心とする出雲平野であるが、この出雲平野の奥に、スサノオがクシナダヒメと一緒に住み、そこで人生を終えたと伝えられる須佐神社があるということはたいへん重要な意味を持つ。

というのも、出雲平野は意宇平野よりはるかに多くの水田があり、豊かなのである。

〔上〕八重垣神社は、スサノオがヤマタノオロチと戦うに際し、クシナダヒメを隠した「佐久佐女の森」の故地である。オロチを倒したあと、ふたりはここに宮を営んだ　〔下〕八重垣神社の佐草敏邦宮司。スサノオとクシナダヒメの子アオハタサクサヒコの子孫なのだとか

おそらくスサノオは、意宇平野よりも農業に適した出雲平野を自らの本拠地としようと考えたのであろう。

この須佐神社の宮司は須佐建紀氏といい、東京大学農学部を卒業後、さらに医学を学んで今は精神科医もされている方であった。その須佐氏によれば、この神社には神楽《かぐら》をはじめいくつもの民俗芸能が伝承されている。その中には、他の出雲地方においてはあまり舞われることのない「蘇民将来《そみんしょうらい》」の舞がある。

「蘇民将来」とは、『備後国風土記《びんごのくに》』に語られている二人の兄弟の伝承話である。『備後国風土記』逸文には次のようにある。

北の海にいる武塔《むとう》の神が南の海の神の娘のところに求婚に出かけた際、途中で日が暮れてしまった。仕方なく、武塔の神はそこで一夜を過ごすことにした。その土地には将来と名のつく二人の兄弟が住んでいた。弟の将来は裕福であったが、兄の蘇民将来はひどく貧しかった。武塔の神は、この二人に一夜の宿を乞《こ》うたところ、まず初めに訪れた裕福な弟にはけんもほろろに拒まれてしまう。だが、次に訪れた貧しい兄の蘇民は粗末な粟殻《あわがら》の座と粟飯ながら手厚くもてなしてくれた。その後、数年経って、武塔の神が再びこの地に戻ってきた。そして、蘇民将来にお礼がした

須佐神社は、スサノオが晩年を過ごした旧飯石郡の地に鎮座する。須佐建紀宮司と語り合う

須佐神社本殿裏の御神木の杉の大木（10頁も）。霊能者・江原啓之によれば、神の国出雲でも最強のパワースポットらしい

いといい、蘇民将来の娘の腰の上に茅《ち》の輪を付けさせるように命じる。蘇民将来は言われた通りにして一夜を明かすと、その夜のうちに娘ひとりを残して、村の全員がことごとく疫病で死んでしまったではないか。この武塔の神は自分がスサノオであると名乗り、もし疫病が流行《はや》ったら、蘇民将来の子孫だと言って腰に茅の輪を付ければ、命が助かるだろうと言ったという（抄訳・筆者）

蘇民将来は京都の八坂神社にも祀《まつ》られており、祇園祭《ぎおんまつり》の時にはスサノオとともに大変活躍する神である。『備後国風土記』においても語られているスサノオと蘇民将来の話は、おそらく出雲と備後とのあいだに交流があったことを示しているのであろう。考古学的根拠もある。詳しくは第三章で触れたいが、出雲地方に多い四隅突出型墳丘墓が、蘇民将来の伝承がある備後地方にも非常に多いのである。

ところでスサノオは、須我神社においても、八重垣神社においても、そして須佐神社においても、そこでクシナダヒメと仲良く暮らし、一生を終えたということになっているが、いまひとつ、異なる伝承がある。それによれば、出雲大社のある杵築《きつき》の地を西北に進んだ日本海沿岸の日御碕《ひのみさき》の地でスサノオは亡《な》くなったというのである。

島根半島西端のこの絶景の地には日御碕神社があり、楼門をくぐると右手の岸壁に神《かん》の宮《みや》が、正面に日沈宮《ひしずみのみや》が置かれている。前者にはスサノオと宗像《むなかた》三神が、後者にはアマテラスが祀られているが、この地は日の沈むところなので、アマテラスは夜を祀る神とされていたという。アマテラスを祀る日沈宮はかつて神社の背後にある経島《ふみしま》にあったが、今では経島はウミネコの繁殖地となっている。

日御碕は、スサノオの気性と同じくまさに断崖《だんがい》絶壁の荒々しい海岸である。神社近くの小高い丘の頂上に「スサノオの墓・伝承地」とされる社地があり、それは見たところ古墳ではないかと推測されるが、よくわからない。しかしいずれにしろ、スサノオが故郷を望めるこの地で亡くなったとすれば、それはヤマタノオロチを退治した勇猛さとともに故郷恋しのやさしい心をもつスサノオにまことにふさわしい最期《さいご》であるといってよかろう。

日御碕灯台（76頁）に向かう山道から垣間見えた日御碕神社。道路より下側、海際に向かって壮麗な社殿が展開している

出雲の主要神社の本殿は、出雲大社をはじめとして大社造りが多いが、ここばかりは壮麗な朱塗りの権現造り。徳川家光の命により造営された

島根半島最西端の岬のそのまた先端に建つ、日御碕灯台。最初に灯が入ったのは、明治36年(1903)のこと

ウミネコの繁殖地としても知られる経島は日御碕神社の神域で、祭りの際の宮司とウミネコの調査員以外は上陸を許されない

須佐《すさ》神社に伝えられる伝承が示すように、晩年のスサノオが自らの居を意宇《おう》平野ではなく出雲平野に定めたことは、出雲王朝の発展にとって、まことに有利であったと思われる。先に述べたように、出雲平野は意宇平野より農地が広く、肥沃《ひよく》な農業が期待されるからである。『古事記』によれば、スサノオがアシナヅチ・テナヅチの娘、クシナダヒメを娶《めと》って生んだのはヤシマジヌミである。国文学者の西宮一民《にしみやかずたみ》氏は『古事記』（新潮日本古典集成）の「付録　神名の釈義」において、このヤシマジヌミという名は「多くの島々を領有する主の神霊」という意味であるという。以下、神の名の考証は西宮説に従うことにする。

　ヤシマジヌミの名は、スサノオの王朝がかなり多くの土地を所有する国になったということを表しているのかもしれない。そしてヤシマジヌミがオオヤマツミの娘のコノハナチルヒメを娶って生んだ子が、フハノモヂクヌスヌである。オオヤマツミはアシナヅチとコノハナチルヒメの父であり、コノハナチルヒメはクシナダヒメの叔母にあたるので少し時代が合わないが、いずれにしろスサノオ王朝は、このように二代続けて土地の豪族、すなわち国つ神オオヤマツミ家と結婚することによって、渡来民であるスサノオ子孫の出雲における地位を強固にしたのであろう。

次に三代目となったフハノモヂクヌスヌであるが、その名は「蕾《つぼみ》の貴人の、国の居住地の主」という意味であるという。この解釈が正しいとすれば、スサノオ王朝はフハノモヂクヌスヌの時代になってようやく貴人として土地の人間に敬われるようになったのかもしれない。このフハノモヂクヌスヌが、オカミの娘ヒカワヒメを娶って、フカフチノミヅヤレハナを生む。オカミとは「水を掌《つかさど》る龍神」のことで、ヒカワヒメとは「霊的な川に奉仕する巫女《みこ》」という。そしてフカフチノミヅヤレハナは「深淵《しんえん》の水が目に見えない力によって送り出され流れてゆくこと」なのだという。つまり、水は稲作農業にとって最も大切であり、フハノモヂクヌスヌは水を掌る龍神の娘を娶り、フカフチノミヅヤレハナという決して水が枯れないことを意味する名の神を生んだというのである。

『古事記』はさらに代々のスサノオ王朝の子孫の系譜を語っている。四代目のフカフチノミヅヤレハナがアメノツドヘチネを娶って生んだのがオミヅヌという神であると記される。このオミヅヌは『出雲国風土記』意宇郡の条、有名な国引き神話に登場する神であり、そこではヤツカミヅオミツノと呼ばれ、次のようにある。

国引きましし八《や》束水臣津《つかみづおみつ》野命《ののみこと》、詔《の》りたまひしく、「八雲立つ出雲の国は、狭布《さの》の稚国《わかくに》なるかも。初国《はつくに》小《ち》さく作らせり。故《かれ》、作り縫《ぬ》はな」と詔りたまひて、「栲衾《たくぶすま》、志羅紀《しらぎ》の三埼《みさき》を、国の余《あまり》ありやと見れば、国の余あり」と詔りたまひて、童女《をとめ》の胸《むな》鉏《すき》取らして、大魚《おふを》のきだ衝《つ》き別けて、はたすすき穂振《ほふ》り別《わ》けて、三身《みつみ》の綱うち挂《か》けて、霜黒葛《しもつづら》くるやくるやに、河船のもそろもそろに、国来《くにこ》々々《くにこ》と引き来縫《きぬ》へる国は、去豆《こづ》の折絶《をりたえ》より、八《や》穂爾支豆支《ほにきづき》の御埼《みさき》なり。此《か》くて、堅《かた》め立てし加志《かし》は、石見《いはみ》の国と出雲の国との堺《さかひ》なる、名は佐比売《さひめ》山、是《これ》なり。亦《また》、持ち引ける綱は、薗《その》の長浜《ながはま》、是《これ》なり

オミヅヌ、すなわちヤツカミヅオミツノは、出雲の国は小さいので、他の土地を持ってきて大きくしようと、朝鮮半島の新羅《しらぎ》の岬に余分な土地があると言って、国引きをした。この国引きによって、去豆《こづ》の断崖《だんがい》から杵築《きつき》の岬まで、つまり現在の出雲市平田町から日御碕神社のある日御碕までの一帯の土地が得られたという。そして、引い

てきた国が動かないように立てた杭《くい》が石見の国と出雲の国の境にある三瓶山《さんべさん》で、その際にヤツカミヅオミツノが引いた綱が長浜という弓形の浜になったというのである。

ヤツカミヅオミツノはこのような国引きを四度行い、最後には伯耆大山《ほうきだいせん》に綱をかけて遠い越《こし》からも国引きをして、出雲の国を大きくした。この先に挙げた『出雲国風土記』意宇郡の条には、「(土地が)若い女性の胸のように平らなのをよしとする」意味の〈童女《をとめ》の胸鉏《むなすき》取らして〉という言葉と、「土地よ来い、土地よ来い」という意味の〈国来《くにこ》々《くにこ》〉という言葉がそれぞれ四度繰り返されている。それはいかにも雄大な国引きという大事業の喜びを語っているように思われる。また、ヤツカミヅオミツノが国引きを終えた際、杖《つえ》を突き立てて「おゑ」といったという。そこから、この土地を「意宇《おう》」と名付けたと記されている。国引きという大仕事を終えた感慨が「おゑ」という言葉になったのであろう。

この国引きをどう考えるかは問題だが、それは、かつて島であった島根半島が海面下の地盤が隆起によって本州と陸続きになり、また火山灰が堆積《たいせき》するなどして、陸地が飛躍的に増えたことを祝賀する話であると考えるべきであろう。

日本列島において海面が最も高くなった縄文海進は、今から約六千年前のこととされる。その後、時間の経過とともに海面下の地盤が隆起し、火山灰が堆積して、現在のような広大な平野ができたと考えられている。ちょうどその頃が弥生時代にあたり、出雲の稲作農業に携わった当時の民衆は耕地が増えたことを心から喜んだに違いない。

スサノオに始まる出雲王朝は、ヤツカミヅオミツノの時代になって三瓶山から伯耆大山まで支配を拡大し、韓および越の王朝とも交流をするような巨大な王国となったのであろう。そう考えると、まさにヤツカミヅオミツノは、出雲王朝の中興の祖であるといえる。ただ、このヤツカミヅオミツノは、『古事記』や『日本書紀』では何も語られていない。それどころか、さらに『日本書紀』ではオオクニヌシの話も前半部が欠如している。これはおそらく、『古事記』においても『日本書紀』においても、スサノオに始まる出雲王朝がオオクニヌシという偉大な王によって、越や大和をも支配する大国となり、その巨大な国をヤマト王朝の祖ニニギに譲ったという神話を語ることを主目的としたからであろう。この記紀の神話の不備を補うために『出雲国風土記』の著者は、わざわざヤツカミヅオミツノの国引きの話をその冒頭においたのではなかろうか。

ところで、出雲王朝の中興の祖というべきこのヤツカミヅオミツノを祀《まつ》る神社は、記紀にその名はなく、出雲においても非常に数が少ない。その中で唯一《ゆいいつ》の大きな神社が長浜神社である。長浜神社は、国引きの際に引いた綱「薗《その》の長浜」の地に鎮座して

大きな弧を描く稲佐の浜。『出雲国風土記』では「薗の長浜」と呼ばれ、ヤツカミヅオミツノが国引きをした際の綱に見立てられる。左頁右よりに抜きん出て見える山は三瓶山（標高1126メートル）で、引き寄せた国を繋ぎとめるために打ち込んだ杭とされている

おり、そこには広大な出雲平野が広がっている。ここにヤツカミヅオミツノの宮殿があったとすれば、出雲王朝は奥出雲の棚田農業の地からこの広い沃野の稲作農業の中心地に拠点を移すことによって大きく発展したのであろう。私は出雲大社北方の山の上にある奉納山《ほうのうざん》公園より「薗の長浜」地域一帯を眺めたが、その長い海岸線はまるで弓形にしなった綱のようであり、海岸を挟んだ先に綱を留める杭となった三瓶山が高くそびえ、国引きの神話が実感されたのである。

長浜神社の宮司は秦和憲《はだかずのり》氏であった。秦氏は、突然、私が訪ねたのに驚いて、「何しに来られました」と訊《たず》ねられた。そこで「私がかつて書いた『神々の流竄《るざん》』の説が間違っていたので、オオクニヌシに謝りに来ました」と伝えると、大変喜んで、この地にまつわるいろいろな話をしてくださった。

さて、『古事記』の掲げる系譜によれば、国引き神話の神であるヤツカミヅオミツノ、すなわちオミヅヌがフノズノの娘のフテミミを娶って生んだ子がアメノフユキヌである。フノズノについて西宮氏は、「くねくねと這《は》う葛《ふじつる》の類で、水にさらして衣類の繊維を採る材料に基づく命名」であるとする。またフテミミは「衣類の神霊」を意味し、そしてアメノフユキヌは「天上界の、冬の着物」で、衣類の豊饒《ほうじょう》を賛美しているのであろうという。つまり、ここで「水の神」の子として「衣の神」が出現したのである。桑を栽培し蚕の餌《えさ》にする養蚕の歴史は古く、稲作を中心とする農業と密接に結びついているが、養蚕が盛んになり、食の欲望とともに衣の欲望をも十分に満たすものになったことを意味するのであろう。

そして、衣の神であるアメノフユキヌが、サシクニオオの娘のサシクニワカヒメを娶って生んだのが、オオナムヂすなわちオオクニヌシである。

オオクニヌシの名は、おそらく彼が大国を支配する王になってからの尊称で、彼の最初の名はオオナムヂであったと思われる。ヤツカミヅオミツノの時代、出雲はすでに大国で、その息子アメノフユキヌは、この国を支配する王として多くの妻、子を持っていたのであろう。そして、サシクニワカヒメはおそらく身分の低い「刺国王《さしくに》」の娘であったろう。もっとも卑母のせいで、オオナムヂはアメノフユキヌの王子の中でも軽んじられた存在であった。『古事記』において、オオクニヌシは兄弟の神々の従者として重い大きな袋を背負った姿で登場する。

八十神《やそかみ》たちは、それぞれ因幡《いなば》（稲羽）のヤガミヒメと結婚しようと思い、オオナムヂ（オオクニヌシ）に重い荷物を背負わせて出雲国の東方にある因幡国へと向っ

長浜神社は海岸線からほど近い妙見山という小高い丘に鎮座する。ちょうど「薗の長浜」の真ん中の位置になる

国引き神話の神ヤツカミヅオミツノを祀る長浜神社にて。奥に見えるのは毎年10月に開催されるジャンボ綱引き大会の大綱

た。その旅の途中、オオナムヂが一人遅れて因幡国の気多岬《けたのみさき》までやって来た時、裸の兎が寝ていた。オオナムヂがその訳を聞くと、「私は隠岐島《おきのしま》の兎ですが、気多岬に渡ろうと思い、海のワニ（鮫《さめ》）に『お前の仲間と私の仲間のどちらが多いか較《くら》べてみよう。そのために島から気多岬まで連なって並んでみておくれ』と言ったのです。するとワニはまんまと騙《だま》され、隠岐島から気多の岬までずらりと並び、私はそのワニの背中を一つ二つと数えながら渡り、もう一歩で本土の地に到着するというその時、つい嬉《うれ》しくなって口が滑り、『お前たちは私に騙されたのだよ』と言ってしまったのです。そう言い終えるや、一番端にいたワニに着物をはがれてしまいました。それで泣いておりましたら、通りかかった八十神が『海の水を浴びて、高い山に登って風に当たればよい』とおっしゃったので、そうしていると、その身はすっかり損なわれ、痛くてたまりません。それで泣いているのです」。話を聞いたオオナムヂは兎に、「早く河口に行って淡水で身体《からだ》を洗うがよい。そしてその水辺に生えている蒲《がま》の穂を集め、花粉を敷き散らして寝転がれば、傷は治って、必ず元の白い肌の兎に戻るだろう」と教えた。兎がオオナムヂの教えの通りにすると、元通りの毛並みの良い兎に戻った。

兎は、実はヤガミヒメの使いの兎神であるといい、「お兄さん方は、決してヤガミヒメを娶ることはできません。袋を背負って従者の姿をしているあなたがヒメをものにされるでしょう」とオオナムヂに告げた。その言葉通り、八十神がヤガミヒメに求婚すると、「あなたたちではなく、オオナムヂに嫁ぎます」と、ヤガミヒメは答えた（抄訳・筆者）

この話はまことに他愛もないメルヘンのように思われる。津田左右吉《そうきち》は『古事記』を論じる時、政治的な話とこのようなメルヘンとを完全に分けるが、『古事記』のメルヘンにはほぼ全て政治的な意味がある。出雲王朝の王であるアメノフユキヌの王子たちは、なぜ因幡の国のヤガミヒメを娶りにいったのか。因幡は現在の鳥取市周辺で、出雲の国からは遠く、伯耆《ほうき》の国を通り越して行かねばならない。おそらく当時、すでに伯耆の国は出雲の王朝の支配下にあったのであろう。とすれば、次に狙《ねら》うのは因幡の国である。第三章で詳しく語るが、妻木晩田《むきばんだ》遺跡の発掘によって、その周辺に大変豊かな集落のあったことがわかってきた。おそらく因幡の国は大変豊かな国であったのであろう。その因幡の国のヤガミヒメと結婚するということは、因幡の国を出雲王朝の支配下に置くことを意味し、ヤガミヒメを娶ることのできた王子は、アメノフユキヌ王朝の代で優位な位置に立てるのである。あるいは太子の有力な候補者になれるかもしれない。それゆえ、オオクニヌシの兄弟である八十神たちは躍起になって因幡参りをしたのであろう。ところがヤガミヒメが婿《むこ》に選んだのは、その中で最も身分の低いオオナムヂ、すなわちオオクニヌシであった。

さて、この「因幡の素兎《しろうさぎ》」の話において、ウサギが住んでいたのは隠岐島であるが、対岸の因幡の地は鳥取の妻木晩田遺跡が示すように、豊穣な地であり、農業文明が繁栄していたとかんがえられる。そのような本土の地を、繁栄とはほど遠い隠岐島に住んでいた素兎は羨望《せんぼう》し、なんとか海を越えて本土に渡ろうとしたのであろう。その手段として、ワニを欺《あざむ》いたわけである。しかし、最後まで嘘《うそ》を貫けばよかったのに、どこか正直者で嘘をつけない素兎はつい本当のことをしゃべってしまった。

これは、隠岐島から本土へ移住しようとする島民と、その移住を手伝った船頭との間に起きたトラブルを思わせる話である。多少残酷で、しかも他愛のないメルヘンではあるが、そこには何かしらの政治的な意味合いが含まれていると思われる。また、ここで『古事記』は、オオクニヌシの人間に対する優しさを語っているのであろう。オオクニヌシに関する『古事記』の記事を読むと、オオクニヌシは特に女性に対しては大変優しいことが分かる。彼は白面の美青年だったに違いない。そのような一本気

キサガイヒメとウムガイヒメがオオナムヂの火傷を治療し蘇生させる場面　青木繁《大穴牟知命》　明治38年（1905）　75.5×127cm　石橋財団石橋美術館蔵

猪に似た焼け石を抱いてオオナムヂが落命した伯耆国の「手間の山」の麓に鎮座する、赤猪岩（あかいいわ）神社。本殿裏の岩座が、くだんの焼け石ということらしい

でかつ美青年で女性に対して優しい男性は、男社会においてはいじめられるかもしれないが、女性はそのような青年の心に潜む、この上もない優しい魂を見つけて、愛さざるをえなくなる。母性本能をくすぐるようなところを、この青年は先天的に備えていたのであろう。

このようにヤガミヒメが、人もあろうに最も身分の低いオオナムヂ（オオクニヌシ）を選んだとすれば、彼に対する八十神の嫉妬《しっと》は激しくなる。ヤガミヒメに拒絶されて、オオナムヂに腹を立てた兄弟の神々は、オオナムヂを殺そうと相談し、伯耆国の手間の山麓《さんろく》で、オオナムヂに「この山に赤い猪《いのしし》がいる。われわれはこの猪を追い出すから、お前は麓《ふもと》で猪を待って捕らえろ。もしお前が猪を捕らえなかったら、お前を殺してしまうぞ」と言って、火で焼いた猪に似た大きな岩を山の上から転がし落とした。正直者のオオナムヂがその大きな岩を受け取ったところ、たちまちその岩に焼かれて死んでしまった。このオオナムヂの死を一番悲しんだのは母のサシクニワカヒメであった。サシクニワカヒメは高天原《たかまがはら》に参上し、出雲族の守護者であるカミムスビに救いを求める。悲嘆にくれる母の願いを聞き、カミムスビはすぐにキサガイヒメとウムガイヒメを地上に遣わして、オオナムヂを治療し、見事に蘇生《そせい》させた。キサガイヒメが貝の粉を削ったものを集め、ウムガイヒメがそれを受けて、母乳状に溶いてその傷に塗ったのである。貝は女性の性器の象徴である。その貝を粉にしたものと貝の汁を混ぜて傷に塗ったということは、女性の魂、母の魂をその身に塗り込めることになり、麗《うるわ》しい男のオオナムヂ再生の話として、まことにふさわしい話であろう。

しかし、オオナムヂに対する八十神の迫害はそれでもなお止まることはなかった。オオナムヂを欺いて山へ連れて行き、大きな木を切り倒して、その木に楔《くさび》を打ち込んで隙間《すきま》をつくり、隙間の中にオオナムヂを閉じ込めてしまった。閉じ込めるやいなや楔を外し、オオナムヂは太い木の割れ目に挟まれて死んでしまう。再び母のサシクニワカヒメが現れて、大木の割れ目に挟まれて死んでいるオオナムヂを見つけ出し、すぐに木を割ってオオナムヂを引き出し、何とか蘇生させた。そして、サシクニワカヒメはオオナムヂに「このままではおまえは兄弟の神々に殺されてしまうだろう」と言って、紀伊国のオオヤビコのところへ逃がしたのである。それでもなお八十神の執拗《しつよう》な迫害は続いた。紀伊国まで追いかけて行き、矢を弓につがえながらオオナムヂを出せと迫る。そこでオオヤビコは「この世にいてはあなたの命は危ない。スサノオのいらっしゃる根之堅洲国《ねのかたすくに》へお行きなさい。スサノオはきっとあなたを助けてくださるでしょう」と言って、木の俣《また》の洞からオオナムヂをこっそり逃がした。

オオヤビコは、『日本書紀』の一書（神代上　第八段　一書第四）によれば、スサノオの子であるイタケルと縁のある神で、紀伊国すなわち和歌山県に住んでいた。このオオヤビコは、根之堅洲国すなわち黄泉《よみ》の国にいるスサノオと交流があったようである。

こうしてオオクニヌシは、スサノオのいる根之堅洲国すなわち黄泉の国へ行く。前に述べたように、イザナミ、スサノオ、オオクニヌシなどの出雲王朝系の神々は、イザナギ、アマテラス、ニニギなどのヤマト王朝系の神々と違い、黄泉の国と縁の深い神々である。黄泉の国では、オオクニヌシの六代前の祖先であるスサノオが王であった。

オオナムヂは、この世での八十神たちによる迫害を逃れて黄泉の国にやって来たはずなのに、そこでもまた厳しい試練にあう。ただスサノオが黄泉の国でオオクニヌシに与える試練は八十神たちの迫害に似ているようでありながら、それとは根本的に違っていた。黄泉の国でスサノオはオオクニヌシに対して、しばしば死ぬかと思われるほどの苦難を与える。しかしその苦難はむしろ試練というものであり、どこかにオオナムヂに対する期待と愛情が込められている。そして、ここでもオオナムヂの苦難を救ったのは、女性であった。それはスサノオの娘であるスセリビメである。

『古事記』は、オオナムチがスサノオの下に赴くと、スセリビメが出て来て、たちまち互いに心を許し合って愛を交わしたと記している。そしてスセリビメは宮殿に戻って、父のスサノオに「たいへん美しい神が来られました」と報告した。スサノオはオオナムチを見て、「これは葦原色許男命《あしはらしこおのみこと》だ」と言った。「葦原《あしはら》」とは「葦原中つ国」の略で、人間の住む地上の世界のことをいい、「色許男《しこお》」は「醜男」を意味する。つまり、スサノオはオオナムチのことを「地上の国のブ男だ」と言ったのである。

スサノオはオオナムチを宮へ呼び入れ、蛇の部屋に寝るように命じた。それを聞きつけるや、スセリビメは、そっと「蛇の領巾《ひれ》」を夫のオオナムチに授けて、「もし蛇があなたを噛《か》もうとしたら、この領巾を三度振って打ち払いなさい」とささやく。蛇の部屋に入りヒメにいわれた通りにすると、蛇は自然と静かになって、オオナムチは安らかに眠り、無事部屋を出ることができた。その次の夜、スサノオは、今度はオオナムチにムカデと蜂の部屋で一夜を過ごすことを命じる。しかし、またヒメが「ムカデと蜂の領巾」を授けたので、オオナムチはその夜も無事過ごすことができた。これがスサノオの課した第一の試練である。

第二の試練は、もう少し手が込んでいた。スサノオは「鳴鏑《なりかぶら》」、すなわち飛ぶ時に風を切って鳴るように作った矢を、広大な野原の中に射入れて、その矢をオオナムチに探させた。そしてオオナムヂが矢を探しに野原に入るとみるや、火を放ったのである。たちまちのうちにオオナムヂは火に囲まれてしまった。だが、その時、足元にネズミが現れて、「内はホラホラ、外はスブスブ」、つまり「中はがらんどうで、外がすぼまっている」と言ったという。そこでオオナムヂが足元の地面を踏みつけると、果たしてそこには穴があり、その穴の中に隠れているうちに火は過ぎてしまった。そのうえ、例のネズミが「鳴鏑」の矢を咥《くわ》えてオオナムヂに届けてくれたのである。そうとは知らず、スセリビメはてっきりオオナムヂが死んでしまったと思い、葬式の道具を用意して、泣きながら野原に出ていった。父のスサノオも同じく死んだと思って野原に出たところ、オオナムヂは思いもよらず生きていて、その「鳴鏑」の矢をスサノオに奉《たてまつ》ったのである。

しかし、それでもなおスサノオはオオナムヂに苦難を与えることを止《や》めなかった。最後の試練としてスサノオは、自分の頭に集った虱《しらみ》を取れと命令する。オオナムヂがその頭を見ると、ムカデがうようよと蠢《うごめ》いているではないか。一計を案じたスセリビメは、椋《むく》の木の実と赤土をオオナムヂに渡す。その二つをオオナムヂは口に含んで赤い唾《つば》を吐き出した。その様子を見て、スサノオはてっきりムカデを食い破って吐き出しているのだと思い、「愛《いと》しい奴だ」と感じて寝入ってしまう。そこで今がチャンスだと思ったオオナムヂは、スサノオの長い髪を棟から軒に渡した垂木《たるき》に結びつけ、巨大な岩でその室屋の戸口を塞《ふさ》ぎ、そして妻のスセリビメを背負って、スサノオの宝物である大刀と弓矢と玉飾りの付いた琴を抱えて逃げ出したのである。だが逃げ出す途中で、琴が柱に触れてしまい、大地がどよめいた。その音に驚いて目を覚ましたスサノオは跳び起きたが、髪が垂木に結びつけられていたために部屋を引き倒してしまう。そして、その髪をほどいているすきに、オオナムヂとスセリビメは逃げおおせたのであった。

この時にスサノオは、この世とあの世を隔てる「黄泉《よも》つ平坂《ひらさか》」まで追って行き、はるか遠くのオオナムヂに向かって次のように言った。

その、汝が持てる生大刀《いくたち》・生弓矢《いくゆみや》もちて、なが庶兄弟《ままあにおと》は、坂の御尾《みを》に追ひ伏せ、また河の瀬に追ひ撥《はら》ひて、おれ、大国主の神となり、また宇都志国玉《うつしくにたま》の神となりて、そのわが女《むすめ》、須世理毗売《すせりびめ》を適妻《むかひめ》として、宇迦《うか》の山の山本に、底《そこ》つ石根《いはね》に宮柱《みやばしら》ふとしり、高天の原に氷椽《ひぎ》たかしりて居《を》れ。この奴《やっこ》や（『古事記』上巻）

つまり、「おまえの持っているわしの大刀と弓矢で、おまえの兄弟たちを山の麓に追いやり、川の瀬に追い払い、葦原中つ国を支配する大王となるのじゃ。そして、わしの娘スセリビメを正妻として、宇賀《うか》の山の麓に地下深く太い柱を立て、そこに天高く千木《ちぎ》をあげて、立派な御殿をこしらえて、そこにおれ、この野郎」と叫んだという。

スサノオは我が娘を奪っていったオオナムヂが憎いのであるが、またさまざまな試練に打ち勝った娘婿が可愛《かわい》いのである。この話は、オオナムヂに命を失うほどの様々な危険を与え、それを克服する強い男になって、これまで迫害を続けてきた兄弟たちを全《すべ》て殺し、そして巨大な宮殿を住処《すみか》とする出雲の国の大王になれというスサノオの思いを語ったものであろう。

この黄泉の国の話は、一旦《いったん》死の淵《ふち》に臨み、その死の世界から奇跡的に生の世界へと復活した人間は見違えるほどの強い力を持つということを意味しているのではなかろうか。実は私も何度か身体あるいは心の病で死に直面したことがある。それを乗り越えることで、私は甚だ強い人間になったと思う。八十神たちに迫害を受け、スサノオから試練を与えられたオオナムヂことオオクニヌシは、死に直面する苦難を克服することによって見違えるような強い人間に変身したのである。

黄泉の国から帰ったオオクニヌシが八十神を討とうと最初の城を構えたのは、木次《きすき》町里方《ちょうさとがた》の妙見山《みょうけんやま》から派生する尾根の前方に位置する城名樋山《きなひやま》であったという。ここには中世の城跡がある。この場所は斐伊川《ひいかわ》と三刀屋川《みとやがわ》の合流する交通の要衝であり、オロチを退治したスサノオが木の葉を髪に挿して舞ったという佐世神社の近くでもある。このスサノオゆかりの地で兵を挙げ、北進して、父のアメノフユキヌの根拠地があったと思われる出雲平野の北部の地を占領して、出雲王国の主となったのであろう。

ところで、オオクニヌシは、スサノオの言葉通りスセリビメを正妻にしたのであるが、それでは因幡のヤガミヒメの立場がなくなる。ヤガミヒメはスセリビメを恐れ、結局自分の産んだ子を木の俣に刺し挟んだままにして、因幡の国へ帰っていったという。

この話を伝える御井《みい》神社が、斐川町《ひかわちょう》の荒神谷《こうじんだに》遺跡の近くにある。オオクニヌシの子を身ごもった因幡のヤガミヒメは、オオクニヌシに会いにこの地・神奈火《かむなび》山の麓の直《なお》江《え》の里まで来たが、急に産気づいて出産する。しかし、正妻スセリビメの立場を慮《おもんぱか》り、御子を木俣に架けてそのまま因幡に帰ってしまうわけであるが、この御井神社にはその子キマタノカミが産湯《うぶゆ》を使ったという三つの井戸、「生井《いくい》」「福井《さくい》」「綱長井《つながい》」が残っていた。この井戸は、安産と子育ての水の神として今も信仰を集めている。

さてその後、このようにしてオオクニヌシはスサノオの言葉通り、兄弟神を征伐して、めでたく出雲という大国の王を継いだ。しかし、彼はそれだけでは決して満足しなかったようである。さらに越の国を征服しに行くのである。越の国はヌナカワヒメという女王が支配する国であった。この国は縄文時代以来、大いに栄えていたに違いない。ここでヒスイが採れるのである。ヒスイは「玉」といわれ、呪力《じゅりょく》を持つ宝石である。

縄文時代から弥生時代にかけて、ヒスイはいわゆる玉造りの材料としてははなはだ重視された。それゆえ、そのヒスイが採れる「越王朝」は、豊かな富を誇っていたに違いなく、出雲は長い間、越の支配を免れなかった。その越の国を、オオクニヌシは攻めにいく。おそらく相当な軍隊を連れて、船で越の国征伐に向かったに違いない。オオクニヌシは、そこではヤチホコノカミと呼ばれた。それは強い武力を持つ神という意味である。

しかし、この戦いは『古事記』においては一種の恋の物語として語られる。

さて、この八千矛神《やちほこのかみ》、すなわち大国主神は、越の国の沼河比売《ぬなかわひめ》に求婚しようとして、いらっしゃったときに、その沼河比売の家に着いて、つぎのようにお歌いになった。

島根半島の十六島湾に面した猪目（いのめ）洞窟。『出雲国風土記』によれば、「黄泉の坂、黄泉の穴」と呼ばれ、おそれられていた

出雲西北部の猪目洞窟に対して、もうひとつ、出雲東北部、東出雲町の揖夜（いや）神社の近くにも『古事記』の「黄泉つ平坂」の伝承地がある

〔上〕城名樋（きなひ）山の山城跡。オオナムヂは兄の八十神を討つため城を築いた　〔下右〕斐川町の御井神社には、ヤガミヒメにまつわる伝承を持つ三つの井戸がある。写真はそのうち、安産と子育ての水神とされる生井　〔下左〕ヤガミヒメは御井神社の地でキマタノカミを産み落とした。同社は、この母子を祭神とする

〔八千矛神の命《みこと》は、多くの日本の国に妻を探すことができず、遠い遠い越の国に賢く美しい女があるとお聞きになって、その女を求めて何度もお出かけになり、何度もお通いになった。そして、大刀の紐《ひも》もまだ解かず、着物もまだ脱がないのに、乙女の寝ている家の戸を無理やり押して、このわたしが立っていると、緑の山に鵺《ぬえ》が鳴き、野原には雉《きじ》が鳴き、庭には鶏《とり》が鳴いて、暁《あかつき》を告げた。ああ腹が立つ。鳴く鳥どもめ。こんな鳥どもは、ああ、殺して鳴きやめさせようか。これは尻尾を振りながら、天の馳使《はせづか》いである鳥が語ったことなのです〕。

ところが、この歌を聞いて、沼河比売は、まだ戸を開けないで、家の中から次のように歌った。

〔八千矛神の命よ、柔らかい草のような女ですので、わたしの心は、入江の洲《す》にいる鳥のようです。いまは、まあわたしの鳥ですが、後には、あなたの鳥になりましょうものに。生命だけは殺さないでください。これが、尻尾を振りながら、天の馳使いである鳥が語ったことなのです。緑の山に日が暮れると、暗い夜がやって来る。つぎの日の朝の朝日のように、あなたはにこにことわたしのところにやって来て、淡雪《あわゆき》のように柔らかいわたしの胸を、栲綱《たくづな》のような白いわたしの腕を、思う存分に愛撫《あいぶ》して、わたしの玉のように可愛い手を枕《まくら》にして、いとも安らかにおやすみなさ

いますものを。そんなに性急に恋しいとおっしゃいますな、八千矛神命よ。これが事の次第を語る言葉です」(抄訳・筆者)

確かにこれは、一見恋歌のやりとりのように見える。津田左右吉はこのような歌を、政治的意味の全くない恋歌にすぎないと解釈する。しかし、これは単なる恋歌ではない。越王国という女王の国の興亡が、この二人の歌のやりとりにかけられているのである。しかしそれにしても、この歌は甚だ官能的な歌である。原文の〈あわゆきの若やる胸を　たくづのの　白きただむき　そだたき　たたきまながり〉などというのは、私も訳していて恥ずかしくなる言葉である。これは数ある日本文学の中でも稀《まれ》に見る優れた官能表現といえよう。こうしてオオクニヌシとヌナカワヒメは歌を取り交わし、この日の夜は夫婦の交わりをせず、次の日の夜に交わりをしたというのである。

オオクニヌシはヌナカワヒメと結婚し、しばらくこの越の地で暮らした。そしてヌナカワヒメとの間に生まれた子が、「国譲り」の際、最後まで抵抗して、ついに諏訪《すわ》に追いやられ、諏訪神社の祭神になったタケミナカタであった。ヌナカワヒメは半ば強姦《ごうかん》のような形でオオクニヌシの妻となったが、結局彼女は追われて、北陸のあちこちを流浪《るろう》したらしい。クロヒメというのはヌナカワヒメの別名で、越後には黒姫山という山がいくつかあり、クロヒメを祀《まつ》る神社は、オオクニヌシに追われた晩年のクロヒメの怒りと悲しみを伝えている。

ヌナカワヒメは、出雲の地にもその名残を残している。出雲大社の東方約二百メートルの地に命主社《いのちぬしのやしろ》という神社がある。寛文五年（一六六五）、その社殿を修理しようとして社殿の背後の巨石を取り除いたところ、その下からヒスイの勾玉《まがたま》と青銅器が発見されたのである。このヒスイの勾玉は澄みきった美しい緑色をしていて、最高級のヒスイと思われる。近年、鑑定した結果、新潟県糸魚川産のヒスイであることがわかった。銅鐸《どうたく》もあったという噂《うわさ》があるが、今残されているのは銅戈《どうか》のみである。ヒスイはヌナカワヒメの話を思い出させるが、銅戈はヤチホコノカミ、すなわちオオクニヌシが越のヒスイ王国を武力で征服したことを物語っているようでもある。

このようにオオクニヌシ王国は、越を支配し、日本海沿岸に強大な勢力を持つ大国となった。しかし、それでもまだオオクニヌシは満足しなかった。彼はやがて南進して、ヤマトを征服しようとしたのである。

オオクニヌシは越を征服して、出雲へ戻ると、すぐにまたヤマトへと旅立ち、ヤマ

出雲大社本殿の東約200メートルのところにある命主社（祭神はカムムスヒノカミ）の背後の大岩の下から江戸前期、寛文年間に出土した銅戈と勾玉　出雲大社蔵　写真提供＝島根県立古代出雲歴史博物館

トを攻め落とそうとした。『古事記』は出雲からヤマトへ出発するときのオオクニヌシとスセリビメの間に取りかわされた歌を載せている。

〔玉のような黒い着物を、丁寧に整えてくれたが、沖つ鳥のように、自分の胸を見て、手を上げ下ろししてみても、どうもこの着物は似合わない。岸の波の寄せる岩に脱ぎ捨てよう。翡翠《かわせみ》の羽のような青い着物を丁寧に整えてくれたが、沖つ鳥のように自分の胸を見て、手を上げ下ろししてみても、この着物もどうも似合わない。岸の波に寄せる岩に脱ぎ捨てよう。今度はセンダイカブラを臼《うす》でつき、その汁で染めた着物を丁寧に整えてくれたが、また沖つ鳥のように自分の胸を見て、手を上げ下ろししてみると、これならたいへんよろしい。いとしい妻の命《みこと》よ、群鳥《むらどり》のようにわたしが仲間と一緒にいってしまったなら、引け鳥のようにわたしが一緒にいってしまったなら、泣いたりしないとおまえはいっても、大和《やまと》の一本《ひともと》すすきのように、おまえがうなだれて泣く吐息は、朝の雨の霧となって立つだろうよ。若草のわが妻よ。これが、事の次第を語った言葉です〕

その歌を聞いて、スセリビメは次のように歌った。

〔八千矛神の命よ、大国主の命よ、あなたは男でいらっしゃるので、あちこち回る島の岬々《さきざき》に、あちこち回る磯の崎ごとに、若草のような妻をお持ちでしょうが、わたしは女ですので、あなた以外の男はいません。あなた以外に夫はいません。綾織《あやおり》の帳《とばり》のフワフワした部屋の中で、絹の布団の柔らかな肌触りの下で、楮《こうぞ》の布団のサラサラ音を立てる下で、淡雪《あわゆき》のように柔らかい胸を、栲綱《たくづな》のように白い腕を、思う存分愛撫して、わたしの玉のように美しい手を枕にして、安らかにお眠りください。さあ、お酒を召し上がってください」（抄訳・筆者）

オオクニヌシはヤマトへ旅立とうとして、片方の手を馬の鞍《くら》にかけ、片方の足を鐙《あぶみ》にかけたまま、このようにいったという。スセリビメはよほど夫のことが心配になったのであろう。彼女は確かにオオクニヌシの正妻であるが、オオクニヌシはヌナカワヒメを暴力的に征服し、越の王国を手に入れた。それは出雲王国にとって喜ばしいことであるが、妻としてみれば、夫が妻以外の愛人をはっきり持ったということで嬉《うれ》しいことではない。その夫がまたヤマトへ上れば、どのような美しい女が夫を誘惑するかわからない。夫はなにしろ美男子で、しかも人一倍女好きである。この美男子で女好きの夫がヤマトの女を見れば、また持ち前の浮気心が湧《わ》いて女を愛し、自分のことなど忘れてしまうのではないか、スセリビメは正妻の誇りも捨てて、そのような嫉妬《しっと》

玉造温泉郷の中心にある玉作湯（たまつくりゆ）神社。オオクニヌシと盟友スクナヒコナ、玉作りの神クシアカルダマノミコトを祀る（115頁参照、以下同）

玉作湯神社境内にある「願い石」。玉の祖神の御神石とされ、人々は願掛けをし、玉を納めるなどして信仰してきた

玉作湯神社の周辺は、玉作りの工房が集中してあった。境内には、出土した玉製品を収める収蔵庫がある

玉造温泉を貫流する玉湯川は、川底から温泉が湧出し、かつては川原に石囲いの露天風呂が設けられていた

に狂ったに違いない。オオクニヌシはそのようなスセリビメの心をよくわかっていた。そして、他の女たちがいろいろ着物を調《しつら》えてくれても、その着物は自分に合わない、お前の調えてくれる着物なら私にぴたりと合う、私が仲間と一緒にヤマトへ行っても、お前は泣いたりしないというが、ヤマトの一本ススキのようにうなだれて泣くお前の吐息は朝の雨の霧となって立つ、それを見れば私も浮気を慎むだろうというのである。

ここでスセリビメとオオクニヌシは固めの盃を交わしたというが、それはスセリビメを一生変わらない正妻として認めたということであろうか。いずれにせよ、大変上手な好色男の正妻の扱い方である。

このヤマト遠征の旅で、オオクニヌシがヤマトといかなる戦いをしたかはわからない。これについて『古事記』も『日本書紀』も何も語っていない。しかし、その戦いは幾多の困難があったにせよ、オオクニヌシの大勝利に終わったことはほぼ間違いないと思われる。関西周辺の地域には、オオクニヌシおよび彼の子たちを祀《まつ》る神社や「出雲」の名を伝える場所がはなはだ多い。例えば、オオクニヌシと同神といわれるオオモノヌシを祀った大神《おおみわ》神社（奈良県桜井市）、オオクニヌシの子コトシロヌシを祀った河俣《かわまた》神社（奈良県橿原《かしはら》市）、同じく子アヂスキタカヒコネを祀った高鴨《たかかも》神社（奈良県御所《ごせ》市）など、ヤマトにある古社はほとんど出雲系の神を祀った神社であるといってよかろう。また京都、すなわち山城の亀岡には出雲大神宮という神社があり、それは実に丹波国の一之宮の神として信仰されてきた。私はかつて『京都発見』（新潮社）で、この神社について触れたことがある。この時、私は出雲族のヤマト征服を認めていなかったが、この神社が深い謎《なぞ》を含む巨大な神社であろうことは痛感せざるをえなかった。そういえば、京都には出雲路というところもある。それは京都大学や同志社のある京都の東北の地である。こう考えると、古くはヤマトも山城も出雲族の支配下にあり、この地に多くの出雲人が住んでいたとみるのが、もっとも自然であろう。

このようにオオクニヌシは、日本海沿岸だけでなく、近畿、四国、山陽の地までも支配下に置いていたと思われる。しかし、やはり戦争と統治は全く違うのである。ヤチホコノカミという別名を持つオオクニヌシは、他国を戦争によって征服することはできても、それらの国すべてを統治することは必ずしも容易ではない。ところが、このオオクニヌシを助ける有能な参謀が現れたのである。それについて『古事記』は次のように語る。

かれ、大国主の神、出雲の御大《みほ》の御前《みさき》に坐《ま》す時に、波の穂より天《あめ》の羅摩《かがみ》の船に乗りて、鶚《ひむし》の皮を内剝《うつは》ぎに剝《は》ぎて衣服《きもの》にして、帰《よ》り来《く》る神あり。しかして、その名を問ひたまへども答へず。また、従へるもろもろの神に問ひたまへども、みな「知らず」と白《まを》しき（『古事記』上巻）

「御大《みほ》の御前《みさき》」は島根半島の東端、美保関《みほのせき》の岬のことである。この地は、越や隠岐島とも船が通う交通の要所であり、後鳥羽《ごとば》上皇や後醍醐《ごだいご》天皇が隠岐島に流罪《るざい》になった時も、美保の岬から船が出た。このような交通の要地にスクナヒコナは現れたのである。『古事記』によれば、スクナヒコナは「羅摩《かがみ》の船」に乗ってきたという。「羅摩《かがみ》」というのは多年草の蔓草《つるくさ》のガガイモの古名であり、その実を割った形が小舟の形に似ている。その船に乗ってきたというから、小人のような神である。彼が着けていた衣服もまた変わっていた。「鶚《ひむし》」というのはガチョウのことであるが、「蛾」という説もある。やはり、ガガイモの船に乗るような小さなスクナヒコナが大きなガチョウの皮の着物を着るというのはおかしいので、ここは蛾の皮の着物を着たととるべきであろうか。

衣服同様、その登場の様子も変わっていた。オオクニヌシがその名を問うても答えない。オオクニヌシにつき従っている他の神々も皆、その名を知らないという。しかし、ヒキガエルが「クエビコが知っている」という。クエビコというのは案山子《かかし》のことである。その案山子に訊《き》くと、「カミムスビの子のスクナヒコナである」と答えた。それで、オオクニヌシがカミムスビに訊《たず》ねると、「これは本当に私の子だ。沢山いるわが子の中で、私の手の指からこぼれ落ちて生まれた子である。これからお前と兄弟となって、この国を作り固めなさい」と答えたという。『日本書紀』はスクナヒコナをタカミムスビの子とし、次のように記す。

時に、高皇産霊尊《たかみむすひのみこと》、聞《きこ》しめして曰《のたま》はく、「吾が産みし児《こ》、凡《すべ》て一千五百座《ちはしらあまりいほはしら》有り。其《そ》の中に一《ひとり》の児最悪《いとつら》くして、教養《をしへごと》に順《したが》はず。指間《たま》より漏《く》き堕《お》ちにしは、必ず彼ならむ。愛《めぐ》みて養《ひだ》せ」とのたまふ。此即《これすなは》ち少彦名命《すくなびこなのみこと》是《これ》なり（『日本書紀』神代上 第八段 一書第六）

『日本書紀』でも、スクナヒコナはタカミムスビの指の間から生まれた子であるが、その子はたいへん悪い神であり、自分の教えには従わなかったとある。スクナヒコナはオオクニヌシとともに、この葦原中つ国を創《つく》った神として多くの人に褒め称《たた》えられる神々であるはずなのに、『古事記』では「指の間からもれ落ちた子」とされ、さらに『日本書紀』では「私の教えに従わない悪い神」とされているのはどういうわけであろう。『日本書紀』は『古事記』ほどオオクニヌシの国造りを褒め称えないので、その協力者であるスクナヒコナを悪く言ったのであろうか。そうとも考えられるが、やはりスクナヒコナは青年時代には、手がつけられない乱暴者であったのではなかろうか。

それにしてもスクナヒコナは一体どこからやって来た神なのであろう。やって来た場所から考えれば、やはりスサノオと同じ韓国《からくに》からであろう。彼は手のつけられない乱暴者の反逆者として母国を追われ、この国へやって来たのかもしれない。青年時代に道徳というものを全く信じず、手のつけられないほどの暴れん坊であったのに、後に見事な主君となって天下をとった織田信長のような人間もいる。それはとにかく、海外から一人でやってきた前歴の全くわからないこのスクナヒコナを、オオクニヌシは国造りの最大の協力者として重用したのである。

オオナムヂとスクナヒコナについて、『古事記』には、〈二柱《ふたはしら》の神相並びて、この国を作り堅めたまひき〉とあり、また『日本書紀』の一書には、

夫《か》の大己貴命《おほあなむちのみこと》と、少彦名命《すくなびこなのみこと》と、力を戮《あは》せ心を一《ひとつ》にして、天下《あめのした》を経営《つく》る。復《また》顕見《うつしき》

蒼生《あをひとくさ》及び畜産《けもの》の為《ため》は、其の病《やまひ》を療《をさ》むる方《みち》を定む。又、鳥獣《とりけだもの》・昆虫《はふむし》の災異《わざはひ》を攘《はら》はむが為は、其の禁厭《まじなひや》むる法《のり》を定む。是《ここ》を以て、百姓《おほみたから》、今に至るまでに、咸《ことごとく》に恩頼《みたまのふゆ》を蒙《かがふ》れり（『日本書紀』神代上　第八段　一書第六）

とある。オオナムヂことオオクニヌシとスクナヒコナの最大の功績は、日本に医療をもたらしたことである。おそらくスクナヒコナは朝鮮から先進の医療技術を持って来て多くの人命を救ったのであろう。その医療技術は、作物に害を及ぼす鳥獣や害虫を駆除するのにも有効であったと思われる。そのことを多くの人が深く感謝していると、『日本書紀』は記している。

そのような医療に関する施設の一つが、スクナヒコナが発見し、温泉療法を伝えたという、玉造《たまつくり》温泉である。玉造温泉は、後に出雲大社の宮司を兼ねる出雲国造《こくそう》が就任するにあたり、「出雲国造神賀詞《いづものくにのみやつこのかむよごと》」を奏上するため都に上る際に、沐浴《もくよく》して身体を清めねばならない聖泉とされている。『出雲国風土記』には、玉造温泉のある意宇郡、忌部《いむべ》の神戸《かむべ》について次のような記事がある。

忌部《いむべ》の神戸《かむべ》　郡家《こほりのみやけ》の正西《まにし》廿一里《さと》二百六十歩《あし》なり。国造《くにのみやつこ》、神吉詞望《かむよごとほが》ひに、朝廷《みかど》に参向《まゐむか》ふ時、御沐《みそぎ》の忌《いみ》の里なり。故《かれ》、忌部といふ。即ち、川の辺《へ》に湯出《ゆい》づ。出湯《いでゆ》の在るところ、海陸《うみくが》を兼《か》ねたり。仍《よ》りて、男《をとこ》も女《をみな》も、老いたるも少《わか》きも、或《ある》は道路《みち》に駱駅《つらな》り、或は海中《うみなか》を洲《はま》に沿《そ》ひて、日《ひび》に集《つど》ひて市《いち》を成し、繽紛《みだれまが》ひて燕楽《うたげ》す。一《ひと》たび濯《すす》げば、形容端正《かたちきらきら》しく、再《ふたた》び沐《ゆあみ》すれば、万《よろづ》の病《やまひ》悉《ことごと》に除《い》ゆ。古《いにしへ》より今に至るまで験《しるし》を得ずといふことなし。故、俗人《くにひと》、神の湯《ゆ》といふ（『出雲国風土記』意宇郡　忌部の神戸の条）

温泉は医療と密接に関係がある。〈再《ふたた》び沐《ゆあみ》すれば、万《よろづ》の病《やまひ》悉《ことごと》に除《い》ゆ〉とあるように、玉造温泉は万病に効いたようである。

後に述べる『伊予国《いよのくに》風土記』逸文《いつぶん》には、「坊ちゃん」で有名な道後温泉の話が出てくる。オオクニヌシが、大分の別府温泉の湯を地下を通してわざわざ道後に引いてきて、瀕死《ひんし》のスクナヒコナに湯をかけると、スクナヒコナは何事もなかったように生き返ったといわれる。つまり、道後と別府の二つの温泉の湯でスクナヒコナは生き返ったわけである。そこに〈今の世に疹痾《やまひ》に染《し》める万生《ひとびと》、病を除《い》やし、身を存《たも》つ要薬《くすり》と為《な》せり〉とある。私は、日本に新しい医療技術をもたらし、病に苦しむ多くの人を救ったスクナヒコナはまた温泉の開拓者ではなかったかと思う。このような開拓者の名を人々は決して忘れなかったであろう。

またスクナヒコナは、酒の醸造技術をもたらした神でもあったらしい。記紀には、「スクナヒコナの造った酒が美味《おい》しい」という歌がある。酒造りが米造りと深い関係があることを考えれば、オオクニヌシとスクナヒコナが行なった米造り・酒造りをはじめとする農業の改良政策は大いに民衆を喜ばせたに違いない。おそらく民衆はオオクニヌシとスクナヒコナの功績を称え、米を食べ、酒を飲んで、天下泰平を寿《ことほ》いだのであろう。このオオクニヌシとスクナヒコナの政治に対する賛美が、王朝が変わってもなお大和の国ばかりか日本の各地に残っていたのである。

さて、このようにオオクニヌシとともに国造りに励んだスクナヒコナは、国造りを終えると、突如としてこの国を去ることになる。去る理由について『古事記』には何も書かれていないが、『日本書紀』には次のようにある。

嘗《むかし》、大己貴命、少彦名命に謂《かた》りて曰《のたま》はく、「吾等《われら》が所造《つくれ》る国、豈善《あによ》く成せりと謂《い》はむや」とのたまふ。少彦名命対《こた》へて曰はく、「或《ある》は成せる所も有り。或は成らざるところも有り」とのたまふ。是《こ》の談《ものかたりごと》、蓋《けだ》し幽深《ふか》き致《むね》有らし（『日本書紀』神代上　第八段　一書第六）

私は、このスクナヒコナの答えはまことに意味深い言葉であると思う。オオクニヌシはスクナヒコナの協力を得て行なった国造りに十分誇りを持っていたはずである。スクナヒコナのおかげで自分は大きなことを成し遂げたという気持ちが強く、オオクニヌシはスクナヒコナの「善《よ》く成せり」という答えを期待していたのであろう。しかし答えははなはだ意外で、「国造りはうまくいったところもあるが、うまくいかなかったところもある」というのである。これは一体どういうわけなのか。

スクナヒコナは出雲王国の現状と将来を冷静に見つめていたのではないかと思う。「自分はオオクニヌシとともにこの国の稲作農業を盛んにし、うまい酒の造り方も教え、病を治す医療も教え、多くの民衆を喜ばせた。しかし急速に巨大になった出雲王国は、さまざまな矛盾を抱えている。その矛盾は決して解決されず、ますます大きくなって、やがてこの王国を滅ぼしてしまうのではないか」——スクナヒコナの冷静な頭の中には、ふつうの人間たちには見えない出雲王国の将来が見えていたのであろう。やがて起こるであろう亡国の運命を、彼はその目で見ることに耐えられなかったのかもしれない。そしてスクナヒコナはこの国を去ってしまう。『日本書紀』には、其の後に、少彦名命、行《ゆ》きて熊野の御碕《みさき》に至りて、遂《つひ》に常世郷《とこよのくに》に適《いでま》しぬ。亦曰《またい》はく、淡嶋《あはのしま》に至りて、粟茎《あはがら》に縁《のぼ》りしかば、弾《はじ》かれ渡りまして常世郷に至りましきといふ（『日本書紀』神代上　第八段　一書第六）

とある。ここで熊野岬というのは、和歌山県の熊野にある岬ではなく、出雲の国の意宇郡にある熊野大社を祀《まつ》る熊野山であると、多くの研究者は指摘する。岬は必ずしも海ではなく、この場合は山の突出部をいうのであろう。すると出雲の熊野大社には、スサノオばかりかスクナヒコナも祀られていることになる。スクナヒコナを祀る神社は出雲にはほとんどないが、そのように熊野大社にスサノオとともに祀られていると考えるのがよいのかもしれない。

私はこのスクナヒコナに甚だ人間的な魅力を感じるのである。身体は小さいが、全身が知恵の塊のような人間として、日本を医療の行き届いた農業大国にして、やがてその国の限界を悟ると、さっさと消えてしまう。「七人の侍」や「木枯らし紋次郎」以上に魅力ある人間がここにいるように思われる。

さて、スクナヒコナが去り、オオクニヌシは、「この国にはまだ未完成なところがある」というスクナヒコナの言葉が気になって、自分が支配する国々を視察に回った。

そのことについて『日本書紀』はまた、次のように記す。

　遂に出雲国に到《いた》りて、乃《すなは》ち興言《ことあげ》して曰《のたま》はく、「夫《そ》れ葦原中国《あしはらのなかつくに》は、本《もと》より荒芒《あら》びたり。磐石《いは》草木《くさき》に至及《いた》るまでに、咸《ことごと》に能《よ》く強暴《あしか》る。然《しか》れども吾已《すで》に摧《くだ》き伏せて、和順《まつろ》はずといふこと莫《な》し」とのたまふ。遂に因《よ》りて言《のたま》はく、「今此《こ》の国を理《をさ》むるは、唯《ただ》し吾一身《われひとり》のみなり。其れ吾と共に天下《あめのした》を理むべき者、蓋《けだ》し有りや」とのたまふ
（『日本書紀』神代上　第八段　一書第六）

　ここに記されたオオクニヌシの言葉には矛盾があるように思われる。「葦原中つ国はもともと荒廃した広い国である。岩や草木にいたるまで全《すべ》て荒々しい。しかし、このような荒神たちは、今はっきりと私に従っているではないか」という。この言葉は現在のことを言っているのか、それとも過去のことをいっているのかよくわからない。あるいは「葦原中つ国は荒廃して、岩根草木にいたるまでいまだに私に反抗しているが、出雲の国がすっかり私に服従する国となったように、この大きな葦原中つ国も今にそのような国にするぞ」というオオクニヌシの決意の表れなのかもしれない。しかしスクナヒコナが去ってしまった今、オオクニヌシはこの国のさまざまな問題を自分

だけでは処理できないということを身にしみて感じていたのであろう。
と、その時、海の向こうから神々《こうごう》しき新たな神が現れた。

時に、神《あや》しき光海《うな》に照《てら》して、忽然《たちまち》に浮《うか》び来《く》る者有り。曰《い》はく、「如《も》し吾在《あ》らずは、汝《いまし》何《いかに》ぞ能く此の国を平《む》けましや。吾が在るに由《よ》りての故《ゆゑ》に、汝其の大きに造る績《いたはり》を建《た》つこと得たり」といふ。是の時に、大己貴神問ひて曰《のたま》はく、「然らば汝は是誰《これたれ》ぞ」とのたまふ。対《こた》へて曰はく、「吾は是汝が幸魂奇魂《さきみたまくしみたま》なり」といふ。大己貴神の曰《のたま》はく、「唯然《しか》なり。廼《すなは》ち知りぬ、汝《いまし》は是吾《これわ》が幸魂奇魂なり。今何処《いづこ》にか住まむと欲《おも》ふ」とのたまふ。対へて曰はく、「吾は日本国《やまとのくに》の三諸山《みもろのやま》に住まむと欲ふ」といふ。故《かれ》、即ち宮を彼処《かしこ》に営《つく》りて、就《ゆ》きて居《ま》しまさしむ。此《これ》、大三輪《おほみわ》の神なり
(『日本書紀』神代上　第八段　一書第六)

スクナヒコナの時と同じく、またも海の彼方《かなた》から光を放ちながら、オオクニヌシの国造りを手助けする神が現れたのである。その神オオモノヌシが、オオクニヌシに言うには、「あなた一人でこのような大きな国を治めることは不可能だったでしょう。私がいるからこそ、あなたは国を治めることができるのです」と。そこでオオクニヌ

シは、その神に「お前は誰だ」と訊《たず》ねると、その神は「私はあなたの幸魂奇魂《さきみたまくしみたま》である」と答えたという。

人間には、「幸魂《さきたま》」と「荒魂《あらたま》」があるといわれる。「幸魂」とは人間の善なる神であり、幸せを与える神である。「私はあなたの幸魂奇魂なり」と答えたというのは、「私の魂とあなたの魂は同じである。あなたの最も美しい魂のみをもっている」ということであろう。この答えはオオクニヌシを十分満足させたに違いない。自分と同じ魂を持ち、しかも自分の善なる魂のみを持ったもう一人の神が自分を助けてくれているならば、国造りはうまくいくに違いないと、そうオオクニヌシは思ったことであろう。だが、私に言わせれば、それは甘すぎると思う。邪悪な神と戦い、その神を殺すのは「幸魂奇魂」ではなく「荒魂」である。荒魂の欠如している神はいくら立派な魂を持っていようが、必ずしも国造りに役立つ神ではない。国造りには幸魂とともに荒魂が必要である。どちらか一つとなれば、むしろ荒魂の方が役に立つと私は思う。おそらく晩年になってオオクニヌシ自身が甘くなったのであろう。オオクニヌシはスクナヒコナと同じように海の向こうからやって来たオオモノヌシを自らの参謀として重用し、三諸山《みもろのやま》、すなわち三輪山《みわやま》に宮を建てて、住まわせたのである。私はかつてこの三輪の神をヤマト土着の神と考えたが、『古事記』『日本書紀』が語るように、オオモノヌシは外来の神であると考えるほうがよいのかもしれない。

では、そのようなオオクニヌシの出雲王国はどのようにして崩壊したのか。この崩壊の理由については、『古事記』も『日本書紀』も語っていない。しかし、世界の歴史を例にとれば、一挙に広大になった国が長く統治を続けるのが容易でないことは一目瞭然《りょうぜん》であろう。例えばチンギス・ハーンによって、その母国モンゴルばかりではなく中国、北アジア、ヨーロッパまでをも征服し、大国となったモンゴル帝国は、ハーン没後にいくつかの国に分裂した。

このように急激に大国になった国を崩壊にいたらしめる最大の要因は、内部分裂であろう。『古事記』『日本書紀』を読む限り、オオクニヌシは後継者を定めていなかったようである。スクナヒコナとオオモノヌシはこの国造りのよき協力者であったろうが、どちらも異国から来た神であり、オオクニヌシ王国の後継者となることはできない。後継者はやはりオオクニヌシの子から選ばれるのが自然であるが、『古事記』は、

かれ、この大国主の神、胸形《むなかた》の奥《おき》つ宮に坐《ま》す神、多紀理毘《たきりび》売《め》の命《みこと》を娶《めと》りて生みたまへる子、阿遅《あぢ》鉏高日《すきたかひ》子根《こね》の神。次に、妹高比《いもたかひ》売《め》の命。亦の名は、下光比《したてるひ》売《め》の命。

この阿遅鉏高日子根の神は、今、迦毛《かも》の大御神《おほみかみ》といふ。大国主の神、また神屋楯比《かむやたてひ》売《め》の命を娶りて生みたまへる子、事代主《ことしろぬし》の神（『古事記』上巻）

という。オオクニヌシの数多い子の中で、宗像《むなかた》三神の一柱であるタキリビメとの間の子であるアヂスキタカヒコネと、そしてまたカムヤタテヒメの子のコトシロヌシが最も重んじられたとある。アヂスキタカヒコネは九州の尊い神の血が混じっている高貴な神であり、一方、コトシロヌシはアマテラス王朝におけるオモイカネのような賢い神で、政治に堪能《たんのう》な神であったろう。そしてオオクニヌシには実に多くの妻と子がいたのである。

そうなると当然、数多い王子たちの中で、後継者争いが起こってくる。おそらく子供たちの間で血で血を洗う相続争いが起こったのではなかろうか。

さて、出雲王国内におけるこのような争い事について、『古事記』や『日本書紀』にはもちろん『出雲国風土記』にもまったく語られていないが、『播磨国風土記《はりまのくに》』には、かなりはっきり語られている。また『播磨国風土記』には、オオクニヌシとスクナヒコナが争った話もある。

堲岡《はにをか》と号《なづ》くる所以《ゆゑ》は、昔、大汝命《おほなむちのみこと》と小比古尼命《すくなひこねのみこと》と相争ひて、のりたまひしく、「堲《はに》の荷を担《にな》ひて遠く行くと、屎下《くそま》らずして遠く行くと、此の二つの事、何れか能《よ》く為《せ》む」とのりたまひき。大汝命のりたまひしく、「我は屎下らずして行かむ」とのりたまひき。小比古尼命のりたまひしく、「我は堲の荷を持ちて行かむ」とのりたまひき。かく相争ひて行でましき。数日《ひかず》逕《へ》て、大汝命のりたまひしく、「我は行きあへず」とのりたまひて、即《やが》て坐《ゐ》て、屎下りたまひき。その時、小比古尼命、咲《わら》ひてのりたまひしく、「然苦《しかくる》し」とのりたまひて、亦、其の堲を此の岡に擲《なげう》ちましき。故《かれ》、堲岡と号く。又、屎下りたまひし時、小竹《ささ》、其の屎を弾《はじ》き上げて、衣《みぞ》に行《は》ねき。故、波自賀《はじか》の村と号く。其の堲と屎とは、石と成りて今に亡《う》せず（『播磨国風土記』神前郡《かむざきのこほり》の条）

これは滑稽な話である。オオクニヌシとスクナヒコナは、大きな粘土の塊りを持って遠くに行くのと、クソ／屎をせず遠くに行くのはどちらが易しいかと議論し合った。そして、オオクニヌシは「では、私はクソをせずに遠くまで行ってみせよう」と言い、それに対してスクナヒコナは「それでは私は粘土を持って遠くに行ってみせよう」と言って、いわば我慢較《くら》べの競争をしたのである。二人は数日我慢し続けたが、とうとうオオクニヌシは「もう私は歩けない」と言って、しゃがんで屎《くそ》をし出した。同じ時、スクナヒコナも我慢しきれず、持っていた粘土の赤土を投げ飛ばしてしまった。その粘土が落ちた場所が、「堲岡《はにおか》」という小さな丘になったという。またオオクニヌシが屎をしたときに笹の葉がクソをはじいて衣に付いたので、そこを「波自賀《はじか》」の村と呼んだというのである。

これはまたずいぶん汚い話であり、全く冗談ごとに過ぎないようであるが、それでもやはりオオクニヌシとスクナヒコナが意地を張り合い争ったことはわかる。あるいは日ごろのオオクニヌシとスクナヒコナとの意見の対立が、このような汚い小話として現れたのかもしれない。もっとも『伊予国風土記』逸文には、オオクニヌシとスクナヒコナとの決定的な争いの様子が残されている。先に一部分を引用したが、それに関する全文を引けば、次のようである。

伊予の国の風土記に曰《い》はく、湯《ゆ》の郡《こほり》。大穴持命《おほなもちのみこと》、見て悔い恥ぢて、宿奈毗古那命《すくなひこなのみこと》を活《い》かさまく欲《おもほ》して、大分《おほきだ》の速見《はやみ》の湯を、下樋《したび》より持ち度《わた》り来て、宿奈毗古奈命を漬《ひた》し浴《あむ》ししかば、蹔《しまし》が間《ほど》に活起《いきかへ》りまして、居然《おだひ》しく詠《ながめごと》して、「真蹔《ましまし》、寝《い》ねつるかも」と曰《の》りたまひて、践《ふ》み健《たけ》びましし跡処《あとどころ》、今も湯の中の石の上にあり。凡《すべ》て、湯の貴《たふと》く奇しきことは、神世《かみよ》の時のみにはあらず、今の世に痧痾《やまひ》に染《し》める万生《ひとびと》、病を除《い》やし、身を存《たも》つ要薬《くすり》と為せり（『伊予国風土記』逸文　温泉）

スクナヒコナは瀕死《ひんし》の重傷を負っている。オオナムヂすなわちオオクニヌシがそれを見て、「悔い恥じた」ところを見ると、どうやらスクナヒコナに重傷を負わせたのはオオクニヌシ自身であるように思われる。スクナヒコナがオオクニヌシの政治について何か批判じみたことを言ったに違いない。その言葉にオオクニヌシは激怒して、スクナヒコナを殴り倒し、瀕死の重傷を負わせたのであろう。しかし、オオクニヌシは自らの行為を恥じて、スクナヒコナを何とか蘇生《そせい》させようと思い、わざわざ大分の速見《はやみ》の湯すなわち別府の湯を引き、スクナヒコナにその湯を浴びせた。別府の湯は道後の湯よりよく知られ、おそらく別府の湯の方が、道後の湯より病を癒す力があると考えられていたのであろう。その湯を浴びせられ、しばらくすると、果たしてスクナヒコナは生き返ることができた。そして何もなかったように辺りを眺めて、「よく寝たことであるわい」と言ったという。スクナヒコナはオオクニヌシから受けた暴行をはっきり記憶していたに違いないが、自己の立場を考えればその暴行をオオクニヌシに語るのはまずいと思い、何事もなかったように、「よく寝たな」という言葉を発したのであろう。そしてスクナヒコナは、いかにも元気になったとアピールするように雄叫《おたけ》びをあげて地面を踏んだ。その足跡が、いまも湯の中の石の上に残っているという。それはオオクニヌシとスクナヒコナの争いの跡である。おそらくこのようなことが、スクナヒコナがオオクニヌシの下を去る原因となったのではなかろうか。スクナヒコナは暴力を振るう荒神オオクニヌシにこれ以上協力するわけにはいかず、出雲王国の近い将来の衰亡を予見して、自らが立派に作った出雲王国を去ったのではあるまいか。

さらに『播磨国風土記』には、出雲王朝に属する神々の分裂や争いの話を多く載せる。そしてオオクニヌシとその子、ホアカリのすさまじい争いの話を語る。

昔、大汝命《おほなむちのみこと》のみ子、火《ほ》明命《あかりのみこと》、心行《こころしわざ》甚強《いとこは》し。ここを以《も》ちて、父の神患《うれ》へまして、遁《のが》れ棄《す》てむと欲《おもほ》しましき。乃ち、因達《いだて》の神山《かみやま》に到り、其《そ》の子を遣《や》りて水を汲《く》ましめ、未《いま》だ還《かへ》らぬ以前《さき》に、即《やが》て発船《ふなだち》して遁れ去りたまひき。ここに、火明命、水を汲み還り来て、船の発《い》で去《ゆ》くを見て、即《すなは》ち大きに瞋怨《いか》る。仍《よ》りて波風を起して、其の船に追ひ迫まりき。ここに、父の神の船、進み行くこと能《あた》はずして、遂《つひ》に打ち破《やぶ》られき。この所以《ゆゑ》に、其処《そこ》を船丘《ふなをか》と号《なづ》け、波丘《なみをか》と号く。琴落ちし処《ところ》は、即ち琴神丘《ことかみをか》と号け、箱落ちし処は、即ち箱丘《はこをか》と号け、梳匣《くしげ》落ちし処は、即ち匣丘《くしげをか》と号け、箕《み》落ちし処は、仍ち箕形丘《みかたをか》と号け、甕《みか》落ちし処は、仍ち甕丘《みかをか》といひ、稲《いね》落ちし処は、即ち稲牟礼丘《いなむれをか》と号け、冑《かぶと》落ちし処は、即ち冑丘《かぶとをか》と号け、沈石《いかり》落ちし処は、即ち沈石丘《いかりをか》と号け、綱《つな》落ちし処は、即ち藤丘《ふぢをか》と号け、鹿《しか》落ちし処は、即ち鹿丘《しかをか》と号け、犬《いぬ》落ちし処は、即ち犬丘《いぬをか》と号け、蠶子《ひめこ》落ちし処は、即ち日女道丘《ひめぢをか》と号く（『播磨国風土記』餝磨郡《しかまのこほり》の条）

ここには、多くの女性を魅了した美青年オオクニヌシの姿はなく、歳《とし》をとり、癇癪《かんしやく》持《も》ちとなった暴君オオクニヌシの姿がある。

オオクニヌシの息子のホアカリというのはニニギの兄弟と同名であるが、それとは異なる神であると思われる。オオクニヌシの子にホアカリという神がいたことは記紀には語られていない。ホアカリは『播磨国風土記』にのみ出てくる神である。このホアカリは乱暴で悪行が絶えない。それで父オオクニヌシはホアカリを島に捨てようと思い、当時おそらく島だったと思われるイダテノカミヤマという所まで船で渡り、ホアカリに水を汲めといって島に放置し、船で逃げ去った。水を汲んで帰ってきたホアカリはオオクニヌシの乗った船が去っていくのを見て、大いに怒って波風を起こす。

オオクニヌシの船はまともに進むことができず、ついには波風に打ち壊されてしまった。そして、その船および船に積んでいたものがあちこちに飛び、船が破れたところを船丘、波がきたところを波丘、琴が落ちたところを琴神丘といい、以下、さまざまな丘の名前が付いたというのである。

ちなみに姫路という名は、このオオクニヌシの乗った船がホアカリによって壊され、そこに積んだ「甕子《ひめこ》」すなわち蚕《かいこ》が落ちたので、「姫路」と名づけられたという。姫路は播磨の中心都市であり、当然、明治維新の際には県庁所在地が置かれるはずの地であったが、姫路藩は彦根藩とともにあくまで薩長《さっちょう》に抵抗した佐幕の藩であったので県庁の所在地を奪われ、名もない港であった神戸を国際港として開港し、県庁所在地としたのである。姫路がそのようなホアカリの怒りによって投げ飛ばされたヒメコすなわち蚕が落ちたところであれば、後世の度々の受難はこのホアカリの怒りによって起こったのかもしれない。ホアカリはオオクニヌシの数多い子の一人であったが、オオクニヌシに大事にされず、とても後継者にはなれない存在であったのであろう。そういう不満が彼の荒々しい行状になり、オオクニヌシの怒りを買ったのかもしれない。この話の後に『播磨国風土記』は次のように書く。

その時、大汝《おほなむち》の神、妻の弩都比売《のつひめ》に謂《の》りたまひしく、「悪《さがな》き子を遁《のが》れむと為《し》て、返《かへ》りて波風に遇《あ》ひ、太《いた》く辛苦《たしな》められつるかも」とのりたまひき。この所以《ゆゑ》に、号《なづ》けて瞋塩《いかしほ》といひ、苦《たしなみ》の斉《わたり》といふ（『播磨国風土記』餝磨郡の条）

このノツヒメというのもやはり怒りを表わす名であろう。ホアカリの母であるノツヒメもまた夫であるオオクニヌシに対する怒りを持っていたのであろうか。オオクニヌシがこの話を妻に語ったとすれば、妻はわが子に同情して、オオクニヌシがわが子に対して行った所業を恨んだに違いない。

私は姫路文学館前副館長の橘川《きつかわ》真一氏、現副館長の久保秀文氏、学芸員の甲斐史子氏の案内で、播磨平野が一望できる手《て》柄山《がらやま》に登った。手柄山から眺めると、壊された船とその積み荷が飛び散って十四の丘になったという伝承が残る風景が一面に広がっていた。広大な姫路平野に丘を出現させた、このホアカリの話はまことに鮮烈であり、往時のままに点在する丘々に、まるでホアカリの怒りが昨日のことのように実感されたのであった。

また『播磨国風土記』には、アシハラノシコオすなわちオオクニヌシとアメノヒボコとの壮絶な戦いの話が語られている。アメノヒボコは、『古事記』や『日本書紀』

においては垂仁《すいにん》朝に新羅の国の王子として渡来し帰化して但馬《たじま》地方を本拠とした氏族の祖となったとされる。しかし、『播磨国風土記』ではオオクニヌシの時代に韓国からやってきた神とされている。この神が最初に登場するのは揖保郡《いいぼのこおり》粒丘《いいぼおか》の条においてである。

粒丘《いひぼをか》と号《なづ》くる所以《ゆゑ》は、天日槍命《あまのひぼこのみこと》、韓国《からくに》より度《わた》り来て、宇頭《うづ》の川底《かはじり》に到《いた》りて、宿処《やどり》を葦原志挙乎命《あしはらのしこをのみこと》に乞《こ》はししく、「汝《いまし》は国主《くにぬし》たり。吾《あ》が宿らむ処を得まく欲《おも》ふ」とのりたまひき。志挙《しこ》、即ち海中《わたなか》を許《ゆる》しましき。その時、客《まれびと》の神、剱《つるぎ》を以ちて海水《うしほ》を攪《か》きて宿りましき。主《あるじ》の神、即ち客の神の盛《さかり》なる行《しわざ》を畏《かしこ》みて、先に国を占めむと欲《おもほ》して、巡り上りて、粒丘に到りて、湌《いひを》したまひき。ここに、口より粒《いひぼ》落ちき。故《かれ》、粒丘と号く

このアメノヒボコははなはだ強力な神で、オオクニヌシ王国を脅かす最も強力な敵であった。オオクニヌシの前に現われたアメノヒボコは、「あなたはこの国の王である。私の宿るところを与えて欲しい」と依頼する。するとオオクニヌシは海中を指し示す。つまり「おまえのいるところはこの国にはないぞ」というオオクニヌシのアメ

「船丘はあれか」「あっちは波丘だな」。オオクニヌシと乱暴者の息子ホアカリの大喧嘩の跡が残る播磨平野を見わたす。姫路市の手柄山の展望台にて

ノヒボコに対する意思表示である。それに対し、アメノヒボコは剣をもって海の水をかき回して、宿るところを作ったという。これは恐るべき神業である。それを見てオオクニヌシは、このままではアメノヒボコにこの国を占領されると思い、先に国を占領しようとして、粒丘に来て食事をしたとある。『播磨国風土記』にはオオクニヌシとアメノヒボコとの戦いの記事が、いくつも出てくる。その一つは以下のようである。

> 御形《みかた》と号《なづ》くる所以《ゆゑ》は、葦原志許乎命《あしはらのしこをのみこと》、天日槍命《あまのひぼこのみこと》と、黒土《くろつち》の志爾嵩《しにだけ》に到りまし、各《おのもおのも》、黒葛《つづら》三《み》条《かた》を以《も》ちて、足に着けて投げたまひき。その時、葦原志許乎命の黒葛は、一条《ひとかた》は但馬《たじま》の気多《けた》の郡《こほり》に落ち、一条は夜夫《やぶ》の郡に落ち、一条は此《こ》の村に落ちき。故《かれ》、三条《みかた》といふ。天日槍命の黒葛は、皆、但馬の国に落ちき。故、但馬の伊都《いづ》志《し》の地《ところ》を占めて在《いま》しき。一《ある》ひといへらく、大神、形見《かたみ》と為《し》て、御杖《みつゑ》を此の村に植《た》てたまひき。故、御形《みかた》といふ（『播磨国風土記』宍禾郡御方里《しさはのこほりみかたのさと》の条）

宍禾郡御方里の条では、オオクニヌシとアメノヒボコは互いに葛《つづら》（蔓草《つるくさ》）を投げ合って土地の所有を決めている。それによれば、オオクニヌシが投げた葛は、一条《ひとかた》は但馬の気多《けた》、もう一条は養父《やぶ》郡、そしてもう一条はこの御方《みかた》の里に落ちたといい、アメノヒボコが投げた葛は全《すべ》て但馬の国に落ちたという。それでアメノヒボコは播磨国から退いて、但馬を領有するに至ったというのである。

この葛投げの話は、戦いの結果としての各々の所有地の範囲の決定を示す話かもしれない。すなわち播磨での土地の争いはどうやらオオクニヌシの勝利に終わったようであるが、アメノヒボコもオオクニヌシが支配したはずの但馬地方を領有するわけであるから、実際のところはどちらが勝利したのかよくわからない。そして、この葛投げの跡が、いまは御形《みかた》神社となって残っているのである。そこにはオオクニヌシのみが祀《まつ》られている。

ところで、アメノヒボコと戦ったのはアシハラノシコオばかりではない。伊和大神《いわのおおかみ》もアメノヒボコと戦ったのである。イワノオオカミはミワノオオカミを思わせ、『古事記』ではオオクニヌシとは別神となっているが、『日本書紀』では同神とされる。『播磨国風土記』に登場する「伊和の大神」もオオクニヌシと同神とみるべきであろう。『播磨国風土記』神前郡《かむざきのこおり》 粳岡《ぬかおか》の条には〈伊和の大神と天日桙命《あまのひぼこのみこと》と二《ふた》はしらの神、各《おのもおのも》、軍《いくさ》を発《おこ》して相戦ひましき〉とあり、アメノヒボコとの戦いが語られているが、この神を祀る神社が播磨一之宮の伊和《いわ》神社である。オオナムヂを主祭神とし、スクナヒコナとシタデルヒメを配祀《はいし》しているという。神社の由緒《ゆいしょ》略記には、

御形神社の進藤千秋宮司から、オオクニヌシとアメノヒボコの争いについて説明を受ける。伊和の大神とオオクニヌシは同じ神ではないか、筆者はそう考える

『播磨国風土記』に描かれたオオクニヌシとアメノヒボコが葛投げを行なったとされる地には、御形神社が建つ

伊和の大神を祀る播磨一之宮、伊和神社。アメノヒボコに連戦連敗した伊和の大神が起死回生の勝利をあげた場所とされる

伊和神社の禰宜・安黒千景氏によれば、「一つ山祭」が21年ごとに、「三つ山祭」はなんと61年ごとに行なわれるという

　大己貴神《おおなむぢのかみ》は国土を開発し、産業を勧めて生活の道を開き、或は医薬の法を定めて、治病の術を教えるなどして、専ら人々の幸福と世の平和を図り給《たも》うた神であります。大神は播磨国に特別の御恩恵を垂れ給い、播磨国内各地を御巡歴になって国造りの事業をされ、最後に伊和里（現在当神社のある地方）に至りまして、我が事業は終わった「おわ」と仰《おお》せられて鎮《しず》まりました。ここに於《おい》て人々がその御神徳を慕い、社殿を営んで奉斎したのが当神社の創祀であります

とある。私はこの神社を訪れて、禰宜《ねぎ》の安黒千景《あぐろちかげ》氏からまことに興味深い話を伺った。それは、この神社に古くから伝わる「一つ山祭」と「三つ山祭」という特殊神事のことである。

　安黒氏が語るところによれば、「一つ山祭」が二十一年ごと、「三つ山祭」にいたってはなんと六十一年ごとに行なわれるというのである。祭では実際の山を神とし、「一つ山祭」では「宮山」に、「三つ山祭」では「高畑山」「白倉山」「花咲山」に参って、祭が執り行なわれる。山々の本殿はこの神社からかなり離れた山上にあり、それを祀るのは容易なことではないという。おそらくそのために二十一年に一回としたの

であろうが、「三つ山祭」は三つの山の神を祀るので、さらにたいへんな労力を必要とするため、六十一年に一回としたのであろうと安黒氏は語った。

この伊和神社は播磨一之宮であるが、山間のあまりに辺鄙《へんぴ》な地にあるので、新たに播磨国総社として、姫路の町に射楯兵主《いたてひょうず》神社が置かれたという。「射楯《いたて》」はイタケル、「兵主《ひょうず》」はオオナムチのことであり、ここではオオクニヌシはっきりとヤチホコノカミ、すなわち武の神として祀られている。そして、『日本書紀』に森林を司《つかさど》る神として登場するイタケルが、ここではその名から「射楯」の神とされている。オオクニヌシもイタケルも「武の神」と考えられているのである。そして、この射楯兵主神社に、伊和神社の「一つ山」と「三つ山」の神事が移されるのであるが、その祭の様相は姫路の町にきてすっかり一変する。つまり、伊和神社とは反対に、「一つ山」が六十一年に一回、「三つ山」が二十一年に一回の祭とされ、そして「山」は実際の山ではなく、山のかたちをした巨大な社が境内に作られるのである。「三つ山大祭」では高さ十八メートル、直径十メートルの円筒形の大きな三つの「山」が作られ、最上部に「山上殿」と呼ばれる祠《ほこら》が設けられる。三つの山はそれぞれ「二色山《にしきやま》」「五色山《ごしきやま》」「小袖山《こそでやま》」と名づけられる。二色山には富士山が描かれ、小袖山は氏子から寄進された小袖を飾り立てるのである。

姫路市の射楯兵主神社は、平安時代末に播磨国の神々を全て合祀したため、総社の名で親しまれている。主祭神は伊和の大神ことオオナムヂ、すなわちオオクニヌシである

射楯兵主神社で21年ごとに行なわれる奇祭「三つ山大祭」では、高さ18メートルの三つの置き山が境内に築かれ、全国の神々を祀る。写真は、置き山のひとつ「小袖山」の10分の1のひな型。同社宝物館にて

この神事は、全国から集まってきた三千の客人神《まろうどがみ》を山に設けた「山上殿」に招き入れ、神門の上の「門上殿」に祀られる射楯兵主の神と対峙《たいじ》させるという祭である。この祭の「山」は決して動かず、したがって祭は諏訪の「御柱祭」のようにスリリングではないが、このような大掛かりで地味な神事が姫路地方において代々行われてきたことに、私は驚嘆を覚えたのである。

出雲大社で毎年旧暦十月に行われる有名な神在祭《かみありさい》は、日本全国の神々が出雲にお悔やみにやってくる、いわばオオクニヌシの葬式であると私は思うが、それに対してこの「一つ山大祭」「三つ山大祭」は、むしろ生きているイタケルとオオクニヌシに二十一年あるいは六十一年に一回、敬意を表して全国の神々が集まり、その神々をもてなすという祭なのである。

六十一年に一回の「一つ山」の祭りは、社伝によれば文永四年（一二六七）に行われて以来ずっと続けられ、最近では昭和六十二年（一九八七）に行われたという。「三つ山」の祭りは「一つ山」に比べれば臨時に行なわれるものなので臨時祭と呼ばれ、大永二年（一五二二）に播磨国守護の赤松晴政の時代に、氏子の中村、宿村、国府寺《こおでら》村の三か村が一基ずつ曳《ひ》き山を置いたことに始まり、晴政が二十一年ごとの斎行《さいこう》を下知《げち》し、今日に至っているという。前回の祭りは平成五年（一九九三）で、次に祭りが行なわれるのは今から四年後の平成二十六年（二〇一四）の予定であるという。私は、この堂々たる山を作って美しく飾り、山を動かさずに客人を迎えもてなすこの奇祭にいたく興味をもち、次回の「三つ山大祭」をぜひ見たいと思った。その祭りが行われるとき、私は八十九歳となり、その祭りを見ることができれば、どうにか九十の坂を越えることができる。それで世話になった姫路の人に、「三つ山を見れば九十の坂を越え」という戯《ざ》れ歌を書いた色紙を差し上げた。

私は『播磨国風土記』を読み、そしてそこにオオクニヌシの伝承が詳しく語られていることに興味を覚え、播磨の国を訪ねたのであるが、この国に、出雲の国にもないような巨大で華美な「一つ山」「三つ山」という神事が残されていることに驚いた。播磨には、深くオオクニヌシの影が差し込んでいる。そしてそこには、オオクニヌシ王国の滅びの原因が密《ひそ》かに語られている。

さて、このように内部分裂とアメノヒボコといわれる韓の国から来た強力な神の出現によって追い詰められたオオクニヌシのもとに、ついに国譲りの使者がやってくるのである。

古代出雲王朝が、どのように滅びたか、史実として確かなことはまったくわからない。しかし、オオクニヌシ王国を滅ぼしたのは、物部《もののべ》氏の祖先神であるという説がある。その点についてははっきりしたことはいえないが、『古事記』では国譲りの使者はアメノトリフネを副《そ》えたタケミカヅチであるのに対し、『日本書紀』では主なる使者は物部の神を思わせるフツヌシであり、タケミカヅチは副使者にすぎないのである。『出雲国風土記』にも、ところどころにフツヌシの話が語られているのをみると、出雲王国を滅ぼしたのはニニギ一族より一足先にこの国にやって来た物部氏の祖先神かもしれない。

『古事記』によれば、オオクニヌシは国譲りを承諾して、この国をニニギに譲って自らは稲佐《いなさ》の海に隠れたという。出雲大社の本殿にはオオクニヌシが祀られているが、オオクニヌシは人が手を合わせる方角に鎮座しておらず、社殿の右端にいて、海の方を向いている。海はオオクニヌシがお隠れになったところで、オオクニヌシは自らお隠れになったところを悲しい思いで眺めておられるのであろうか。

建築史家の福山敏男氏の説によれば、出雲大社本殿には巨大で長い階段がついていたという。その階段はおそらく、オオクニヌシのお隠れになった海に向かうものである。オオクニヌシの魂はその宮殿と海の間を行き来して、宮殿に押し込められた自らを慰めていたに違いないと思われる。

この国譲りの神話を象徴するような祭りが、島根半島の東端、美保《みほ》神社の「諸手船《もろたぶね》神事」と「青柴垣《あおふしがき》神事」である。

毎年四月に行われる「青柴垣神事」は、国譲りの話を題材に、そこで重要な役を演じたコトシロヌシの死と再生を象徴する祭りである。この国譲りで、天つ神アマテラスから遣わされたタケミカヅチに国譲りを強要されたオオクニヌシは〈あはえ白《まを》さじ、あが子、八重言代主《やへことしろぬし》の神、これ白すべし〉と言って、その答えをわが子のコトシロヌシに託す。おそらくコトシロヌシは賢明な神で、政治に長《た》けていたのであろう。しかしこの時、コトシロヌシは美保の岬で釣りを楽しんでいた。自分の国が亡びることも知らずに、呑気《のんき》に遊んでいたように思われるかもしれないが、コトシロヌシは王国の滅亡を予見していたのであろう。そのコトシロヌシが、美保の岬から船で西に向かい、稲佐の浜に到着して、父に〈恐《かしこ》し。この国は、天《あま》つ神の御子に立て奉らむ〉と答えて、天《あま》の逆手《さかて》を打って、乗っていた船をひっくり返すと、青柴垣の中にコトシロヌシは隠れてしまったという。「天の逆手を打つ」とは一種の呪術《じゆじゆつ》であり、その呪術を行なって、海へと消えたのであろう。青柴垣神事については次のように説明される。

青柴垣神事において中心的な役割を果たすのは、当屋《とうや》と小忌人《おんど》である。当屋には一の当屋・二の当屋の二人がおり、氏子の中から選ばれる。当屋は一年を通じて精《しょう》進潔斎《じんけつさい》をして神事にそなえなければならない。小忌人は当屋の妻がなるのが普通である。

当屋と小忌人はコトシロヌシが依《よ》りつく媒体であり、神事のときは神がかりの状態になる。したがって、氏子の誰もが当屋になれるわけでなく、「明神さんの子孫」といわれる草分けの頭筋十六流、もしくは十八流の家筋とその分家筋の十六歳以上の長男だけがなれるしきたりとなっている。

四月六日には翌日の神事のために御船《みふね》が用意される。御船の四隅には、黒木の柱が立てられ、その上部に榊《さかき》の枝がとりつけられる。そのまわりは幕で囲まれ、注連《しめ》が張られる。これは、コトシロヌシが国譲りに同意して、周囲に青柴垣をめぐらして天《あま》の逆手《さかて》を打って水中にとびこんだ場面にみたてているといわれている。

二隻の御船は、楉絡《しもとがら》みで結びつけられており、一の御船に一の頭屋《とうや》とその小忌人、二の御船に二の頭屋とその小忌人が分乗するのであるが、このとき当屋と小忌人は神がかりの状態で足取りもおぼつかないくらいになっている。そして、青柴垣にみたてられた船で、当屋と小忌人はコトシロヌシそのものになるのである。

船内で当屋と小忌人は、白粉《おしろい》で化粧をほどこされ、額と両頬に一つずつ紅を丸く

〔上〕島根半島の東端、美保湾に臨む山麓に鎮座する美保神社
〔下〕毎年4月7日に行なわれる美保神社の青柴垣神事は、国譲りに際してのコトシロヌシの死と再生を象徴する祭りだ

塗られる。これは、コトシロヌシが青柴垣の中に隠れたこと、つまり死んだことを象徴している。
御船は、神楽《かぐら》船をひきつれて宮の灘《なだ》を出発して、美保関港内をめぐったあと、宮の灘へもどってくる。そして、氏子が扮したサルタヒコとアメノウズメとに出迎えられ、当屋たち一行は美保神社へと向かうのであるが、このとき当屋も小忌人もまだ神がかりの状態にある。特に小忌人は一人で歩行できず、当為知《たつしゃ》とよばれるむかえの男性に背負われて神社へ向かう。当屋と小忌人の神がかりの状態は美保神社での奉幣を終えてからようやく解ける。これがコトシロヌシの再生を意味している(瀧音能之著『図説　出雲の神々と古代日本の謎《なぞ》』青春出版社)
私は三十年ほど前、三日がかりでこの青柴垣神事を見たことがある。私は大変興奮して一人で船について船着場をあちこち移動した。その時、人が海に落ちたという知らせがあり、同行した新潮社のM氏は私が海に落ちたのではないかと心配したらしい。この祭りの記憶は私の頭の中に今も鮮やかに残っている。特に、神がかりの状態で背負われて神社に向かう小忌人の青白い顔を今でもありありと思い出す。
美保神社には、この「青柴垣神事」と並ぶ奇祭がある。それは十二月に行われる

「諸手船神事」である。

諸手船神事は、国譲りの諾否を問う使者を乗せて稲佐浜から美保へと急行した「熊野の諸手船」を再現したものである。神事に使われる二隻の諸手船は、長さ約六メートル、最大幅が約一・二メートルのくり船で、舵《かじ》はなく、大小九本の櫂《かい》でこぐ。

（略）

十二月三日、二隻の諸手船のそれぞれに真剣持《まつかもち》として、氏子から選ばれた一の頭《とう》屋《や》と二の頭屋とが乗りこむ。

真剣とは、二股《ふたまた》に分かれ、まん中に剣をあしらった呪具のことで、諸手船の舳先《へさき》に立てられる。

さらに、一隻につき艫取《ともとり》である大櫂一名、補佐役の大脇一名、櫂子《かじこ》六名が乗りこむ。

二隻の諸手船は、太鼓を合図にして、いっせいに美保関港内にこぎ出し、互いに競い合いながら、港内の東口の客人山《まろうどやま》の下に達する。

そこでしばらく停船したあと、大櫂が立ち上がって、オオクニヌシが祀《まつ》られている山上の客人社を遥拝《ようはい》する。そして今度は、美保神社をめざしてこぎ出し、二隻は激しく競漕《きようそう》する。

美保神社の境内下の宮の灘に達すると諸手船同士で豪快に海水をかけ合う。これは一種の浄《きよ》めとされているが、冬の寒空の下で思わず息をのむ光景である。

そのあと諸手船は再び沖へこぎ出し、港内をめぐるとまた、宮の灘をめざし、さらにもう一度、同じことをくり返す。

この競漕のあと、真剣持が真剣をとりはずし船を降りて美保神社に納める。真剣持がもどると船はまた港内を競漕し、もどると大櫂が宮の灘に作られた握舎《おくしや》の中の宮司と対面し、「タカァーサンドー（三度）」と唱え、櫂子たちが、「乗って参って候《そうろう》」と続ける。

これに対して宮司の返答があり、最後に「タカァーサンドー、めでとう候」と祝辞がのべられる。そして、一同でコトシロヌシがおこなったとされる天の逆手《さかて》の柏《かしわ》手《で》を打つ。

ついで、諸手船をまた港内にこぎ出し、帰岸してはさらにこぎ出し、三度の競漕をくり返したのち、一同は上陸して宮司らと共に美保神社にもどる（前出『図説出雲の神々と古代日本の謎』）

こちらは12月３日に行なわれる諸手船神事。稲佐の浜でタケミカヅチがオオクニヌシに国譲りを迫った際、美保で釣りをしていたコトシロヌシに急を知らせた「熊野の諸手船」を再現する　撮影＝古川誠

今回、私はこの美保神社を訪れ、旧知の横山直材《なおき》宮司にお目にかかることができた。横山宮司とは、実に約三十年ぶりの再会であった。さすがに年をとられた感があった。若き日の鋭い横山宮司の面影はなく、長い一生を美保神社に捧《ささ》げ、今は悠々として余生を送る姿があった。横山宮司は私と同年であり、松江中学で同級であった竹下登元総理の少年時代の逸話をいろいろお聞きした。私も竹下元総理とはいささか親交があった。あまり理論は得意ではないが天性のユーモアを持ち、人間通の元首相に私は好感を持っていたので、横山宮司と楽しい昔話の一刻を過ごすことができた。

昔話をするばかりではこの旅行の目的にかなわないので、出雲神話をフィクションと考えた昔の私の説は間違っていたのでそれを改めに来たのだと語ったが、横山宮司は別に驚きはしなかった。そして二つの祭りについても、いろいろ話をしてくれた。その中で特に私の心を引いた話が二つあった。一つは諸手船神事を主催する神は美保神社の祭神であるコトシロヌシやミホツヒメではなく、実は山上の客人社《まろうどしゃ》に祀られるオオクニヌシであるという。とすると、この諸手船神事は、本来出雲大社で行なわれるべき祭りであったのではなかろうか。

いま一つ、横山宮司の話で深く私の心に残ったことがある。それはこの諸手船神事には巫女《みこ》が必ず参加し、巫女を出す家も決まっている。しかし、この頃は少子化で、代々巫女を出す家に女の子が産まれるとは限らない。しかし、他家の家の娘に代えることはできないので、それが一番の悩みだと言うのである。そして、諸手船神事においても青柴垣神事においても祭りの主役は専ら氏子である漁民であり、宮司はただ決められた役を果たすだけであると言われた。氏子である漁民がこのように出雲王朝の終幕を再現する祭りを続けてきたことに私はつくづく感心するのである。しかし、このようなオオクニヌシの国譲りに関する重要な神事を出雲大社ではなく美保神社が行なってきたとすれば、出雲大社にはいかなる祭りがあるのであろうか。

そう、出雲大社において最も重要な祭りは神在祭なのである。旧暦十月は、日本中の神々が男女の縁結びなどについて相談をするために出雲に集まり、それで出雲以外の所では神がいなくなるので神無月といわれる。逆に言えば、十月は出雲に全国の神が集まり、出雲の国は神様でいっぱいになるので神在月と呼ぶ。出雲大社の神在祭は、全国から集まったそれら八百万《やおよろず》の神を迎える祭りである。この神事の期間中、土地の人びとは結婚、上棟式などはもちろん、理髪や爪切までもつつしむといわれている。そのため、この神事は「御忌祭《おいみまつり》」とも呼ばれている。

美保神社の横山直材宮司より、収蔵庫に保管された2隻の諸手船を前に、諸手船神事について解説をうかがう

美保神社が広壮な社殿を誇るようになったのは、美保関が海上交通の要衝となった中世後期から近世にかけてのこと。その名の通り海の関所としての交通料収入が、この地を潤した

佐太神社は、『出雲国風土記』に登場する四大神のうちに数えられる佐太大神（さだのおおかみ）を主祭神とする。大社造りの豪壮な社殿が三つ並ぶ壮観（157頁参照）

佐太神社の朝山芳圀宮司の案内で、玉垣内に入って参拝することができた

出雲大社では、旧暦に則《のっと》って神在祭がとりおこなわれる。陰暦の十月十日の夜が神迎神事、翌十一日から十七日までが神在祭で、のべ七日間にわたっておこなわれる。

神迎神事は、稲佐浜にかがり火をたいて注連縄《しめなわ》を張りめぐらし、その中に神籬《ひもろぎ》と神々の先導役を果たす竜蛇神とを配置して、海上からやってくる八百万の神々を迎える。そして、神々が依《よ》りついた神籬を出雲大社の境内にある末社の十九社に遷《うつ》して安置する。十九社は、細長い社殿で、本殿の左右両側に二か所あって神々の宿泊所としての役割を果たしている。

十一日から本社や十九社および稲佐浜にある上宮《かみのみや》などで神在祭がおこなわれる。この期間、神々は縁結びなどさまざまな神議《かんはか》りをおこなうことになる。（略）最後の十七日には神送りの神事である神等去出《からさで》神事がおこなわれ、出雲大社での神在祭は終わりを告げる。

その後、神在祭の舞台は、佐太《さだ》神社に移り、二十日から二十五日までおこなわれる。そこで出雲大社では十七日二十六日の二回、神等去出神事をおこなう。十七日は、神々が出雲大社を去る日、二十六日は出雲国を去る日というわけである（前出『図説　出雲の神々と古代日本の謎』）

この説明にあるように、神在祭はオオクニヌシの葬儀に全国の神々が集まり、神議りをおこなう祭事なのである。それは言葉を変えれば、オオクニヌシが日本海に身を隠して現身《うつしみ》の人ではなくなったが、黄泉《よみ》の王として再生したことを祝う祭りともいえよう。この祭りは、出雲大社では旧暦十月の十一日から十七日まで七日間行なわれるが、以後この神在祭の舞台は出雲大社から松江市鹿島町の佐太神社に移され、こちらで旧暦二十日から二十五日まで行なわれていた（現在は新暦十一月二十日～二十五日）。

佐太神社は三つの大社造りの壮麗な本殿が並び立つ堂々たる神社で、島根半島のほぼ中央にあり、「おいみさん」「神在社」と通称される。古くから出雲大社および熊野大社とともに出雲では最も尊崇される神社の一つであり、してみると、佐太神社は神在祭の本家であるのかもしれない。神社の正中殿には土地の神様である主神のサダ大神、イザナギ、イザナミ及びハヤタマ、コトサカノオが、北殿にはアマテラスとニニギ、南殿にはスサノオと秘説四座がそれぞれ祀られているという。私が訪問した時、宮司の朝山芳圀《あさやまよしくに》氏が、親切に応対してくださったが、朝山氏は大変教養のある悠然たる風格の紳士で、私の書などを読んでおられるようであった。

この海を望む神社の沖には、「加賀《かか》の潜戸《くけど》」という場所がある。そこを訪ねるには小舟で行くより仕方がない。私は三十年前、船に乗ってこの加賀の潜戸を訪れたが、出発する際には全く波がなかったのに、潜戸に近づくと海が荒くなり、船が転覆するのではないかと心配するほどであった。もっとも船頭さんは一向に平気で船を操っていたが。上陸すると少しばかりの砂浜があり、そこは賽《さい》の河原と称されていた。土地の人々によって亡《な》くなった子供の遺品が供えられ、ランドセルやサンダルなどが散らかっていて、まさに黄泉の国といった風であった。そして佐太大神は、死と復活の神であるかと思い知ったのを覚えている。

佐太神社での神在祭が終わると、翌日には、斐川町にある万九千《まんくせん》神社において、神議の締めくくりと直会《なおらい》が催され、明くる日の早朝、万九千というほどの多くの神々がここから全国へ旅立ち、その年の神在祭はすべての終わりを告げる。

この手の込んだ神在祭は、『古事記』『日本書紀』に語られる国譲りの神話は決して架空のことではなく、事実であることを末長く後世に伝えるものであろう。

このように『古事記』を虚心に読むかぎり、出雲王朝がヤマトをも支配したことはほぼ確実であると思われる。カムヤマトイワレヒコすなわち神武天皇は、日向からは

〔上、下とも〕斐川町の万九千神社（立虫神社）。新暦11月20日からはじまる神在祭では、最初、集ってきた神々は出雲大社に赴き、次に佐太神社へ移り、最後にここ万九千神社で神様会議が開かれて、翌朝、それぞれの地に帰ってゆく

るばると遠征して、ヤマトにいるトミビコすなわちナガスネヒコと、一足先にヤマトに来ていたニギハヤヒの子、ウマシマジの連合軍を滅ぼし、ヤマトを占領した。しかし占領軍が権力を保つには、かつてこの国を支配したオオクニヌシ一族の血を引く女性をめとり、その女性との間の子を次の天皇にすることが必要であった。

神武天皇は南九州において、土着の豪族の娘と思われるアヒラヒメとの間にタギシミミ、キスミミの二人の子をもうけた。神武天皇はこの二皇子を東征に同道させていたようであるが、このような南九州の土豪の娘を皇后とするわけにはいかない。政権を安定させるにはやはり旧オオクニヌシ政権と縁のある女性を皇后としなければならない。そこで大伴氏《おおともし》とともに朝廷の軍事を司《つかさど》った久米氏の祖先のオオクメが探してきたのが、三嶋《みしま》の溝咋《みぞくい》の娘、セヤタタラヒメと三輪のオオモノヌシの子、ホトタタライススキヒメである。

セヤタタラヒメが大便をしていたとき、赤く塗られた矢が彼女の陰部に突き刺さった。彼女は驚いて、矢を寝床の傍らに置くと、その矢がたちまちにして美しい男子になったという。それはオオクニヌシの幸魂《さきみたま》、奇魂《くしみたま》とされる、オオモノヌシであった。そのオオモノヌシとセヤタタラヒメの間にできたのがホトタタライススキヒメである。そのホトタタライススキヒメを神武天皇がめとって生んだのがヒコヤイ、カムヤイミミ、カムヌナカワミミの三皇子である。

神武天皇が亡《な》くなったとき、継子にあたるタギシミミがその継母にあたる皇后、ホトタタライススキヒメをめとって、三人の庶弟を殺そうとした。カムヌナカワミミは臆病《おくびょう》な兄、カムヤイミミの武器をもらい受けて、タギシミミを殺した。おそらく神武天皇の跡を継ぐ第二代の天皇に、日向の豪族の血をもつ皇子が就くことにヤマトの人たちの支持は得られなかったのであろう。明らかに出雲王朝の血をもつカムヌナカワミミが第二代の天皇に就くことによって、神武王朝は安泰を保つことができたのであろう。

しかし以後、オオクニヌシ系の女性で正后の位に就く人はなく、物部系の女性が多く正后の位に就く。

また、新たに政権の座に就いた王朝がもっとも力を尽くすのは前代の王朝の鎮魂である。疫病が流行したり災害が起こったりしたとき、それはおそらく前代の王朝の祟《たた》りであると考えられた。

第十代の天皇、崇神《すじん》天皇は「御肇国天皇《はつくにしらすすめらみこと》」といわれ、神武帝とともに天皇家の祖とされた天皇であるが、その御代に悪性の流行病がたびたび起こり、多くの人民が死んだ。天皇はそれを大いに憂《うれ》えていたが、夢にオオモノヌシが現れて、へこは、わが御心ぞ。かれ、意富多々泥古《おほたたねこ》をもちて、あが前を祭らしめたまはば、神の気《け》起らず、国も安平《やす》らかにあらむ〉と告げたという。この夢のお告げを受けて、オオモノヌシの子孫のオオタタネコにオオモノヌシを祀らせたところ、流行病はことごとく収まり、国家は安泰になったという。これが最初の出雲の神の祟りであった。

さらに出雲の神の祟りは続く。崇神天皇の次の垂仁《すいにん》天皇の御代《みよ》にも、大きな祟りが起こった。

垂仁天皇の子ホムチワケは、どういうわけか大きくなっても物を言わない子であった。そのことに天皇は大いに心を悩ませていた。ところがある日のこと、彼は鵠《くくひ》の鳴き声を聞いて、初めて一言だけ声を発したではないか。そこで早速、天皇は家来を遣わして、鵠を遠く越国《こしのくに》まで追い、その鳥をホムチワケに見せることにした。だが、ホムチワケはやはり物を言わない。業《ごう》をにやした天皇は占い師に占わせることにした。すると、出雲の大神の祟りであるという卦《け》が出る。そこで天皇は、ホムチワケに出雲大神の宮を拝ませようと、曙立《あけたつ》、菟上《うなかみ》の二人の王をホムチワケに添えて遣わすことにした。このときのことを『古事記』は次のように語る。

かれ、出雲に到《いた》りて、大神を拝《をろが》み訖《を》へて還《かへ》り上ります時に、肥《ひ》の河の中に黒き巣《す》橋《ばし》を作り、仮宮を仕へまつりて坐《いま》せたり。しかして出雲の国の造《みやつこ》が祖《おや》、名は岐比佐都美《きひさつみ》、青葉の山を餝《かざ》りて、その河下に立てて、大御食《おほみけ》献らむとする時に、その御子の《の》詔言らししく、「この、河下に青葉の山のごときは、山と見えて山にあらず。もし、出雲の石硐《いはくま》の曾《そ》の宮に坐す、葦原《あしはら》の色許男《しこを》の大神をもちいつく祝《はふり》が大庭《おほには》か」と問ひたまひき（『古事記』中巻）

ここで曙立の王と菟上の王は、出雲の大神を拝んで帰る途中に肥《ひ》の河の中に黒い皮のついた丸太を筏《いかだ》のように並べた橋を作り、仮宮をお作りしてオオクニヌシを祀ったという。そして出雲国造の祖先のキヒサツミが木の葉が青々と茂った山を立て、オオクニヌシをお祀りして大御食《おおみけ》を奉《たてまつ》った。すると、ちょうどそのとき、ホムチワケは「この青い木の葉の群れる山のようなものは山と思われるが、山ではない。これはオオクニヌシをお祀りする神主の祭場ではないか」と語ったという。ホムチワケが物を言えるようになったことを天皇はいたく喜んで、菟上の王を出雲に帰し、神の宮を修繕させたと、『古事記』にはある。ここに初めて、天つ神がオオクニヌシの引退の条件として建てた大きな宮殿を修理したという話が出てくるのである。

ではいったい、キヒサツミがオオクニヌシのために建てた宮殿、及び垂仁天皇の命令によって菟上の王が修繕した宮殿はどこにあるのであろう。この宮殿がすなわち出雲大社であるとは考えられない。果たして、それは出雲国のどこかに隠れているのであろうか。崇神朝におけるオオモノヌシの祟りの話は垂仁朝においてはオオクニヌシの祟りの話になり、その祟りは垂仁天皇の最愛の皇子、ホムチワケに物を言わせないほど強い祟りであった。崇神天皇の御陵《ごりょう》以降、御陵は前方後円墳となり、崇神・垂仁朝は古墳時代の初めであるとされている。その古墳時代の初めに、出雲系の大神たちは強く祟ったわけである。

しかしこのような出雲大神の祟りは崇神・垂仁朝で終わらず、『古事記』が作られた和銅の御代の近い過去にも起こったのである。『日本書紀』の斉明《さいめい》天皇五年（六五九）に次のような記事がある。

是歳《ことし》、出雲国造　名を闕《もら》せり。に命《おほ》せて、神の宮を修厳《つくりよそ》はしむ。狐《きつね》、於《お》友郡《うのこほり》の役丁《えよほろ》の執《と》れる葛《かづら》の末《すゑ》を噛《く》ひ断ちて去ぬ。又、狗《いぬ》、死人《まかれるひと》の手臂《ただむき》を言屋社《いふやのやしろ》に噛ひ置けり。言屋、此をば伊浮瑘《いふや》といふ。天子の崩《かむあが》りまさむ兆《きざし》なり

斉明天皇は天智《てんじ》・天武《てんむ》天皇の母であり、『古事記』撰集《せんしゅう》当時の天皇であった元明《げんめい》天

皇の祖母にあたる。現天皇の祖母の天皇の時代にまで出雲大神の祟りが存在していたとすれば、『古事記』撰集の段階において、出雲大神の鎮魂ということが重要な国家的課題であったとも考えられるのである。

第三章　考古学が語る出雲王朝

　私はいよいよ、出雲地方に新しく出土した考古学的遺物について語り、それが一章、二章で述べた出雲神話を裏づけることができるかどうかを検証しようと思う。この問題に入る前に少し寄り道をしたい。前々から私は、イザナギとイザナミが国生みをしたオノゴロ島に行ってみたいと思っていた。今回、その望みがかなうことになったのである。

『古事記』には、アメノミナカヌシ、タカミムスビ、カミムスビなどの別天《ことあま》つ神五神がまず現れて、独神《ひとりがみ》となって身を隠した後に、クニノトコタチ、トヨクモノの独神、ウヒヂニ、イモスヒヂニ、ツノグヒ、イモイクグヒなどの男女ペアの神が現れ、最後にイザナギ、イザナミが現れ、国生みをしたとある。イザナギ、イザナミの主な仕事は、日本の国土とそこにいる神々を生み出すことであった。とすれば、イザナギ、イザナミの最も重要な仕事はセックスであったといってよい。このイザナギ、イザナミがセックスして国生みをした場所がオノゴロ島である。『古事記』によれば、オノゴロ島は、イザナギ、イザナミが天の浮橋に立って、沼矛《ぬぼこ》を海にさし下ろし、「こをろこをろ」と掻《か》き回して引き上げた時に、矛の先からしたたり落ちた塩が積もってできたという。

イザナギ、イザナミはオノゴロ島に降り立って、セックスして国生みをしたわけであるが、このオノゴロ島は淡路島の南にある「沼島《ぬしま》」であると伝えられている。『万葉集』巻六に〈朝凪《あさなぎ》に　楫《かぢ》の音《おと》聞ゆ　御食《みけ》つ国　野島《のしま》の海人《あま》の　舟にしあるらし〉という歌があり、この「野島」は現在の沼島で、沼島は海人の住む島として伝えられている。また『土佐日記』には、この島のそばを通った紀貫之《きのつらゆき》が海賊に襲われはしないかと恐怖に駆られた話が語られている。そのころ沼島は、海賊の島であった。

しかし今は、沼島は国生みの島として崇《あが》められるわけでもなく、海賊の島として恐れられているわけでもない。おいしい鱧《はも》料理が食べられる島として有名である。この沼島に私は是非一度、行ってみたいと思っていた。

平成二十一年（二〇〇九）六月、私は淡路島で出土する多くの銅鐸《どうたく》の遺跡を訪ねた後に、沼島に渡った。沼島で私たちも鱧料理をたらふく食べた後に、小船に乗った。沼島の海に鎮座する「上立神岩《かみたてがみいわ》」と呼ばれる男根岩を見たいがためであった。岩は、沼島港のちょうど反対側、ごつごつした岩場から離れた海の中に立っていた。いわばこの岩は、国生みの島であるオノゴロ島の象徴的な存在である。陸路で向かうにはかなりの距離があるというので、小船で島の周りを一周したのである。

この日は波が高く、近くまで寄れなかったが、それでも高さ約三十メートル、巨大な男根が見事に屹立《きつりつ》していたのである。岩の上部はくびれて亀頭状になり、鳥の糞《ふん》が積もっているせいか、白くなっていた。それは男根の形をしていたが、かなり年輪を刻んだ男根のように思われた。男根ゆえに男性は深い喜びと大きな悲しみを経験するかもしれない。私は男根岩に男性の持つ喜びと悲しみが込められていると感じた。

沼島には、この「上立神岩」と対になる「下立神岩《しもたてがみいわ》」、すなわち〝女陰〟の巨岩もある。しかしこちらは安政の地震（一八五四）の際に津波で大破し、残った岩もまた室戸台風（一九三四）の直撃を受けて、ほとんど崩壊してしまった。そのため往時の面影はなく、それらしい形も失われていた。

私は、イザナギ、イザナミは、縄文の神であると思う。縄文の哲学は「産み」の哲学である。「産み」の哲学はセックスの哲学でもある。タカミムスビ、カミムスビの「ムスビ」というのはセックスを表し、子を産むことを意味する。このような「ムスビ」の神が縄文時代においてもっとも崇拝されていたことは、縄文時代にあまねく崇拝された石棒を見てもわかる。縄文時代の男性のほとんど唯一《ゆいいつ》のシンボルが男根を象徴する巨大な石棒であった。セックスによって子を産み、子はまた孫を産み、孫は曾《ひ》孫《まご》を産む。かくして人間の生命は永遠に連なるのである。セックスはただ肉体的な快楽の行為ではなくて、人間を永遠に通じさせる形而上学《けいじじょうがく》的なものである。

これに対してイザナギ、イザナミに続く神々は明らかに弥生《やよい》の神であり、農耕の神である。『古事記』では、国生みの後に神生みの話が続く。イザナギはその最後にアマテラス、ツクヨミ、スサノオを産んだというが、この三貴子はいずれも農耕の神である。つまり、イザナギ、イザナミから三貴子の時代へと変わることによって縄文時代が終わり、弥生時代が始まるのである。

このように考えると、スサノオ、オオクニヌシの出雲神話は弥生時代の話なのであろう。この時代について、近年、大きな認識の変化があった。これまで紀元前五世紀から紀元後三世紀頃の間の約八百年間と考えられていた弥生時代が、放射性炭素年代測定法と年輪年代測定法により、その始まりが通説より五百年ほど遡《さかのぼ》った。つまり紀元前十世紀頃には、すでに稲作農業が日本で行われていたと考えられる。

すると日本に稲作が到来したのは春秋戦国時代ではなく、西周《せいしゅう》であることになる。

この従来の通説を根本的に覆《くつがえ》した学説についてはまだ考えねばならない問題が多かろうが、その結論は認めなくてはならない。このように従来八百年の幅で考えられていた弥生時代を千二百年の幅で考えねばならないとすれば、弥生時代という時代がはっきり見えてくるのである。

西洋においては、先史時代を石器時代、青銅器時代、鉄器時代に区分する。青銅器時代は、武器や農具などの実用的道具を重んじる鉄器時代とは違った、何かロマンのある時代と考えられてきた。従来の八百年で考えられた弥生時代の幅では、すでに弥生の初めには鉄が入っているので、青銅器時代は日本においてほとんど存在し得ないことになる。しかし、弥生時代が五百年も広がるとすれば、そこにまさにかなり長期間の青銅器時代が現出する。私が第一、二章で語ったスサノオやオオクニヌシの話も弥生時代の話であり、青銅器時代の話である。それゆえ私は、稲作農業が到来し、稲作文明が発展した弥生時代前期を青銅器の時代として捉《とら》えたいと思う。

中国における青銅器の文明は、すばらしい青銅器を産した殷《いん》の文明であった。しかし、殷の如《ごと》き青銅器は日本には存在せず、日本の青銅器は銅鐸《どうたく》、銅剣、銅矛《どうほこ》、銅戈《どうか》、それに銅鏡《どうきょう》であった。銅剣、銅矛、銅戈は明らかに武器として移入され、日本でも最初は武器として用いられたが、しばらくして祭器になった。そして銅鐸および銅鏡はまったくの祭器である。このような祭器として用いられた青銅器と、私が第二章で語った出雲神話がどのように関係しているかを考えてみることにしたい。

新たに認識された約三千年前の弥生初期に目を向ける時、我々は古代の日本が現代の日本とは甚だ違う状況にあったことを認識しなければなるまい。それは、かつてはこの日本列島の文化的中心は、太平洋沿岸ではなく日本海沿岸であったということである。

このような日本海沿岸の高い文化を示すものに、主として北陸地方に出土した巨大なウッドサークルの遺跡がある。その代表的なものが、能登半島の真脇《まわき》遺跡であろう。昭和五十七年（一九八二）、五十八年、最大直径一メートルもあるクリの木を縦半分に割った十本の柱の断面を外側に向けて、サークル状に並べ立てられた「環状木柱列」の柱跡が発見された。そのサークル状の柱の穴は幾重にも重なっていて、その十本の柱が何年かに一度、あるいは何十年かに一度、立て替えられていたことを示していた。クリの木は木の中でももっとも堅く、腐りにくい木である。だが、そのような腐りにくい木といえども、何年も経《た》つうちに腐ってくる。神はそのような腐った木に降り給《たま》わない。それゆえそのような巨大なサークルをなす十本の柱を何年かに一度立て替えたのであろう。また少し時代は後になるが、そこに無数のイルカの骨塚があったのが発見されている。そこはおそらく、アイヌの「熊送り」のように「イルカ送り」をした場所であったのであろう。サークル状に配された十本の柱は生命の永劫《えいごう》回帰を意味するのかもしれない。真脇と同じようなウッドサークルの遺跡は石川県のチカモリ遺跡にもあり、また新潟県の寺地《てらじ》遺跡にもある。寺地はそのようなウッドサークルの遺跡のある場所であると同時に、ヒスイ玉を製造していた場所でもある。ここでウッドサークルの祭りが行なわれていたと思われるが、その祭りは諏訪の御柱の祭りばかりか、伊勢神宮の御遷宮《ごせんぐう》にも引き継がれていると私は思う。

巨大な建造物の遺跡は山陰にもある。たとえば、平成八〜十年（一九九六〜九八）、十一年に発見された妻木晩田《むきばんだ》遺跡では大型建物がみつかり、平成十年（一九九八）に発見された青谷上寺地《あおやかみじち》遺跡では巨大な柱材がみつかっている。特に妻木晩田遺跡近くの稲吉角田遺跡からは、高層建造物が描かれた土器が出土している。これは、この地域に巨大住居があったことを示している。

このような伝統のもとで、出雲のオオクニヌシの隠居の宮殿として、現在の出雲大社の本殿の高さの二倍もある十六丈の高さの巨大な宮殿が建てられたと見るべきであろう。

そしてもう一つ、この日本海沿岸で栄えた文明がある。それは「玉《ぎょく》」の文明である。玉の生産は縄文時代に遡るといわれるが、その原産地がどこであるかは謎《なぞ》であった。戦前は、その原産地はビルマであり、日本のヒスイもビルマから輸入されたものという説がまかり通っていた。しかし、近年の調査によって、新潟県糸魚川地方がヒスイの原産地であるということが確かめられた。

この原産地について暗示を与える歌が『万葉集』にある。『万葉集』巻十三に、〈天《あま》橋《はし》も長くもがも高山も高くもがも月読《つくよみ》の持てる変若《をち》水《みづ》い取り来て君に奉《まつ》りて変若《をち》得《え》てしかも〉という長歌があり、それに〈天なるや月日の如くわが思へる君が日にけに老ゆらく惜しも〉という反歌と、〈沼《ぬ》名《な》川《かは》の底なる玉求めて得し玉かも拾《ひり》ひて得し玉かも惜《あたら》しき君が老ゆらく惜しも〉という短歌がついている。ここでヒスイが「玉《ぎょく》」と呼ばれ、玉は不老不死の呪力《じゆりよく》をもち、「渟名川」の底で拾う玉であることが歌われている。渟名川はヌナカワヒメを思わせる川で、姫川を指すことは明らかであろう。

日本でヒスイの玉が珍重されるのは、縄文中期の初め以降であるとされる。それは中国の玉の崇拝と関係があると思われるが、中国の玉は軟玉《なんぎょく》で、対する日本の玉は硬《こう》玉《ぎょく》であり、玉の性質が全く違うので、中国の玉崇拝とは関係がないという説がある。しかし私はそうではないと思う。私はかつて中国浙江省《せっこうしょう》の郊外にある良渚《りようしよ》遺跡を訪ねたが、そこにはすばらしい玉器文明があった。今から約五千年～四千年前の遺跡であるが、私はその玉の美しさに魅せられ、言葉では表せないような感動を覚えた。良渚遺跡の玉器は、主として琮《そう》、璧《へき》、鉞《えつ》という形状であった。そのうち、特に璧は後世に至るまで甚だ貴重なものとされ、一つの璧を得るために国を売ったという話さえ伝わっている。そして鉞というのはマサカリのことであり、王は臣下と面会する時には必ずマサカリの刃を下に向けて、王座の前に置いたのである。「王」という字は、真ん中の横の線が上下の線に比して短くなっているが、これは鉞の形から来ているとされる。

だが、中国の長江流域に栄えた稲作農業を生産の基本とする玉器文明は、やがて雑穀農業や牧畜を生産の基本とする黄河流域の文明に滅ぼされて、その民は「越の民」として周辺に逃れたといわれている。日本では北陸地方のことを「越」と書き、「こし」と読むが、北陸地方で栄えたこの玉の文明をもたらしたのは、実は中国から来た「越の民」ではないかとも考えられている。

日本海に面する福井県の鳥浜《とりはま》遺跡の発掘者の一人である環境考古学者の安田喜憲《よしのり》氏は、鳥浜遺跡の出土物は、たとえば中国江南地方の河姆渡《かぼと》遺跡と比べると、稲を除けばほとんど同じであり、若狭地方に長江流域との交流があったのではないかという。

私はかつて『日本の霊性』(新潮社)を書いた時に、ヌナカワヒメの伝説のあるヒスイの産地を訪れ、展示施設で巨大なヒスイの原石を見た。それはえもいわれぬ美しさであった。白い石の塊の中からちらりと緑色のヒスイが顔を出すようなものが多く、それを見て私は、春になり雪の中からちらりと緑の新芽が現れる新春の雪国の風景を想起した。白い雪の中からちらりと緑色が現れることほど雪国の人に春の到来を知らせるものはあるまい。このヒスイの緑について研究者たちは、次のようにいう。

緑は『広辞苑』などによれば、翠とも書き、瑞々《みずみず》しいということと関係があります。草木の新芽のことをいいます。この点からいたしますと、緑色は春の草木の新芽のように生命の発動、躍動を示し、それは死からの再生、復活をも意味してくるのではないかと考えられます(『古代翡翠《ひすい》文化の謎』新人物往来社、「ヒスイの玉とヒスイ工房(寺村光晴)」)

最初にヒスイで作られた聖なる玉は大珠《たいしゅ》といった。長さ十五センチもあるような大きな玉である。大珠は、小共同体の指導的な役割を持つ者の権威のシンボルとして作られたなどの説がありますが、私は不老長生、そして再生に通じる呪物として

淡路島の南、沼島の海に鎮座する「上立神岩」。船上から拝しつつ、男性の喜びと悲しみを思う……（168頁参照）

の役割を担《にな》っていた可能性が強いものと考えています。それは日常的に垂下されていたものでなく、特に呪性の強力な人（呪者といってもいいのですが）が亡《な》くなったときに一緒に埋納されたり、また、不老長生などに関わる祭祀《さいし》的な儀式に用いられその強い願望を示すために土壙《どこう》に埋納されたりしたものでしょう（『古代翡翠文化の謎』「ヒスイと古代人の心（藤田富士夫）」）

このようにヒスイという石そのものが不老長寿の願望を表すとすれば、あのウッドサークルの思想に通じるものがある。それは死・復活の思想の象徴であるに違いない。私が柿本人麻呂を論じた際、人麻呂が死んだ時に妻の依羅娘子《よさみのおとめ》が歌った〈今日今日《けふけふ》とわが待つ君は石川の貝に交《まじ》りてありといはずやも〉という歌を受けて、亡き人麻呂に代わって人麻呂の友人であった丹比真人《たじひのまひと》が詠んだ歌に〈荒波に寄りくる玉を枕《まくら》に置きわれここにありと誰《たれ》か告げなむ〉という歌があることを知った。そしてこの歌に出てくる「玉」という言葉が私の心に引っかかっていた。あるいは、その玉とは、ヒスイであったかもしれない。荒波に寄せくる石をヒスイと見て、そして海中で人麻呂はその石を枕に置いて、自らの死・復活を願っているのではないかと丹比真人は思ったのではなかろうか。人麻呂の時代においてもまだ、玉すなわちヒスイに対する強い信仰が存在していたのであろう。

こうして、最初、ヒスイの大珠が呪物として重んじられたが、その後、勾玉《まがたま》が作られるようになると、勾玉がもっとも尊崇されるようになる。では一体、勾玉とは何であろうか。

私は最近、はなはだ興味深い書物を読んだ。梅原末治《すえじ》氏が昭和四十六年（一九七一）に出された『日本古玉器《こぎょくき》雑攷《ざっこう》』（吉川弘文館）という書物である。

この著書は間違いなく、考古学の大家、梅原末治氏の晩年の力作であるといえる。梅原氏は銅鐸研究の開拓者でもあるが、この玉の研究書にも並々ならぬ情熱が感じられ、深い学識が表れていた。私は梅原氏によって書かれた数々の遺跡の報告書を読んでいるが、彼の遺跡を見る目も多くは的確で、文章もはなはだ明晰《めいせき》であった。この本にもそのような梅原氏の学者としての長所が表れているのであるが、ただ残念なことは、ここで梅原氏が弥生時代、あるいは古墳時代のすばらしい玉と判定したガラスの勾玉の多くが全くの偽物で、現代において作られたものであることが明らかにされてしまったことである。

後年、梅原氏は弟子に対してたいへん厳しくなったので弟子たちも寄り付かなくな

縄文時代の巨大な「環状木柱列」の跡が発見された、能登半島の真脇遺跡周辺の航空写真（172頁参照）　写真提供＝真脇遺跡縄文館（下も）

昭和57年（1982）より行なわれた真脇遺跡の発掘調査では、最大直径1メートルもあるクリの木を縦半分に割った「環状木柱列」の跡が出土した

鳥取県西伯郡大山町にある妻木晩田遺跡の四隅突出型墳丘墓群（173頁参照）　写真提供＝鳥取県立むきばんだ史跡公園

鳥取県米子市淀江町の稲吉角田遺跡より出土した土器には、高層建造物の絵が描かれていた　写真提供＝米子市教育委員会文化課

り、梅原氏の話し相手になるのは、奇人の多い考古学者の中でも「人格円満で心やさしい紳士」として尊敬されている金関恕《かなせきひろし》氏など少数の弟子と骨董《こっとう》商のみであったという。その中で、I氏という骨董商がヒスイや碧玉《へきぎょく》、特にガラスの勾玉などを持ってきては見せ、目がよく見えなかった梅原氏の孤独を慰め、特に気に入られていた。それらの玉を梅原氏がいたく喜んだので、I氏もつい調子に乗って、どうやら次々と偽の玉製品を梅原氏に売りつけたらしい。

ところが、ガラスの研究家、由水常雄《よしみずつねお》氏によって昭和四十七年（一九七二）の「芸術新潮」誌上で、古墳時代のものとされたガラスの勾玉が最近作られたものであると証拠を挙げて明らかにされてしまったのである。

しかし、たとえそのような間違いがあるにせよ、この『日本古玉器雑攷』にははなはだ独自な創見があると思わざるを得なかった。そこで梅原氏は勾玉の起源を探究し、その起源を猪《いのしし》や魚の形をした禽獣《きんじゅう》魚形勾玉に求めている。

新たに知られたこの禽獣魚玉の一類は、古い禽獣形のそれと同似を示しながらも、それぞれの形が目立って大きいこと等から、既に本来の佩玉《はいぎょく》としての範囲を超えたものである。（略）溯《さかのぼ》ってこの種の玉の所産の基くところ、元来狩猟漁撈《ぎょろう》生活と結びついた我が上古本来の勾玉のうちにあって、獣形の他に禽魚の両者にもまた同様な作りのあるのが改めて注目さる可《べ》きである。筆者は嘗《か》つて子持勾玉について、その示す形の上から、その形に狩猟・漁撈の豊饒《ほうじょう》の意味の表徴されているのではないかを思ったことであったが、新たに知見に上ったこの類が、禽獣魚の三者に亙《わた》るものであることは、当時既に農耕の生活が一般化せられたとする間にあって、依然としてこの国土での本来の生活の面が佩玉を超えた、是等の玉類に示現されているものとして、一見游離《ゆうり》した観のある本禽獣魚形の玉の持つ重要な意味が改めて思われることである（『日本古玉器雑攷』）

この勾玉の起源を猪や魚の形をした獣形勾玉に求める梅原氏の説に、私はたいへん興味を覚える。

アイヌ語は縄文語の名残りをとどめる言語だと私は考えているが、アイヌ語の「タマ」は「カムイ」と同じように霊的な存在を意味する。「タマ」はまさに霊的な存在であり、特に勾玉は霊的存在の最たるものである。梅原氏のいうように、猪や魚の形をした玉が勾玉の起源を示すものであるならば、それは当然のことのように思われる。勾玉はやはり魂の形を示したものであろう。その魂は、植物の魂であるよりは動物の魂であろう。動物と植物の違いは、動物にははっきりと死があることである。もちろん植物にも死はあるが、植物の生は動物の生よりもはるかに長く、その死にもはっきりとしたけじめがない。しかし動物の死にははっきりとしたけじめがある。それは動物の肉体から魂が去っていくからであろう。魂の去った肉体はむしろ亡骸《なきがら》であり、縄文人にとっては全く意味のないものであった。縄文人はそのような亡骸を山に捨てて、二度と参ろうとは思わなかった。彼らの参るのは別の墓なのである。縄文人は、人が死ねばその魂は西の空へ行き、そこでほぼこの世と同じ生活をすると考えていた。そして、その人物の子孫に妊娠が告げられると、あの世にいる祖先の誰かの魂が選ばれ、またこの世に帰ってくると考えられていたのである。

それゆえ魂はこの世とあの世との間を永遠に行き来するものであった。勾玉はそのようにあの世とこの世の間を永遠に往来する魂を表すものであると考えられる。そのような勾玉は、やはりどこか獣の形をしているのであろう。人間をはじめ全《すべ》ての獣の死・復活を願う祈りがこめられている。そして、その勾玉がヒスイでできているとすれば、それは永久の生を与える呪力をもっていると思われる。

先に私が語ったように、ヒスイは糸魚川地方で採れ、その近くの地で加工されていたが、縄文時代、弥生時代においてもっとも貴重な呪物として尊ばれた。ヒスイはこ

考古学者の梅原末治氏（1893－1983）は、勾玉の起源を猪や魚の形をした禽獣魚形勾玉に求めた　写真提供＝毎日新聞社

硬玉で作られた勾玉、いちばん下の1点は何らかの動物の形を現しているようだ　兵庫・辰馬考古資料館蔵

の地方に豊かな富をもたらし、出雲を含めて日本海地方を支配する王国を越後に誕生させたにちがいない。

前章で述べた通り『古事記』にあるオオクニヌシのヌナカワヒメに対する恋の話はただの恋の話ではなく、同時に征服の話なのである。勾玉文化の中心地、越はついに出雲のオオクニヌシの手に帰したのである。出雲の地は長年、ヒスイ王国、越の支配下にあった。その越の支配からの解放が、スサノオによる「高志《こし》」のヤマタノオロチ退治の話であり、逆に出雲による越の征服の話が、オオクニヌシの強引なヌナカワヒメとの結婚の話であろう。

弥生時代になると、ヒスイと並んで碧玉《へきぎょく》の勾玉や管玉《くだたま》が作られるようになる。この碧玉がもっとも多く採れる原産地は、出雲の玉造《たまつくり》にある花仙山《かせんざん》である。古墳時代には玉造で本格的な碧玉の勾玉や管玉の生産が始まった。玉造では碧玉とともに赤玉といわれるメノウも、白玉といわれる水晶も採れたが、やはり濃緑色をした青玉といわれる碧玉がもっとも尊ばれた。

ヒスイおよび碧玉の産地は、ほぼ環日本海地域である。このように縄文時代から弥生時代、古墳時代にかけて栄えた玉文化の中心地は日本海沿岸であった。日本海沿岸にはこのような巨大建築と玉の文化が栄えていたが、さらに青銅器文化も栄えていたのである。それは大量の銅鐸《どうたく》、銅剣、銅矛、特に銅鐸の出土によって分かった。

縄文時代のすばらしい芸術作品といえば、岡本太郎がその芸術性を絶賛した縄文土器であるが、弥生時代のすばらしい芸術作品といえば、銅鐸をあげねばならぬと思う。弥生土器は縄文土器と比べると変化に乏しく、芸術性が希薄である。たとえば北九州で多量に発見される甕棺《かめかん》は技術的には誠に見事である。甕棺は、恐らく個人の死・復活を信じている弥生人が、再び死者の身体に魂が還《かえ》り、個人が復活する時がくるのを期待して、死体を末永く保存しようとして作られたものであろう。掘り出された甕棺は土で作られているとは思えないほど固く、金槌《かなづち》で叩《たた》いても容易に割れない。しかし甕棺は、一つ一つが独自の形と文様を持つ縄文土器とは違ってほとんど形が違わず、文様もない。この技術的にまことに見事な甕棺を見て私は、父の勤めていたトヨタ自動車の工場で、品質管理によって見事に均一化された自動車が整然と並んでいる様を思い出した。甕棺は技術的に見れば立派な製品であるが、芸術品とはいえない。弥生時代の芸術品といえば、やはり銅鐸であろう。

私は先に、弥生時代を日本の青銅器時代と考え、スサノオやオオクニヌシの話はこの青銅器時代の話であると論じた。また出雲が大量の青銅器を有する青銅器王国であったことは、昭和五十九年（一九八四）の荒神谷《こうじんだに》遺跡の発見以来明らかになってきた。荒神谷遺跡で三百五十八本の銅剣、六個の銅鐸、十六本の銅矛が出土した。しかし、それだけではまだ出雲が青銅器王国であったといえないかもしれない。いくら数が多いとはいえ、しょせん一か所から出たにすぎないではないか。ところがさらに、平成八年（一九九六）の加茂《かも》岩倉《いわくら》遺跡における銅鐸三十九個の出土によって、出雲が青銅器王国であったことは今や誰の目にも明らかになった。

弥生文明は稲作農業を生産の基礎とする文明である。農業に従事する人々を統合する宗教的、政治的権威が必要である。それが神聖たるべき王の存在であろう。日本では昔から「政《まつりごと》」は「祭り事」といわれるように、政治はすなわち祭事でもなければならなかった。そしてそこで、青銅器は出雲王朝の政治と深く結びついた祭器であったと考えられる。

『古事記』『日本書紀』は、日本の農業はスサノオ、オオクニヌシの始めたものであるとする。スサノオ、オオクニヌシの始めた農業は稲作農業に限られず、稗《ひえ》、粟《あわ》農業も含まれていた。アマテラスを祖とし、その子孫が日本の支配者となった天孫族のもたらした農業は、『古事記』『日本書紀』を読む限り、稲作農業と養蚕に限られる。そのようなスサノオ、オオクニヌシが農業に携わる民を統合する祭器は、銅鐸をはじめとする青銅器であったのではなかろうか。

では、荒神谷遺跡や加茂岩倉遺跡で出土した青銅器が、一体どのような形で『古事記』『日本書紀』において記されているスサノオ、オオクニヌシの出雲王朝の歴史と結びつくというのか。そのことをじっくり考えていくことにしたい。

荒神谷遺跡と加茂岩倉遺跡は、いずれも農道建設のための工事によって発見されたものである。いずれの発見も、歴史学者や考古学者はもちろん、出雲の地を愛し、ここにスサノオ、オオクニヌシの王国があったと信じていた地元の人すら全く予見していなかったことであった。

いずれの遺跡についても詳しい調査報告書が出ていて、何度もそれらを読んでみたが、そのたびごとに私は、このような遺跡がよく発見されたものだと感慨を新たにした。二つの遺跡で出土した銅剣、銅鐸、銅矛については後に詳しく考察することにして、まずは発掘の経過について、それらの報告書に詳しく語られている事実に私が二度にわたって現地調査した時に地元の人から聞いた話などを加えて語るならば、以下のようであろうか。

荒神谷遺跡は、島根県簸《ひ》川《かわ》郡斐《ひ》川《かわ》町大字神庭《かんば》字西谷《さいだに》の地にある。遺跡の南側に三宝荒神が祀《まつ》られているので、荒神谷遺跡と名づけられたのであるが、考古学者の佐原真氏などは神庭遺跡と名づけられるべきであると主張していた。遺跡発見のきっかけは、昭和五十八年（一九八三）、そこに広域農道を設置しようとしたところ、付近から須《す》恵器《えき》が出土したことに始まる。遺跡の調査が必要であるということになり、翌五十九年（一九八四）に荒神谷遺跡の試掘調査が行われることになった。調査は、同年七月十一日から二十一日間行なわれたが、その間に銅剣の一部が発見された。銅剣が発見されてにわかに大騒ぎとなり、急遽《きゅうきょ》奈良文化財研究所や島根大学から考古学者を呼んで本格的な発掘をすることとなった。すると、何と三百五十八本の銅剣が出土したのである。

これらの銅剣は小さな丘の中腹に掘られた穴に埋められていた。あらかじめ銅剣を埋めるためのテラス状の加工段が作られ、その下に穴が掘られ、銅剣が四列に並んだ状態であった。調査報告書には次のようにある。

銅剣は、埋納壙底面《こうてい》から約10㎝上のところに四列に並べられていた。各列は南北方向に長く向いており、銅剣は東西方向に、鋒と茎《なかご》がほぼ水平になるようにして刃を立てた状態で出土した。銅剣の各列は、西から順にA、B、C、D列と呼称することとし、各々の本数はA列34口、B列111口、C列120口、D列93口であった。A列は鋒の方向を1口ずつ変えて交互に置き、B列は南端4口が鋒を西に向けていたほかはA列同様交互であった。C、D列はすべて鋒を東に向けた状態で置かれていた

（『荒神谷遺跡銅剣発掘調査概報』島根県教育委員会）

この四列に埋められた銅剣の数を数えると、B列、C列、D列はそれぞれ百十一本、百二十本、九十三本で、ほぼ同じ本数であるが、A列だけは三十四本と少ない。恐らくD列からほぼ百本ずつ銅剣を並べていって、余った銅剣がA列に並べられたのであろう。銅剣の並べ方を見ると、A列の全て、B列のほとんどとC列、及びD列は並べ方が違う。A列、B列は鋒の方向が一本ずつ交互に置かれていたが、C、D列は全て鋒を東に向けて置かれていた。その理由についてはいろいろ想像力をかき立てられる。それまで日本で出土していた銅剣は約三百本で、荒神谷遺跡の銅剣の出土により銅剣の数は一挙に二倍以上になったことになる。これだけでも驚くべきことであるが、荒神谷遺跡に埋蔵されているのは銅剣のみではなかった。

思いがけない銅剣の出土によってさらなる調査が必要と考えられ、翌昭和六十年七月から、最新機器である地下レーダー、EM38（浅部電磁法探査装置）、メタルロケ

荒神谷遺跡、銅剣358本出土時の昭和59年（1984）の様子（南西より）
写真提供＝島根県教育庁埋蔵文化財調査センター

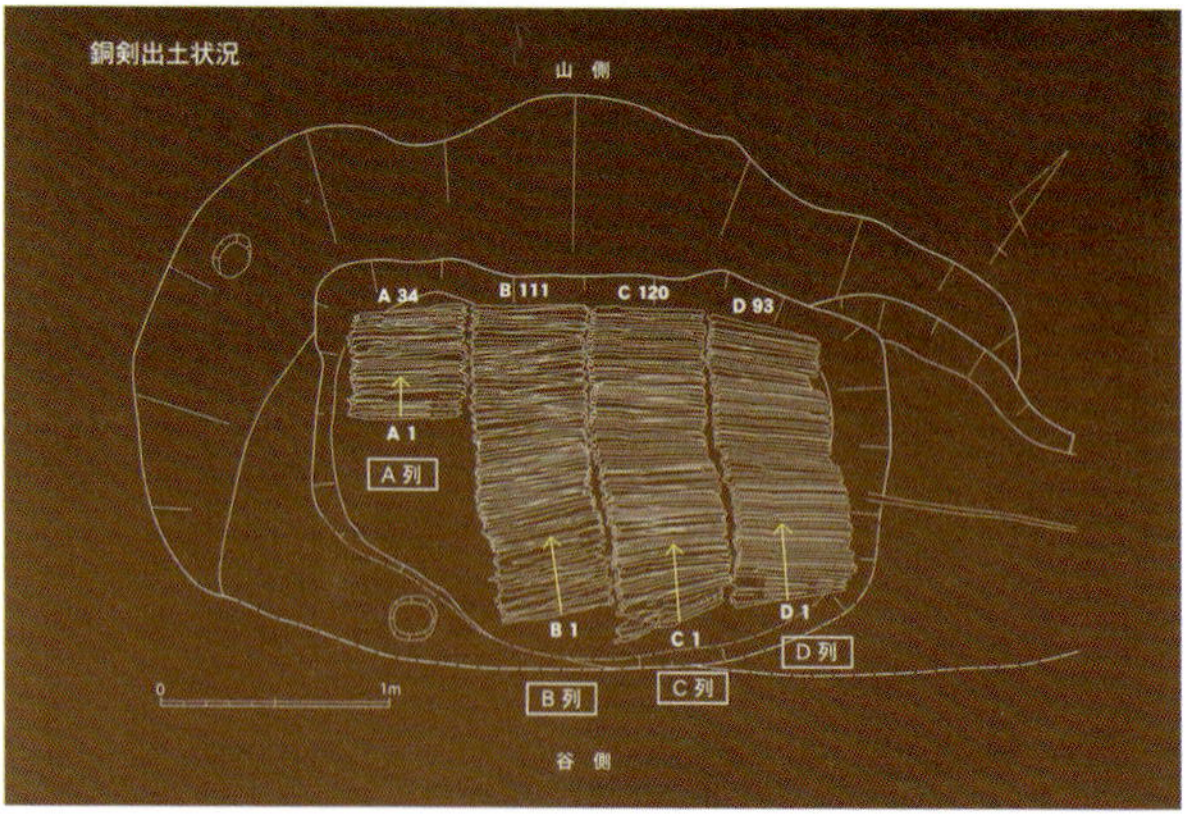

銅剣埋納坑と358本の出土状況図　『荒神谷博物館　展示ガイドブック』より

ーター（金属探知機）などを使った綿密きわまる調査が行なわれた。その結果、八月十六日に銅矛が出土し、八月二十一日には最終的に銅鐸六個と銅矛十六本が確認されたのである。

この銅矛十六本、および銅鐸六個の出土も注目に値する。荒神谷遺跡の発見以前に日本で出土した銅矛は約百六十本であるが、一度に十六本もの銅矛が発見された例はない。『古事記』によれば、オオクニヌシは葦原の中つ国の支配権をニニギに譲り、自らは「黄泉《よみ》の国の王として広大な出雲大社に隠れ住もう」といって、銅矛をニニギに捧《ささ》げて引退したという。銅矛は弥生時代の国家の元首の宗教的、政治的シンボルであったと思われる。その銅矛がここに十六本も埋められたことははなはだ重要な意味をもとう。

一か所から出土した銅鐸六個は、数としては必ずしも多くないが、ただこれらの銅鐸はいずれも古いものである。特に《五号銅鐸》は日本の銅鐸の中でももっとも古いものに含まれ、《四号銅鐸》はその次に古いものである。また《一号銅鐸》も人の目と鼻などが描かれた「邪視文《じゃしもん》銅鐸」といわれるものとの類似性が指摘され、他には類のない甚だ独自な銅鐸である。このような古い銅鐸の出土は、銅鐸の起源を考える上で重要な手がかりを与えるものであった。後に加茂岩倉遺跡で三十九個の銅鐸が出土し、

〔右〕最古の形式を示す荒神谷遺跡の《5号銅鐸》 高21.7cm 〔左〕他に類のない独自な様式の荒神谷遺跡《1号銅鐸》 高23.4cm

荒神谷遺跡《1号銅鐸》A面に描かれた重弧文。出雲で製作された可能性がある銅鐸だ　上右、上左、下とも島根県立古代出雲歴史博物館保管　写真提供＝島根県教育庁埋蔵文化財調査センター

両遺跡の銅鐸を合わせ、それにすでに出雲で出土している二つの銅鐸を合わせると、出雲の有する銅鐸は四十七個となり、島根県は日本で一番多くの銅鐸を所有する県になった。

私は、これらの遺跡の近くに住む人々にいろいろ尋ねてみて回った。すると多くの人が、大量の青銅器が出土した遺跡のある場所は昔から祟《たた》りがあるので近寄ってはならないところとされ、人々もそこを通る時は恐る恐る通ったと話してくれた。おそらくそういう言い伝えもあって、これらの遺跡は無事保存されたのであろう。

この荒神谷遺跡の発見から十二年後、平成八年（一九九六）、今度は加茂岩倉遺跡が発見された。加茂岩倉遺跡は、荒神谷遺跡のような農道工事の前の試掘調査で発見されたのではなく、着工している工事の最中に発見された。この時のことが、加茂岩倉遺跡発掘の概報には次のように記されている。

加茂岩倉遺跡は、平成8年（1996）10月14日の午前10時頃、加茂町のふるさと農道整備事業大竹岩倉地区農道整備工事の工事中、銅鐸の出土により偶然に発見された。重機作業員が法面《のりめん》工事のため重機を使って丘陵斜面を掘削していた時、重機のバケットの中に土砂と一緒に数個の銅鐸があるのを見つけた。正午前、知らせを受けた加茂町教育委員会では職員が現地へ急行し、掘り出された大量の銅鐸とまだ土中に埋まったままの状態の銅鐸を確認、作業の中止と現状を変更することないよう指示した。

教育委員会では、午後1時前、島根県教育庁文化財課へ銅鐸が発見された旨《むね》を連絡するとともに現地に職員の派遣を要請した。県からは勝部文化財課長ほか、文化財課、埋蔵文化財調査センター、古代文化センターの職員が駆けつけ、現地にて対応を協議した。そして、とりあえず日没までに、埋まったままの状態の銅鐸と遺構を保護するためビニールシートによる仮覆屋を設置。銅鐸の発見状況の聞き取りや写真等により記録し、既に掘り出された銅鐸を現地から搬出する作業を行い、町文化ホールに移送、保管した。なお、出土した銅鐸は町内に保管する適当な施設がないため、10月19日に県埋蔵文化財調査センターに移送した（『加茂岩倉遺跡発掘調査概報　Ⅰ』加茂町教育委員会）

この概報には、農道工事中のブルドーザーが銅鐸を掘り出したという報告を受けた加茂町がてんやわんやの大騒ぎをした有様がよく書かれている。

ところで荒神谷遺跡と加茂岩倉遺跡は発見の事情こそ異なるが、いずれにしてもこのような発見は全く予見できないできごとで、偶然中の偶然といってよい。戯《たわむ》れを言うなら、両遺跡が発見された昭和五十九年（一九八四）および平成八年（一九九六）は、いずれも干支《えと》は子《ねずみ》であった。ちょうど出雲神話において、スサノオの試練、火攻めの際にねずみが隠れ穴をオオクニヌシに教えたように、この遺跡の発見もねずみが教えてくれたのかもしれない。そして、平成八年の次の子年である平成二十年に、また大きな発見があるのではないかと期待されたが、残念ながらそれはなかった。戯れついでに言えば、私は、自分のつくった王国が確かに出雲に実在したことを知らせたいオオクニヌシのひそかな意思によってこのような偶然中の偶然の発見が起こったのではないかと思っている。

さて、このような大量の青銅器の出土は出雲王国の存在を実感させるものであるが、具体的にどのように関係するのかを明らかにしなければならない。それには青銅器、特に銅鐸についての知識が必要である。私は、この出雲神話を再考しようとする仕事のために青銅器の研究、特に銅鐸の研究が必要欠くべからざるものと考え、にわか勉強を始めた。

銅鐸については、荒神谷遺跡および加茂岩倉遺跡の青銅器を全《すべ》て保管している島根

「島根県立八雲立つ風土記の丘」の展示学習館にて、《見返りの鹿埴輪》を観察する

神戸市立博物館で、桜ヶ丘遺跡出土銅鐸のレプリカを実際に手に取る

〔上〕辰馬考古資料館で学芸員の青木政幸氏より、さまざまな時代、タイプの銅鐸を見せてもらう 〔下〕島根県立古代出雲歴史博物館にて、加茂岩倉遺跡出土の銅鐸を見る

県立古代出雲歴史博物館を訪ね、学芸部長の松本岩雄氏に出土した銅鐸をゆっくり見せていただき、懇切丁寧な説明を受けた。また酒造会社の白鷹《はくたか》が設立した西宮市の辰《たつ》馬《うま》考古資料館の学芸員、青木政幸氏からは、制作年代の異なった様々な銅鐸を実際に手に取って見せていただいた。神戸市立博物館では、桜ヶ丘遺跡から出土した十四個の銅鐸、中でももっとも優美な《五号銅鐸》を間近に見せていただいたばかりか、そのレプリカを手に取り、たっぷり観察させていただいた。それは見れば見るほどすばらしい銅鐸で、まさに弥生芸術の最高傑作であると思わざるをえなかった。

しかし、何より銅鐸について私が一番教えられたのは佐原真氏の『銅鐸の考古学』(東京大学出版会)という著書であった。佐原氏は、銅鐸の制作年代を定説化した考古学者であるが、近年惜しくも亡《な》くなられた。この本は、平成十四年(二〇〇二)に私に送られてきたものである。だがその頃、私は岡本太郎と同じく縄文文明の崇拝者であり、弥生文明には何の興味もなく、したがって佐原氏の分厚く高価な著書『銅鐸の考古学』にも礼状一本出しただけで、中を開こうともしなかった。彼はよほど私にこの本を読んでもらいたかったらしく、同じく銅鐸の研究家である春成秀爾《はるなりひでじ》氏の「銅鐸の時代」という論文も併せて送ってきてくれていた。

ところが今回、図らずも銅鐸のことを調べなければならず、恐る恐る『銅鐸の考古学』のページを開いてみたのである。だが、それは思っていたほど難解ではなく、専門的知識のない私にも充分理解できる内容であった。この書物を読んで私は、佐原氏が優れた考古学者であったことを改めて実感したのであった。佐原氏が生きているうちにこの本を読んで一言でも感想を伝えていたならば、佐原氏はどんなに喜んだであろうか。そして私もどんなに多くのことを教えられたであろう。改めて悔やまれるのである。

『銅鐸の考古学』の著書の「はじめに――私の考古学の中の銅鐸研究――」によれば、氏は十五歳にして、縄文文化研究の大御所であった山内清男《やまのうちすがお》氏のもとに通い、縄文土器について学んだ。山内氏は、縄文土器の文様の精密な観察研究によって縄文土器の年代決定を行った優れた学者である。その後、佐原氏は大阪外国語大学のドイツ語科を卒業し、京都大学文学部考古学科の大学院に学んだ。そして専任講師をしていた小林行雄氏から勧められ、銅鐸の研究を志した。端的にいえば、佐原氏は、少年時代の師であった山内清男氏が綿密な縄文土器の形と文様の研究によって縄文土器の制作年代の決定を行ったように、弥生時代の銅鐸の形や文様などの精密な研究によって銅鐸の年代決定を行ったのである。この佐原氏の説はほぼ現在の考古学界の定説となっている。

佐原氏は、銅鐸を鈕《ちゅう》、すなわち吊《つ》り手の部分に注目し、その形態の変化によりⅠ式からⅣ式の四種類に分類した。Ⅰ式の銅鐸は吊り手の部分の身が厚く、その断面形は菱形《ひしがた》である。高さは二十センチ前後で小型であり、横帯文《おうたいもん》、すなわち横線の文、および四区袈裟襷《けさだすき》文、つまり四つに区分された袈裟襷のような文様で飾られている。Ⅱ式は、この鈕に外縁、すなわち外の飾りの部分が加わる。高さは四十センチから五十センチで、Ⅰ式の銅鐸の倍以上の大きさになる。そしてその鈕はⅠ式と同じく厚手で、横帯文、流水文《りゅうすいもん》、四区袈裟襷文で飾られている。Ⅲ式では鈕が扁平《へんぺい》になり、外縁ばかりか内縁も作られる。高さは四十センチから五十センチ。Ⅲ式の鈕は、Ⅰ式とⅡ式の銅鐸とは違って薄手になり、はなはだ精巧な作りになっている。神戸市立博物館で見せてもらった美しい《五号銅鐸》もこのⅢ式に属するものであった。

さらに、Ⅰ式、Ⅱ式においては、鋳型《いがた》が石で作られていることから、同じ石の鋳型から作られた同笵《どうはん》銅鐸といわれるものが二個以上ある場合があり、そのような同笵の銅鐸は文様によってどちらが先に作られたかがわかるという。Ⅲ式には砂で作られた鋳型により鋳造された銅鐸もあり、その文様が複雑繊細になる。袈裟襷文も四区以外に六区のものが現れる。これを扁平鈕《へんぺいちゅう》式銅鐸と佐原氏は名づけた。ところがⅣ式になると、それまでの銅鐸にはなかった、鈕の外周や文様帯の境界に浮き上がった突線が用いられる。銅鐸は巨大になり、高さ百センチを越えるものもある。そして、このⅣ式の銅鐸の中には鈕の部分に飾り耳のない銅鐸と飾り耳のある銅鐸があり、飾り耳のないものは三河、遠江《とおとうみ》地区で多く出土する銅鐸で、三遠《さんえん》式銅鐸と名づけられ、飾り耳を付けた銅鐸は近畿地区で多く出土するので、近畿式銅鐸と名づけられた。

そして佐原氏は、Ⅰ式の銅鐸を弥生前期末から中期初め、Ⅱ式の銅鐸を弥生中期前半、Ⅲ式の銅鐸を弥生中期後半、Ⅳ式の銅鐸を弥生後期と考える。だが、最近の春成秀爾氏らの研究によって弥生時代の始まりが大きく繰り上がったので、その説に佐原氏の区分を当てはめてみると、Ⅰ式銅鐸は紀元前五～前四世紀頃、Ⅱ式銅鐸は紀元前三～前二世紀、Ⅲ式銅鐸は紀元前一～後一世紀初頭、Ⅳ式銅鐸は紀元後一世紀頃の成立となるのであろうか。

佐原氏の銅鐸研究についての業績は、銅鐸の年代決定をしたことに留まるだけではない。銅鐸の起源についても、たいへん興味深い説を提出している。銅鐸は中国から来たものではなく、朝鮮の馬の首につける鈴が日本に来て、祭器になったものであるとする説である。佐原氏はこの説を梅原末治氏の説であるというが、次のように説明する。

乗馬が普及していなかったとすれば、漢式馬鈴はウマ用、あるいは実際にはウマに着用しなかったが、ウマにさげるカネを承知して珍重したものであろう。朝鮮の墓に副葬された漢式馬車の部品は、1台分そっくり揃《そろ》っているのではなくその一部にすぎない。それが貴顕のシンボルの意味をもっていたことはすでに明らかにされていることである。現在の日本ではもはや通用しないたとえだが、自動車が所有できなくても、ハンドルやナンバープレートを所持して得意になっているようなものだ

この佐原氏の説明を読む限り、朝鮮の馬の首につける鈴がそのまま日本に移入され、銅鐸という宝器になったわけではない。朝鮮の人にとって漢式馬車に乗る貴族こそ尊敬の的、憧《あこが》れの的であった。そして漢式馬車を持つ貴族は、その墓に貴族の証拠として漢式馬車の部品を副葬したのであろう。貴族のシンボルとして、馬の首につける鈴ほど適当なものはない。それゆえにこのような馬の鈴を日本で祭器、宝器としたのは、朝鮮から来た貴族か、あるいは貴族に強い憧れを持つ人物であったに違いない。私はそういう人物として、『日本書紀』神代上第八段一書第四により朝鮮から来たと考えられるスサノオを想起する。とすれば、銅鐸は出雲王朝の祖であるスサノオと結びつ

く。

この朝鮮の馬の鈴が銅鐸の起源であるとしても、朝鮮の馬の鈴と日本の銅鐸には多少の差異がある。朝鮮式の銅鐸は十センチ未満の小型で、五、六センチであることが多い。しかしI式の小銅鐸といえども、高さは平均十二、三センチで、大きいものは十九センチもあり、小さくても九センチである。また朝鮮の銅鐸には文様がないが、日本の銅鐸にはI式から文様がある。このような違いがどうして生じたかを佐原氏は語っていない。しかし、答えは先ほどの佐原氏の文章から推察できるであろう。馬の鈴が貴族のシンボルであるとすれば、馬の鈴を二倍、三倍にすることは自らの貴族性を強調することになるからである。

日本の銅鐸が、朝鮮において貴人の乗る馬の首に付けられた鈴であるという佐原氏の指摘は実に興味深いが、さらに『銅鐸の考古学』を読んで私が興味を覚えたのは、佐原氏の銅鐸の絵についての考察である。佐原氏は緻密《ちみつ》な幾何学的思考ばかりに埋没していたわけではない。氏は芸術もたいへん好きであったようだ。大阪外国語大学ではドイツ語を専攻し、酒の席ではよく「ローレライ」などのドイツ民謡を歌っていた。この著の中で、特に銅鐸に描かれた人間やシカやスッポンやイモリやサギやトンボなどについて論じる時の佐原氏の筆は走っている。実に楽しげであり、私は考古学の書

〔右〕Ⅰ式銅鐸の鈕部分、身が厚く、断面は菱形。荒神谷遺跡《5号銅鐸》より　〔左〕Ⅱ式の鈕部分、外縁が付く。荒神谷遺跡《2号銅鐸》より　写真提供＝島根県教育庁埋蔵文化財調査センター

〔右〕Ⅲ式の鈕部分、鈕自体が扁平になり、内縁も付く　〔左〕Ⅳ式の鈕部分、鈕の外周や文様帯の境界に突線が用いられる　写真提供＝辰馬考古資料館

〔上右〕Ⅳ式銅鐸のうち鈕に飾り耳のない三遠式銅鐸　〔上左〕飾り耳のある近畿式銅鐸　〔下〕古代朝鮮の馬の首の鈴　上右、上左、下とも辰馬考古資料館蔵　写真提供＝便利堂

物でこれほど楽しそうに書かれた文章を読んだことはない。芸術好きの佐原氏の好奇心が、銅鐸に描かれた絵を見て燃え上がったのであろう。銅鐸にはシカが描かれているがイノシシは甚だ少ないなどという文章を、私はたいへん楽しく読んだ。佐原氏の面目躍如といったところであろうか。

しかし反対にこの本には、荒神谷遺跡および加茂岩倉遺跡の発見後の学説として甚だ不満に思う説がある。一つは、佐原氏の銅鐸埋蔵説である。

加茂岩倉遺跡や桜ヶ丘遺跡や大岩山遺跡などは、みな高い丘の中腹などに大量の銅器が埋納されていた。佐原氏はその理由について、銅器を埋蔵して保存し、それが必要な時に掘り出して使ったという説を立て、最後までそれを捨てなかった。佐原氏の埋蔵説に対する執着はかなり強く、氏はヨーロッパの考古学書を広く読み漁《あさ》り、宝器の埋蔵の例を詳しく調べていた。しかし、貴重な銅製品を埋蔵して、それが必要になった時に掘り出して使うなどというような例を見出《みいだ》すことは、結局、できなかったようである。

私は、銅器を埋納していたなどということは、絶対にありえないと思う。銅鐸は弥生時代の人間にとって何よりの宝物である。それはちょうどヨーロッパ人にとっての金銀の製品のようなものであろう。そのような宝物を土の中に埋め、保存しておくということなどありうるはずがない。土の中に埋めれば、それだけ銅器は傷《いた》み、腐りやすくなる。また山の中腹に埋めれば、盗賊に盗られる心配もある。そのような宝物を丘の中腹の土中に埋めるはずがない。荒神谷遺跡においても加茂岩倉遺跡においても、埋められた青銅器がまた取り出されて使われた跡は全くなかった。春成氏がいうように、銅鐸は高倉、人が決して入ってこないような高い蔵に大切に保存されていたと考えるのが自然である。この大量の青銅器の埋蔵の理由は全く別に考えなくてはならないであろう。それについて、私は後に論じたい。

もう一つ、佐原氏の説に異論をとなえたい点がある。哲学者の和辻哲郎は、弥生時代の日本を、近畿を中心とする銅鐸文化圏と北九州を中心とする銅剣・銅矛文化圏の二つに分け、この和辻の説がほぼ考古学界の通説となっていたが、佐原氏がその通説にとらわれて、銅鐸を近畿起源のものと考え、銅鐸が作られたのは近畿地方とその周辺のみであると考えていた点についてである。荒神谷、加茂岩倉遺跡からは、出雲独自の形や絵のある銅鐸が出土している。また近畿出土のものと同笵の銅鐸（鋳型が同じ銅鐸）も出土し、しかもその数は出雲が四個で近畿が一個なのである。とすれば、これら四個の出雲出土の銅鐸は、やはり出雲で作られた可能性が大きくなるはずである。確かに銅鐸の鋳型は近畿地方を中心とする地域で多く発見され、出雲では発見されていない。しかし、それは現在の時点でそうなのであって、あれほど多くの青銅器が出雲で出土したからには、出雲において鋳型も近い将来必ず発見されるであろう。

しかもよく考えてみれば、銅鐸は近畿で発生し、近畿で作られたという佐原氏の説は、実は銅鐸の起源を朝鮮の馬の鈴に求める佐原氏の説と矛盾するのである。ヤマトに直接、朝鮮文化が入ってきたとはとても考えられない。一方、出雲は古くから朝鮮と関係が深く、朝鮮文化が早くから入ってきている。『日本書紀』の神代上第八段一書第四には、スサノオは朝鮮から来たとあり、ヤツカミヅオミツノの国引き神話には、出雲の交易圏は、西は新羅《しらぎ》、東は越に広がることが示されている。銅鐸の起源を朝鮮式の馬の首に付けた鈴とする佐原氏の卓説と、銅鐸の祭器化は近畿地方で発生したものであり、ほとんどの銅鐸は近畿地方及びその周辺で作られたという佐原氏の積年の信念とは矛盾する。

ではここで、銅鐸以外の青銅器である銅剣、銅矛についての起源、制作年代区分も語っておくことにしよう。

銅剣は細形、中細形、平形、中広形と時代順に分類されるが、中細形はまたA類、B類、C類に分けられる。そして銅矛も細形、中細形、中広形、広形とやはり時代順に分けられる。銅剣、銅矛はもともと武具であり、細形の銅剣は武器として用いられたかもしれないが、時代が下り中細形以下は武器として用いられず、祭器として用いられたものであろう。幅も広くなり、研磨もされていない。銅矛も、細形銅矛はまだ武器として用いられたと思われるが、荒神谷遺跡で発見されたような中細形銅矛は武器として用いられていない。

日本で出土した銅剣、銅矛、および銅戈の出土分布図が同成社発行の『弥生時代の考古学7 儀礼と権力』に載せられている。この図は我々のような考古学の素人《しろうと》にも多くのことを教えてくれる（212〜215ページ）。

この図を見ると、銅剣も銅矛も最初は九州地方に多く（図1－1、図2－1）、それが徐々に四国から近畿へと伝わったことがわかる（図1－2、図2－2）。中期後葉になると、銅剣、銅矛の出土は、大量の銅剣を出土した荒神谷遺跡のある出雲を中心として四国に広がり（図4－1）、その後も、四国、近畿で多く出土している（図4－2）。後期になると、出雲にはほとんど出土せず、四国、九州での出土も減り、近畿地方の一部と三遠地区と北九州から対馬にかけての出土が多くなる（図4－3）。

こうして中期後葉という時代の銅剣が大量に出雲で出土したのをみると、このような銅剣、銅矛は、出雲において作られたに違いないと思われる。荒神谷遺跡で出土し

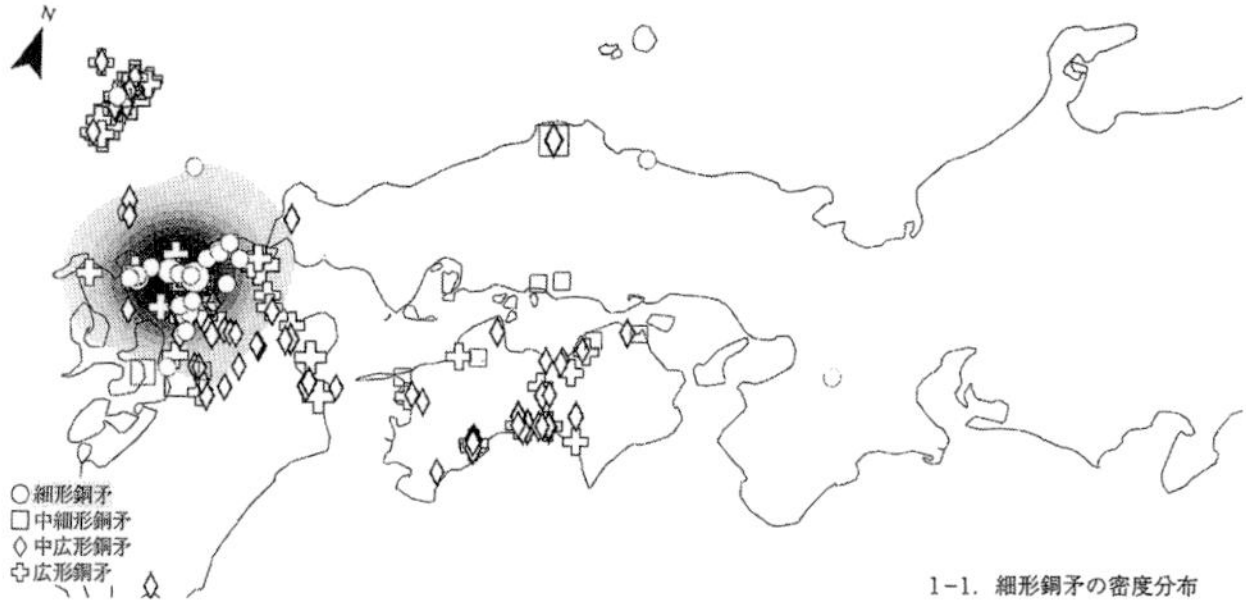

1-1. 細形銅矛の密度分布

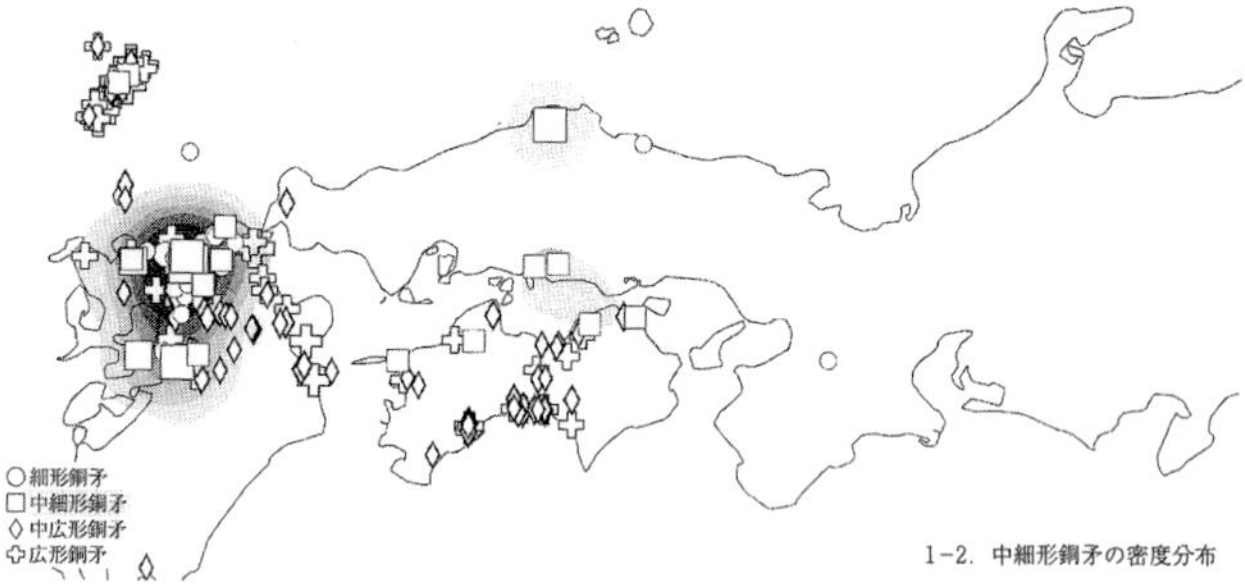

1-2. 中細形銅矛の密度分布

銅矛密度分布の変遷（ドットの大きさは出土数に応じる。以下同。）
（『弥生時代の考古学７ 儀礼と権力』同成社より、以下４ページ同）

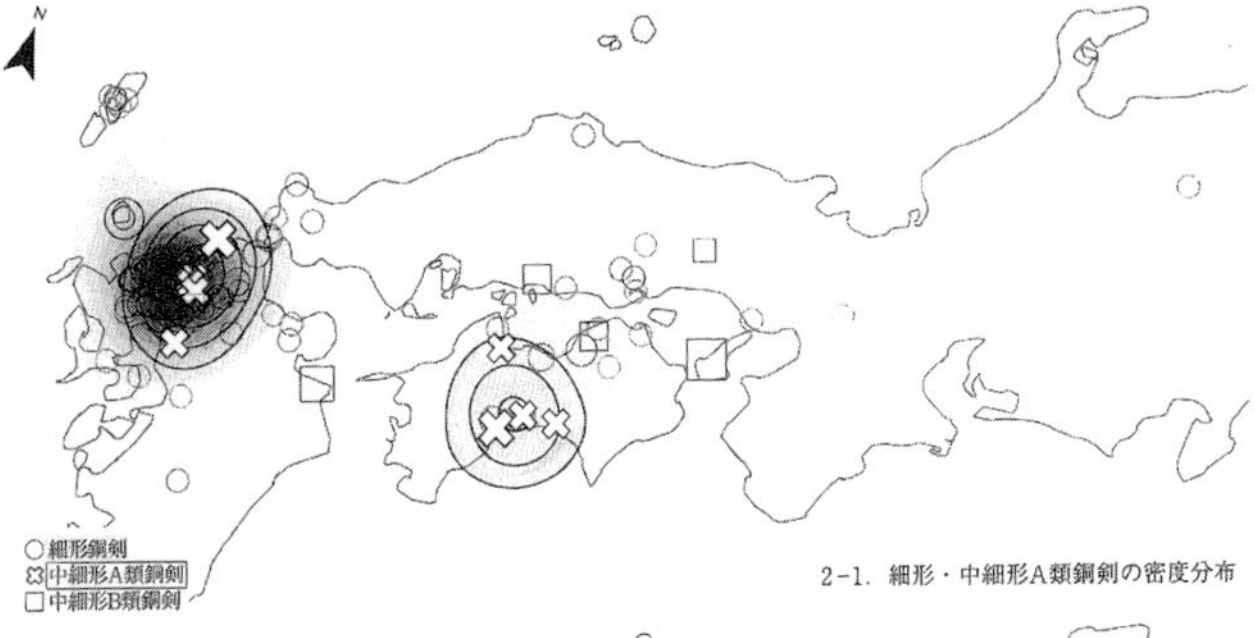

2-1. 細形・中細形A類銅剣の密度分布

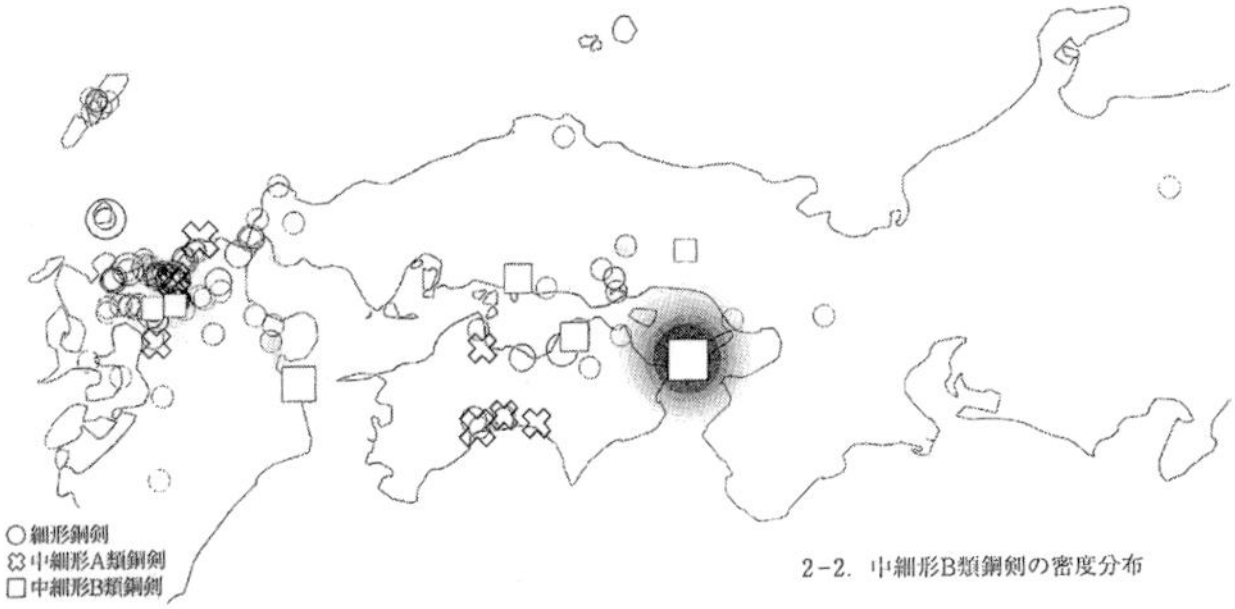

2-2. 中細形B類銅剣の密度分布

銅剣密度分布の変遷

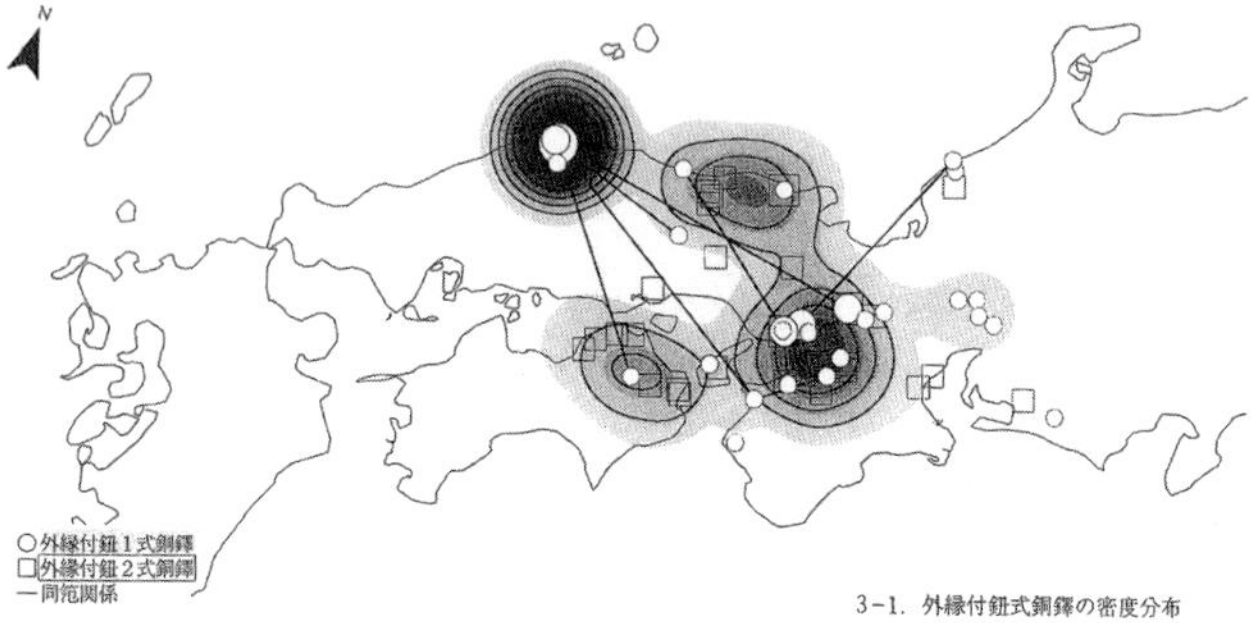

3-1. 外縁付鈕式銅鐸の密度分布

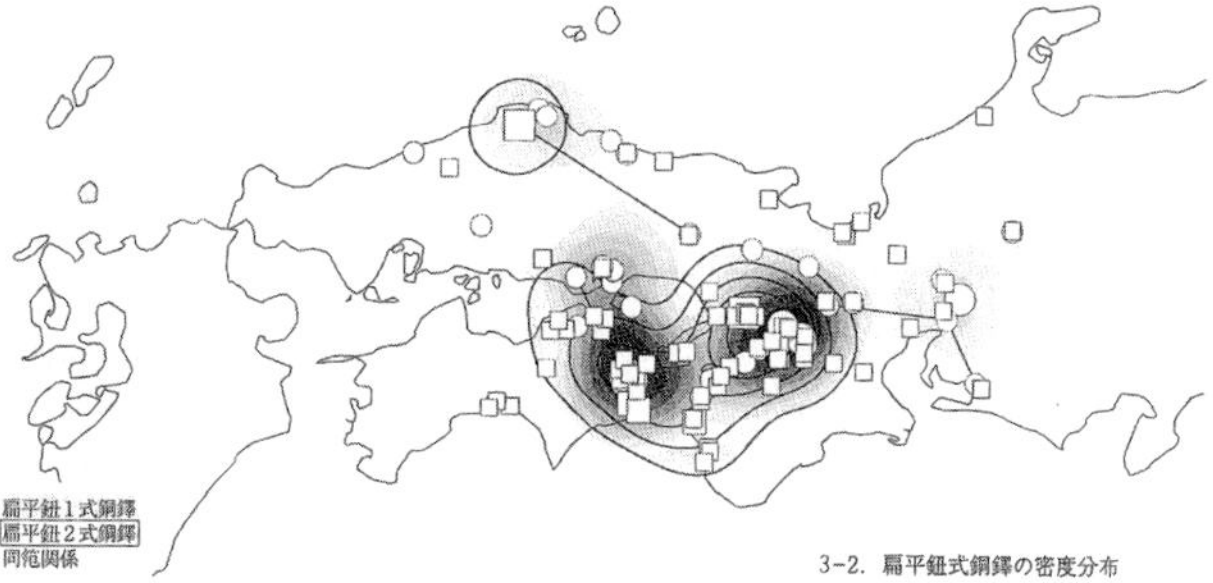

3-2. 扁平鈕式銅鐸の密度分布

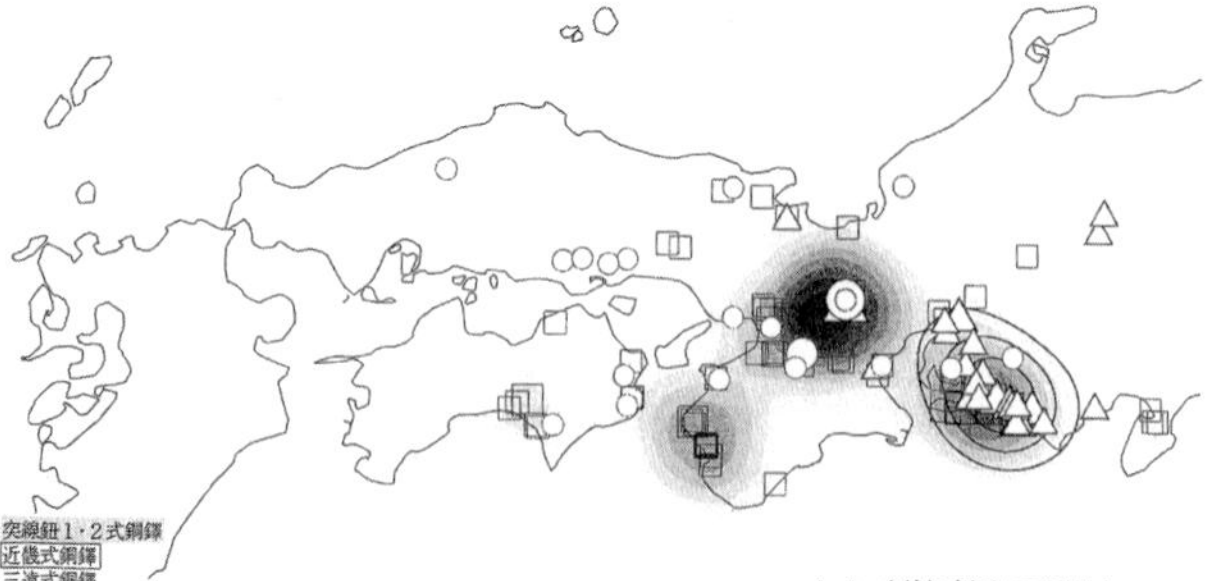

3-3. 突線鈕式銅鐸の密度分布

銅鐸密度分布の変遷

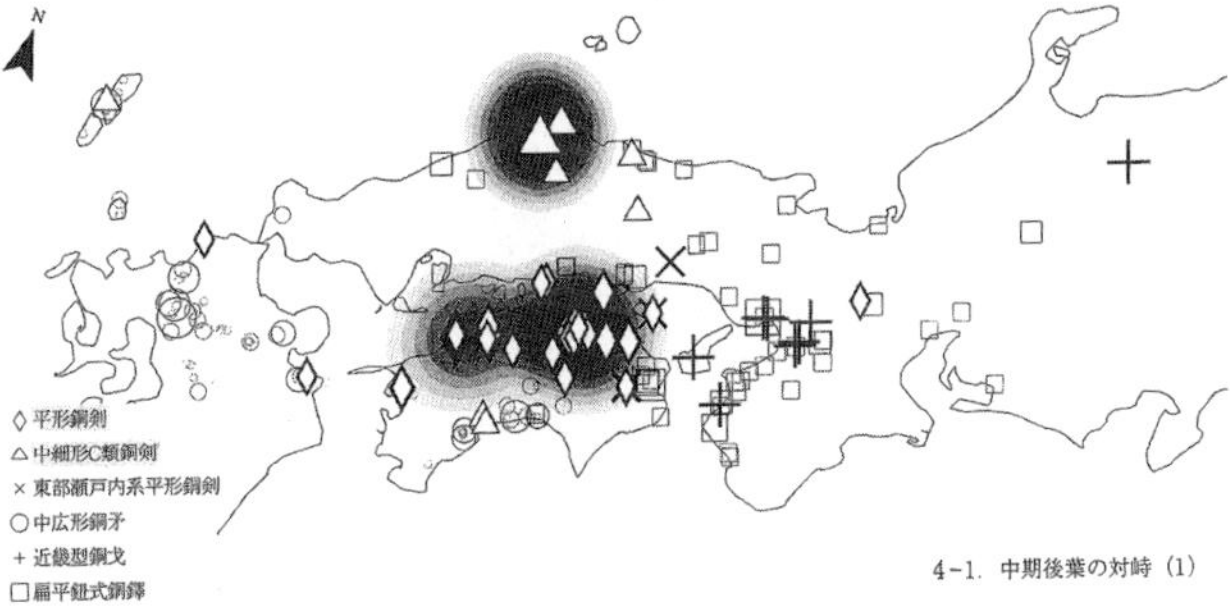

4−1．中期後葉の対峙（1）

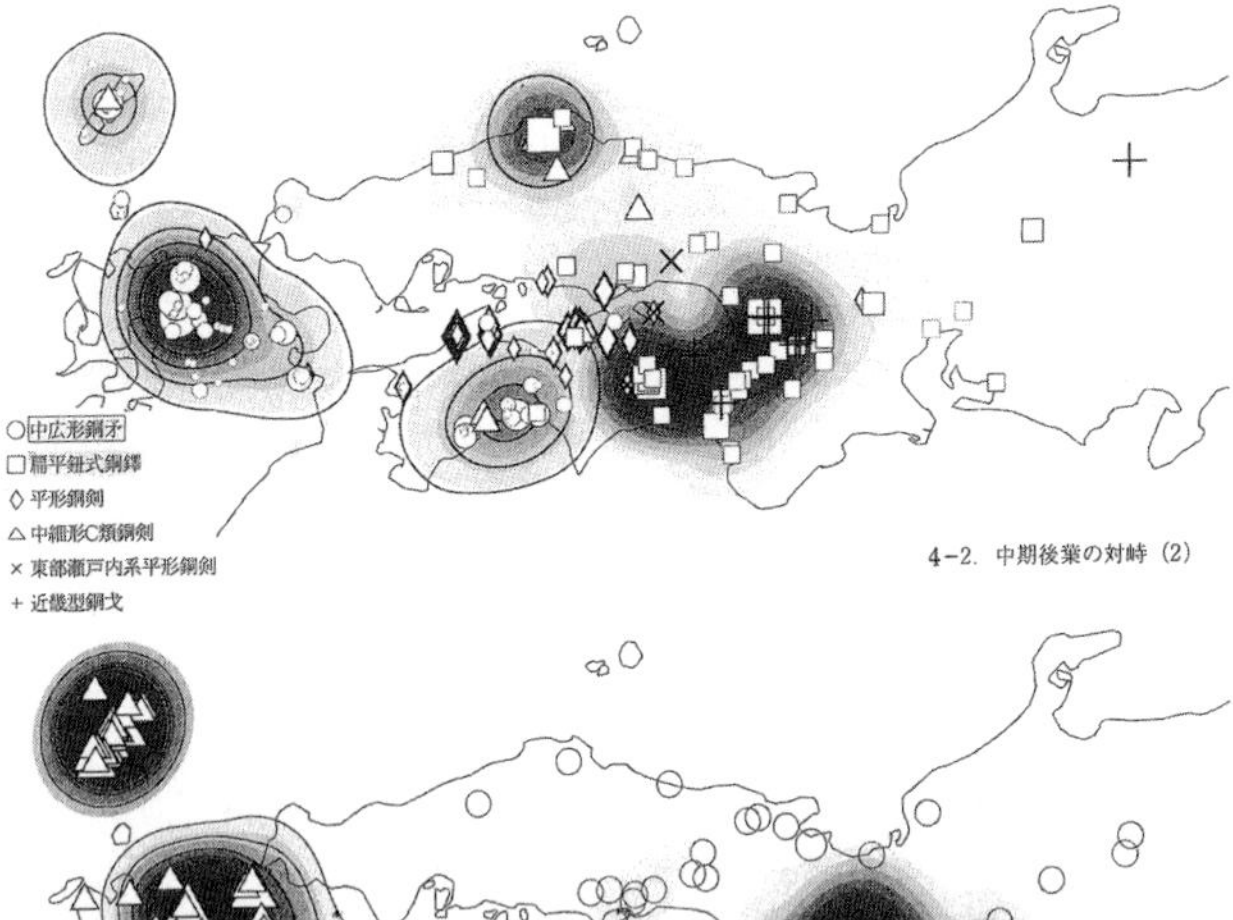

4−2．中期後葉の対峙（2）

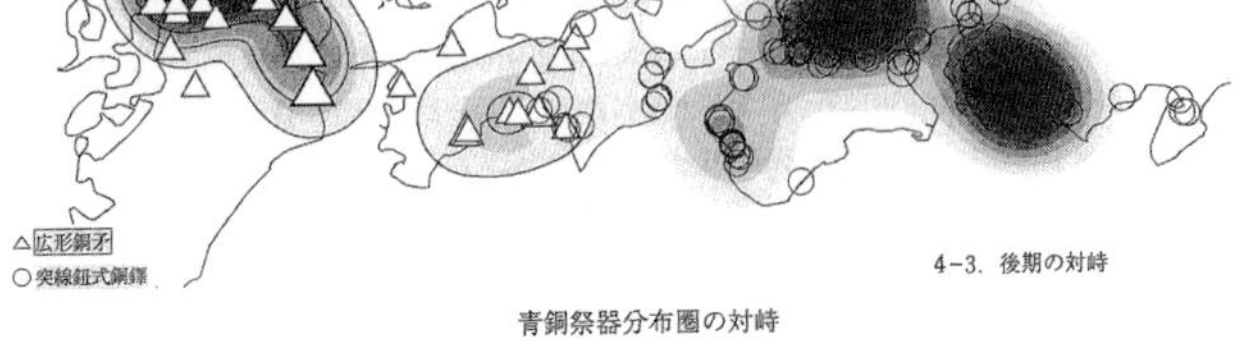

4−3．後期の対峙

青銅祭器分布圏の対峙

た中細形C類の銅剣は、この表によると九州ではあまり出土していず、また近畿においてもその出土は少ない。この三百五十八本の銅剣は出雲で製造された可能性が高いと考えざるをえない。

また、出雲で出土した中細形C類の銅剣も、中広形の銅矛も、共に武器としては用いられず、祭器として用いられたことが意味深い。オオクニヌシのまたの名を「八千矛神《やちほこのかみ》」という。多くの矛を持った神という意味であろうが、この矛は実際の武器ではなく、武力のシンボルとしての矛であり、人を殺傷することはできないものであった。

銅剣と銅矛の文明は北九州文化において発達したものであり、しばらく経《た》って出雲はこのような銅剣、銅矛文明を移入し、中細形C類の銅剣、中広形の銅矛を作ったに違いないと思われるが、ただ銅鐸の方は別である。この『弥生時代の考古学7　儀礼と権力』には銅鐸の密度分布図も載せられているが、それは次のようである。

Ⅰ式の銅鐸についてはは分布図がないが、それは出土例が少ないからであろう。しかし、Ⅱ式の銅鐸の分布図を見ると、出雲を中心として出雲王朝の勢力下にあったと思われる山陰や四国に及ぶ（図3－1）。そしてⅢ式になると、銅鐸の中心は出雲ではなく、近畿と四国に移り（図3－2）、そしてⅣ式になると、近畿式銅鐸および三遠式銅鐸のある近畿地方と三遠地方に限られる（図3－3）。この図を銅剣、銅矛の4

―3の図と比べてみると、弥生後期後葉においては、銅鐸の出土する地域は銅剣、銅矛の出土する地域とほぼ重なる。

こういうことを考えながら、今一度、荒神谷遺跡および加茂岩倉遺跡の銅鐸を観察してみよう。

まず荒神谷遺跡の六個の銅鐸であるが、これらの銅鐸はみな、はなはだ古い銅鐸で、同じ場所で出土した銅剣や銅矛と制作年代はかなり違うようである。この六個の銅鐸について、島根県埋蔵文化財調査センターより発行された『荒神谷遺跡／加茂岩倉遺跡』には次のように説明されている。

最古の銅鐸　5号銅鐸は、吊り手（鈕）に外縁がついていないこと、銅鐸側縁に一般的につけられる幅広の鰭《ひれ》がないことから最古段階（Ⅰ―1式）の特徴をもつ。弥生前期末から中期前半頃に製作されたと考えられている。長期間にわたって「カネ」として使用されたと思われ、内面にある突帯がすり減っている。

4号銅鐸は、これまでⅡ―1（外縁付鈕1）式とされてきたが、文様構成からⅠ―2（菱環鈕2）式になる可能性がある。鰭は無文で吊り手の斜線文と連続しないこと、下辺横帯の鋸歯文《きょしもん》が下向きであることなどⅠ式の特徴をそなえている。

特異な銅鐸　1号銅鐸は、吊り手の断面が2段になっており、他の銅鐸ではまったくみられない特徴をもっている。鐸身の文様構成も通常の4区袈裟襷文とはかなり違った個性の強い銅鐸で、文様も市松文様や重弧文《じゅうこもん》などきわめて珍しい。佐原真氏による吊り手の変化を目安とする分類には当てはまらない風変わりな銅鐸である。

この説明によれば、六個の銅鐸の中でも《五号銅鐸》が最古であり、《四号銅鐸》がそれに次いで古い。このもっとも古い《五号銅鐸》は、馬の鈴であった銅鐸が日本に来て祭器になったことを示すものであるという。やはり銅鐸は朝鮮と深い関係があるようである。『日本書紀』の神代上第八段一書第四に書かれたように、スサノオが朝鮮から来たとすれば、スサノオが朝鮮から持ってきた貴人の乗った馬に付けられた鈴が、宝器、祭器に変化したのであろうか。先に引用した佐原氏の文章にあるように、朝鮮では馬の鈴は貴人のシンボルであった。スサノオは母国、韓国《からくに》の支配者である馬に乗った貴人に憧れ、このような銅鐸を宝器、祭器としたと推量することができるのではなかろうか。

国際日本文化研究センター教授の宇野隆夫氏の語るところによれば、もっとも古い銅鐸はこの荒神谷遺跡の《五号銅鐸》、それに南あわじ市津井にある隆泉寺《りゅうせんじ》所蔵の

「中川原《なかがわら》銅鐸」であるという。中川原銅鐸は、洲本《すもと》市中川原町清水二ツ石から出土した銅鐸であり、最近まで隆泉寺の和尚《おしょう》が釣鐘代わりに使っていたのだとか。その銅鐸が貴重な銅鐸であることが判明し、今では寺で大切に保存されているという。淡路島は、イザナギ、イザナミが国生みしたオノゴロ島、すなわち沼島に近く、この淡路島で出土した銅鐸は二十個に及ぶ（ただし現存するものは八個）。出雲と、国生みの場所であるオノゴロ島、すなわち沼島の近くの淡路島でこのような銅鐸が多数発見されたのは故《ゆえ》あることではないかと思う。

このように考えてくると、荒神谷遺跡で出土した銅鐸は、同時に出土した銅剣や銅矛よりはるかに遡《さかのぼ》る時代に作られたものであると考えざるをえないのである。そしてこのことは、銅鐸の起源が出雲にあることをひそかに示しているのではなかろうか。

ただし仮に銅鐸が出雲で発生したものだとしても、荒神谷遺跡の六個の銅鐸が、明らかに出雲の発生ではない銅剣、銅矛と比べてはるかに少ないというのは、銅鐸・出雲発生説をとる者にとって論拠としてはいささか物足りないであろう。だが、その物足りなさを満足させるかのように、加茂岩倉遺跡において三十九個の銅鐸が出土したのである。

出土した39個の銅鐸は、大まかにみると中型銅鐸20個（43.5~47.7cm）と小型銅鐸19個（30.0~32.3cm）がある。これらは、佐原真氏・難波洋三氏の銅鐸型式分類によれば次のようになる。

外縁付鈕1式（Ⅱ－1式）
3号・4号・6号・7号・9号・12号・14号・16号・17号・19号・22号・24号・25号・27号・30号・33号・36号・38号・39号　合計19個

外縁付鈕2式（Ⅱ－2式）
2号・5号・11号・13号・21号・31号・32号・34号・37号　合計9個

外縁付鈕2式（Ⅱ－2式）~**扁平鈕1式**（Ⅲ－1式）
15号・28号　合計2個

扁平鈕2式（Ⅲ－2式）
1号・8号・10号・20号・26号・29号　合計6個

扁平鈕2式（Ⅲ－2式）~**突線鈕1式**（Ⅳ－1式）
18号・23号・35号　合計3個

Ⅰ－2式からⅢ－2式にいたる銅鐸は、型式ごとにそれぞれ大小いくつかのサイズのものがあるが、加茂岩倉出土銅鐸の特徴は、型式ごとに大きさがほぼ揃《そろ》っていることである。すなわち、II－1式は高さ30㎝あまりのものしかなく、II－2～III－1式とIII－2～IV－1式は高さ45㎝前後のものである。ちなみに大量の青銅器が出土した荒神谷遺跡の6個の銅鐸は、I－1式とII－2式のものを含むが、高さはいずれも20㎝あまりで揃っている（前出『荒神谷遺跡／加茂岩倉遺跡』）

つまり加茂岩倉遺跡で出土した銅鐸は、長年にわたって使用されてきた、製造年代がかなり異なる銅鐸を集めたものであった。II式のものが合わせて二十八個と甚だ多いが、III式からIV式のものもある。そして大きな銅鐸と小さな銅鐸が入れ子状態になっていた。また、この三十九個の銅鐸のうちの七個には絵画が描かれている。

加茂岩倉の絵画の中には、従来知られていた表現とは異なるものが多く含まれていた。

10号鐸のカメは、これまでの銅鐸絵画でスッポンとされていたものとは表現が異なり、海亀と考えられるものであった。カメが鈕に描かれていること、横向きに描かれていることも初例であった。29号鐸の顔は、鈕に描かれた初めての例であるとともに入れ墨とみられる頰の弧線の形も弥生土器に描かれた顔の表現とは違うものであった。18号・35号鐸のトンボは、1枚の羽を2本の線で描くほか、頭・胴のくびれなどもこれまでにない写実的な表現であった。23号・35号の四足獣はまったく知られていなかった獣形であり、具体的に何を描いたものか今のところ不明である(前出『荒神谷遺跡/加茂岩倉遺跡』)

私は島根県立古代出雲歴史博物館で、この銅鐸に描かれた絵画をゆっくり見ることができた。見ているうちに、いろいろな空想が湧《わ》き上がり、楽しくて仕方がなかった。また、ここには実に多数の同笵《どうはん》関係の銅鐸があったのである。

15組26個の同笵銅鐸が確認された。このうち14組24個はII―1式〜III―1式のもので、石製鋳型《いがた》によって鋳造されたものとみられる。一つの鋳型から最も多く鋳造されたものとして加茂岩倉4号・7号・19号・22号・和歌山県太田黒田鐸の5個が確認された。しかも、最初に鋳造されたとみられる22号鐸にも鋳型の傷があることから、一つの鋳型で6個以上作られていたことが推定できる。ほかに土製鋳型で作られたと考えられるIII―2式のものに1組の同笵銅鐸が確認された。それは1号鐸と26号鐸で、鋳型の損傷状態から26号鐸→1号鐸の順に鋳造されたと考えられる

（前出『荒神谷遺跡／加茂岩倉遺跡』）

加茂岩倉の四号、七号、十九号、二十二号の銅鐸が和歌山県太田・黒田遺跡の銅鐸と同笵であることが確認されたことは重要である。加茂岩倉で四個、太田・黒田で一個出土したとすれば、出雲で作られた五個の同笵の銅鐸のうち一個が和歌山県の太田・黒田に移出されたとみるのが自然であろう。この銅鐸を和歌山県の産と考え、一個のみ和歌山県に残して、あとの四個を出雲へ移出したと考えるのははなはだ不自然なことであるように思われる。

この説明にあるように、加茂岩倉遺跡出土の銅鐸には、十号鐸のようにスッポンではなく海亀が鈕に、しかも横向きに描かれたり、二十九号鐸のように鈕に入れ墨とみられるものが施された人面が描かれた出雲独自のものがあった。これらの大量の銅鐸がすべて近畿から移入されたとはとても思えない。

私はやはり銅鐸は出雲で生まれ、出雲王国の領土拡大と共に中国、四国、近畿で多く作られるようになったのではないかと思う。そして国の拡大と共に銅鐸自体もだんだん巨大になり、ついにⅣ式銅鐸のような高さ一メートルにおよぶ銅鐸を作り出すにいたった。このⅣ式の銅鐸はすでに出雲では出土せず、近畿地方および三遠地方といわれる三河、遠江地方で出土する。このような銅鐸を鳴らすには大きな力が必要であろう。巨大な銅鐸について、考古学者の田中琢《みがく》氏は「聞く銅鐸から見る銅鐸への変化である」と論じたが、それはもはや楽器としての機能を失ったことを意味する。

私は「そもそも銅鐸の起源は鈴である」という佐原氏の説を支持するものである。鈴も鐸もその音色が神秘的であり、神を喜ばせる音を響かせるものであろう。聖徳太子の怨霊《おんりよう》鎮魂のために建てられた法隆寺の金堂の四隅には風鐸《ふうたく》が吊《つ》り下げられているが、それは鐸そのものが怨霊鎮魂という呪力《じゆりよく》を持っている故《ゆえ》ではなかろうか。

最近、下鴨神社の宮司、新木直人氏から聞いた話であるが、下鴨神社にも銅鐸があり、重要な神事、たとえば葵《あおい》祭の神事を行う時には必ずこの鐸を鳴らすというのである。銅鐸を鳴らさないと神事は始まらない。このような風習は他の神社にはないが、もともと出雲の加茂の出身ではないかと思われるカモ氏が祀《まつ》る下鴨神社には、あるいは古い出雲の祭の名残があるのかもしれない。下鴨神社は昔からこの銅鐸を大事にしてきたという。銅鐸の起源をなす鈴もまた神事には必ず使われる。神事が始まる時、まず巫女《みこ》の舞があるが、巫女は必ず鈴を持って舞う。その鈴の音は人の心を清々《すがすが》しくするが、神もいたくお気に入りの音色であるにちがいない。

仏教でも鈴を大事にしている。比叡山《ひえいざん》において「峰の白鷺《しらさぎ》」「谷の鈴虫」という言葉が伝わっている。「峰の白鷺」というのは、白い装束を着て峰から峰へと飛ぶようにまわる回峰行者を指し、また「谷の鈴虫」というのは、最澄直伝の、十二年も比叡山の谷に籠《こ》もって鈴を鳴らしながら籠山《ろうざん》行をする行者を指す。鈴は修験道においてもたいへん重要な意味を持ち、山伏は鈴の付いた錫杖《しゃくじょう》を持ち、その錫杖で魑魅魍魎《ちみもうりょう》を追い払うのであろう。

人が多く参拝する神社には必ず拝殿の前に大きな鈴があり、それを太い綱で鳴らすと「カランカラン」という音がする。その音を聞いて神々は、人間の願いを聞いてやらねばならぬと思われるのであろう。また鐸は鈴を起源とするとしても、鐸がだんだん大きくなり、Ⅳ式の近畿式や三遠式銅鐸になると、鈴より鐘に近くなる。「祇園精舎《ぎおんしょうじゃ》の鐘の声、諸行無常の響きあり」と『平家物語』の冒頭に記されているように、撞木《しゅもく》で撞《つ》くと「ゴーンゴーン」と響く鐘の音は、諸行無常を語る仏教そのものの音であるといってよかろう。鐘には巨大になった鐸の名残があり、鐘もまた荒々しい霊魂を鎮《しず》める呪力を持っているのであろうか。

さらに能楽においても、鈴は大きな役割を果たす。能の起源は翁舞《おきなまい》にあるが、「翁《おきな》」では、最初に千歳《せんざい》が、次に翁が「千秋万歳《せんしゅうばんぜい》」「国土安穏」の舞を舞う。その後、翁や千歳が退出すると三番叟《さんばそう》が登場し、今度は「揉之段《もみのだん》」を舞う。「揉之段」の舞は、三

〔右〕加茂岩倉遺跡《29号銅鐸》B面に鋳出された人面　高46.9㎝
〔左〕加茂岩倉遺跡《10号銅鐸》B面のカメ　高45.8㎝（221頁参照）
島根県立古代出雲歴史博物館蔵

加茂岩倉遺跡《35号銅鐸》A面に鋳出されたシカと四足獣　高47.4㎝
島根県立古代出雲歴史博物館蔵（222頁参照）　写真提供＝島根県教育庁埋蔵文化財調査センター（上2点も）

番叟に悪霊が憑いたかのようなまことに荒々しい舞である。しかし三番叟が面箱持ちに鈴を与えられたとたんにおとなしくなり、稲作農業に欠くべからざる種まきの仕草をする舞をする。これを「鈴之段」という。鈴を持ち鈴を鳴らすことで、荒魂が鎮まり、もっぱら幸魂《さきみたま》、奇魂《くしみたま》が活躍することを意味するのであろう。

さて、ではここで問題となるのは、このような大量の青銅器を所有していたのは誰か、そしてそのような大量の青銅器を埋納したのはなぜか、ということである。最初の点について、「これほど大量の青銅器を所有したのは地方の豪族であるか、それとも王であるか、どう考えますか」と考古学者や歴史学者に聞いたところ、彼らはしばらく沈黙し、首を傾《かし》げながら「王としか考えられませんね」と答えた。王だと言えば、私とともに彼らが今まで信じていた「出雲王朝は存在しなかった」という説が覆《くつがえ》ってしまうのである。しかし、しぶしぶながらそのように認めたのは、彼らはやはり真理を認めざるを得なかったからであろう。これほど多くの宝器を所有したのは間違いなく出雲王朝の大王であり、おそらくオオクニヌシといわれる「人」であったに違いない。

しかし、そのような宝器をなぜ人目につかない丘の中腹に埋めたのか。その謎《なぞ》を解かねばなるまい。佐原氏は、そのような謎に困って、青銅器を埋めて、必要な時にそれを掘り出して使ったという説を最後まで頑固に持ち続けたが、これは敬愛する佐原氏の説といえどもいただけない。そして何よりも大切にしていた宝器を土中に埋めるはずはなく、またそれらが掘り起こされて使われたような跡もまったくない。とすれば、なぜこのような大量の宝器が惜しげもなく土中に埋められたのであろうか。その謎を解く鍵《かぎ》は、荒神谷遺跡の銅剣と加茂岩倉遺跡の銅鐸のほとんどに「×」印が刻まれていたことにある。荒神谷遺跡から出土した三百五十八本の銅剣のうち三百四十四本に、茎《なかご》といわれる柄に差し込まれる部分に「×」印が刻まれている。荒神谷遺跡の銅剣のうち、両面に「×」印があるのは二例、両面共に「×」印がないのは三例である。また、加茂岩倉遺跡で出土した銅鐸十四個には吊り手、鈕《ちゅう》の部分にすべて「×」印が刻まれていた。このような「×」印の刻まれた青銅器など、荒神谷遺跡と加茂岩倉遺跡から出土した青銅器のみである。

この「×」印について、考古学者はいろいろな説を出すが、どの説も説得力が弱く、現在、それは謎のままとなっている。しかし私にとって、それは全く自明のことであるように思われる。

西洋から近代科学文明をとり入れて以来、日本人は「あの世」について考えなくなった。人間は死後、祖先の待っているあの世に行くこと、あるいは極楽浄土へ往生することなどを多くの日本人はまともに信じなくなってしまった。しかし、あの世とか極楽をあからさまには信じていない現代人であるが、葬儀の際に亡《な》き人に別れを告げる弔辞では、「先にあの世に行って待っていて下さい。まもなく私も参りますから、またあの世で楽しく語り合おうではありませんか」などという言葉がよく語られる。そのような人には、少なくとも弔辞を読んでいる瞬間は、人が死ねばあの世へ行き、あの世の人もこの世の人と同じような生活をしているので、やがて自分もあの世へ行き、故人と再会して楽しく語り合えるのではないかという気持ちが少しはあるのであろう。

私は若き日から日本人のあの世について考え続けてきたが、日本人の「あの世」信仰は、浄土教が日本に移入される以前に、既に深く日本人の魂に浸透していた信仰であると思わざるを得なかった。日本人は縄文時代以来、深いあの世観を持っていたので、とりわけ浄土教が日本仏教の主流になったのではないかと思う。そしてかつて柳田国男が指摘したように、日本人には、人が死ぬとまず近くの里山に行き、しばらく経《た》って亡くなった祖先たちの住むあの世へ行き、お盆やお正月やお彼岸にはこの世に帰ってくるという縄文時代以来の信仰と、十万億土離れた遠い極楽浄土へ往生するという浄土教の信仰がまだら染めのように混在していたと思われる。

このような縄文時代以来の日本人のあの世観において、あの世はどのように考えられていたのか。あの世はこの世とあまり変わりないところと考えられていたのである。ただし、一つだけ大きく違うことがある。あの世とこの世は万事〝あべこべ〟なのである。たとえば、この世の夏はあの世の冬、この世の冬はあの世の夏、この世の昼はあの世の夜、この世の夜はあの世の昼である、というふうに。このような考えは、私が子供のころにはまだ日本に残っていた。私は子供のころから甚だそそっかしく、よく着物を裏返しに着たり、水にお茶を入れて飲んだりした。するとそのたびごとに、母に「タケシ、また死人の真似《まね》をする」と叱《しか》られたものである。めったに私を叱らない母であったが、死人の真似をすると叱った母の怖い顔を、私は時々思い出す。また、ある地方では、葬式の時に故人が持っていた茶碗などを割るという風習もあるそうである。それは、この世で完全なものはあの世では不完全であり、この世で不完全なものはあの世で完全なものであるという信仰ゆえであろう。

そうした信仰の最もはっきり認められるものが、縄文時代に作られた土偶であろう。土偶はハート型土偶、遮光器《しゃこうき》土偶など形はいろいろあり、その顔には一応目鼻がついているが、とてもこの世の人間の顔ではないと思われる異様な顔をしている。また土

加茂岩倉遺跡《18号銅鐸》の鈕部分、中程に×印が　高47.7cm　島根県立古代出雲歴史博物館保管　写真撮影＝南川三治郎

荒神谷遺跡で出土した銅剣の茎部分にも、×印が刻まれている　写真提供＝島根県教育庁埋蔵文化財調査センター

偶は全て胎児を宿した成熟した女性であり、子供の女や老婆の土偶はない。腹が大きく膨らんだ妊婦もあれば、心もち腹の大きい妊婦もある。そして土偶は全《すべ》て必ず破壊されている。多くはばらばらに破壊され、完全なものは一体もない。もう一つ、土偶の特徴は中央に縦一文字に引き裂いたような跡があることである。その線は盛り上がっていることもあれば、ただの真一文字の線であることもある。さらに、土偶の中にはあたかも人間を葬《ほうむ》るかのように丁寧に埋葬されたものがある。私は、こうした土偶の謎が長い間分からなかった。だが、その謎が解けたのは、三十年ほど前、アイヌの古老の浦川ハルさんという女性にアイヌ文化のことを尋ねに行った時のことである。

ハルさんは、十七歳の時に一般の日本人家庭へ奉公に行き、以来、アイヌ文化のことは忘れてしまったという方である。私は何度か浦川ハルさんを訪れ、アイヌ文化についてお聞きしたが、初めはなかなか少女時代のことを思い出せないでいた。しかしいったん思い出すと、それを手がかりに次から次へと新たな記憶が呼び起こされて来る様子であった。そのハルさんに私がアイヌの葬式のことを聞いたことがある。ハルさんは次のように語ってくれた。

「まあふつうの大人が死ねば型通りに葬られますが、子供が死んだ時は特に大変でした。アイヌの社会では子供を孕《はら》むと、その子供は必ずあの世へ行った祖先の霊が帰ってきたものだと信じられています。その子が幼くして死ぬと、遠いあの世から帰ってきた祖先にこの世の幸せを十分味わわせずにすぐにあの世へ帰すのは申し訳ないと考え、子供の死体を甕《かめ》に入れて、人のよく通る入口に埋められるのです。それは、その子を生んだ夫婦がセックスに励んで、死んだ子が次の子として生まれ変わってくるようにという願いからなのです」

この話は、私にとって大変興味深かった。縄文時代の竪穴住居の入口には、子供の骨が入れられた甕が逆さにして埋められていることがある。この風習がアイヌの社会に残されていたのであろう。さらにハルさんは続けてくれた。

「しかし子供が死んだ時よりもっと大変なのは妊婦が死んだ時でした。せっかく祖先の霊が帰ってきて妊婦の腹に宿ったのに、妊婦が死んでしまったら、その子は妊婦の腹に閉じ込められてあの世に行けません。妊婦の腹に入ったままであの世に行けない先祖の霊は祟《たた》りをなすと思われているのです。ですから妊婦はいったんふつうの人と同じように墓に埋められますが、翌日、霊力を持った女性がその墓を掘り返し、妊婦の腹を割いて、その胎児を女性に抱かせて葬ります」

その話を聞いた時、私の土偶についての積年の謎が一気に氷解した。一、土偶は全て妊婦である。三、土偶は全て生きた人間とは思えない異様な形をしている。二、土偶は全て破壊されている。四、土偶には全て縦に腹を引き裂いたような真一文字の線がある。五、土偶にはあたかも人間のように丁重に埋葬されたものがある。

土偶は腹を裂かれて死んだ妊婦の像であり、妊婦が胎児と共に葬られる時、その妊婦が完全な人間として再生することができるようにバラバラにして埋められるものである。そう考えると、土偶の五つの条件が満たされ、土偶の謎が見事に解けたのであった。そういえば、土偶の中には遮光器土偶と称されるものがあり、眼は堅くつむっているが、眼窩《がんか》のみが大変大きいものがある。それはユーカラ（アイヌ民族に伝わる叙事詩）に記されている、眼のない死体は再生不可能であり、眼のある死体は再生可能であるという信仰によって、死んだ妊婦が完全な人間としてあの世で生まれ変わることを願って、巨大な眼窩のある土偶が作られたのであろう。また積年の謎の最後の一つ、土偶の腹の縦真一文字の線も、腹を裂いて胎児を取り出した跡として理解でき

北海道函館市著保内野遺跡より出土の「中空土偶」。お腹に縦一文字の傷跡がある　函館市蔵　写真提供＝函館市教育委員会

青森県つがる市亀ヶ岡遺跡出土の「遮光器土偶」　東京国立博物館蔵　写真提供＝TNM Image Archives Source

たのであった。

このような縄文時代からの「あの世観」はずっと日本人に残っていて、この世とあの世はあまり違わないが万事あべこべであり、この世で完全なものはあの世では不完全であり、この世で不完全なものはあの世で完全であるという信仰がずっとあったと思われる。それゆえ死者に贈られるべきものは必ず壊して贈らねばならない。弥生時代の副葬品として貴重な鏡が供えられていることがあるが、その鏡にはバラバラに壊されているものがあり、また銅鐸の中にも壊された状態で出土するものがある。死者に供えるものは、そのように壊されたり、焼かれたりする。火で焼くことによって、そのものをあの世へつつがなく贈るのである。日本で恒久的な都が造られるのが遅れたのは、前代の帝の宮殿を焼いて死んだ帝に捧《ささ》げられたためであると私は考えている。

このように考えると、二つの遺跡から出土した銅器に付けられた「×」の謎が初めて理解されるのである。それらの銅鐸《どうたく》、銅剣、銅矛は、全て死者に贈られたものの印であろう。しかし、この堅固な銅鐸、銅剣、銅矛を壊すことは容易ではなく、また忍びがたい。それで「×」印を刻んで、不完全なものであることを示そうとしたのではないか。

先に述べたとおり、荒神谷遺跡の銅剣、銅鐸、銅矛、及び加茂岩倉遺跡における銅鐸も、埋納されたのはほぼ同時期であると考古学者は言う。それは紀元一世紀頃ではないかとされる。その加茂岩倉遺跡において埋納された銅鐸で最も新しいものはIII式の終わり頃に作られたものであり、それが埋納されたのもその頃であるとされる。紀元一世紀といえば記紀に語られる南九州にいた天孫族が東征して、西日本全体を戦乱の渦に巻き込んだ時代である。とすれば、それはオオクニヌシの国譲りの時代とも重なってくる。この大量の青銅器は、稲佐《いなさ》の海に身を隠し、今は黄泉《よみ》の国の王となった、地下のオオクニヌシに贈られたものではなかろうか。

最後にもう一度、この二つの遺跡について考えてみよう。荒神谷遺跡は、『出雲国風土記』に記された建部郷《たけるべのさと》にある。建部郷は、イズモタケルを騙《だま》し討ちにしてヤマトタケルの家来が住みついた地であった。それは出雲の神の反乱を恐れたヤマト朝廷が派遣した進駐軍のような軍隊であったと思われる。おそらくそこはかつてイズモタケルが住んでいたところで、イズモタケルは、『古事記』が語るようなオオクニヌシ政権崩壊後もなお細々ながら十七代続いた出雲王朝の最後の王であったのではなかろうか。とすれば、そこはかつてオオクニヌシの住んでいた宮殿があったところである。そしてその町外れの小さな丘の中腹に、オオクニヌシの大切にしていた青銅器を埋めて、黄泉の国の王となったオオクニヌシに贈り届けようとしたものと考えてもおかしくはない。

荒神谷遺跡の青銅器の配列を見ると、中央に六個の銅鐸が埋められている。銅鏡が天孫族の大王のシンボルであったように、銅鐸は出雲の国の大王のシンボルであったと思われる。最も古い《五号銅鐸》を中心にI式、II式のものが埋納されていた。それは出雲王国の伝統の古さを示そうとしたものかもしれない。そしてそれを挟んで左に十六本の銅矛、右に三百五十八本の銅剣が、ちょうど王の両側に左大臣、右大臣が並ぶように埋められている。銅矛は武の権威を象徴的に表わすもので、オオクニヌシはヤチホコノカミとも言われた。そして、十六はヤチホコノカミの名にある「八」の倍数である。ここに十六本の銅矛が埋納されていたことは、ヤチホコノカミを暗示しているのかもしれない。また銅剣といえば、スサノオがヤマタノオロチの尾から取り出したのは鉄剣ではなく銅剣であった。そのような意味を持つ大量の銅剣をやはりここに埋納して、黄泉の国にいるオオクニヌシに贈ろうとしたのではあるまいか。この剣のA・B列は、剣の先の方向を互い違いにして置かれていたのに、C・D列は剣の先が東に向かって置かれていた。それはどういう訳であろうか。互い違いに置かれたものは服従の印であろうが、東に向けられたものは、東にある敵国に対する強い敵意を示したものとも考えられる。

そして大量の銅鐸の出土した加茂岩倉遺跡は、カモ氏の祖先であるオオクニヌシの愛児アヂスキタカヒコネのいたところで、この地にアヂスキタカヒコネの住む宮殿があったと思われる。それゆえ、国譲り後も生き残ったアヂスキタカヒコネとその子孫たちは、持っていた銅鐸を全てこの丘に埋納して、父オオクニヌシに贈り届けようとしたのではあるまいか。いずれの遺跡においても銅鐸、銅剣、銅矛は愛情を込めて実に丁寧に埋納されている。そこにオオクニヌシに対する深い哀惜の心が込められているのではないかと私は思ったのである。

玉、青銅器といった考古学的な見地から出雲王国を見てきたわけであるが、出雲地方を中心に造られた四隅突出型墳丘墓《よすみとつしゅつがたふんきゅうぼ》についても考えてみることにしたい。

四隅突出型墳丘墓は、荒神谷及び加茂岩倉遺跡において大量の銅器埋納以後、前方後円墳の出現以前に造られたと考えられる。つまり紀元一世紀から二世紀後半の二百年ほどの期間である。この時期の出雲をどう考えればよいのか。私は、大量の銅器の埋納は記紀に語られるオオクニヌシの国譲りと関係があるのではないかと論じたが、とすればこの時期、すでに出雲王朝は滅びていたのである。それなのにどうしてこの四隅突出型墳丘墓という大型の墓が出雲に出現し、それが出雲王朝の支配地ではないかと思われる山陰、北陸、備後方面に続々と広がったのであろうか。

このような問いを考える際、私は、『日本書紀』には記されていないスサノオ、オオクニヌシの出雲王朝の系譜が『古事記』において二度にわたって記載されていることに注目せざるをえない。

まず最初に記されているスサノオからオオクニヌシまでの系譜である。すなわち出雲王朝は、スサノオ―ヤシマジヌミ―フハノモヂクヌスヌ―フカフチノミヅヤレハナ―オミヅヌ―アメノフユキヌ―オオクニヌシと続く。オミヅヌは、『出雲国風土記』で語られる国引きをしたヤツカミヅオミツノであると断定して差し支えなかろう。とすれば、彼はスサノオの玄孫《やしやご》にあたり、オオクニヌシの祖父になる。オオクニヌシはスサノオの六代の子孫、ヤツカミヅオミツノの孫ということになる。そして系図はさらにオオクニヌシの子孫として二代目をアヂスキタカヒコネ、三代目はコトシロヌシとしている。だが、この二人の王子以降の子孫は断絶してしまっている。

ところが『古事記』には、この系譜とは別にもう一つ、『日本書紀』などには全く語られていないオオクニヌシの子孫の系譜がある。

ここで私が不思議に思うのは、記紀によれば、オオクニヌシは稲佐の海に身を隠して国譲りをし、黄泉の国の王となり、出雲王国は実質上この時滅びたはずである。ところが、『古事記』は以後のオオクニヌシの子孫を十一代にわたって記載している。

とすると、オオクニヌシの出雲王国は、以後も細々ながら続いたことになるのである。

こう考えると、先にも引いた『出雲国風土記』の次の文章が気になってくる。

天《あめ》の下造らしし大神《おほかみ》、大穴持命《おほなもちのみこと》、越《こし》の八口《やくち》を平け賜ひて、還《かへ》りましし時、長江山《ながえやま》に来まして詔《の》りたまひしく、「我《あ》が造りまして、命《し》らす国は、皇御孫《すめみま》の命、平らけくみ世知らせと依《よ》さしまつらむ。但《ただ》、八雲立つ出雲の国は、我が静まります国と、青垣山廻《めぐ》らし賜ひて、玉珍《たま》置き賜ひて守《も》らむ」と詔りたまひき

この文によれば、オオクニヌシは「天の下造らしし大神」、すなわち全日本国を支配した大王である。しかし、皇御孫すなわちニニギが安らかに日本国を治めることができるように日本国の支配権を譲った。そして出雲の国は小国であるが、自分が静かに隠遁《いんとん》する地として、青垣山を廻らせ、玉を置いてわが領として守ろう、というのである。この『出雲国風土記』の文は『古事記』に語られたオオクニヌシの子孫の系譜と関係があるのであろうか。とすれば、オオクニヌシ王国は出雲一国を支配するものとして細々ながら続いたのであろうか。そうしてまた、この出雲小王国と四隅突出型墳丘墓は何らかの関係があるのではなかろうか。

問題は、オオクニヌシの亡《な》き後細々と続いたと思われる出雲小王国がいつ、どうして滅びたかであろう。私は先に、ヤマトタケルに殺されたイズモタケルなるものが出雲小王朝最後の王ではないかと考え、ヤマトタケルによって出雲小王朝は滅ぼされたのではないかと想像した。一方で、四隅突出型墳丘墓は前方後円墳出現以前に消失したとされている。

天皇の御陵が前方後円墳になるのは、ハツクニシラススメラミコトと称される崇神《すじん》天皇の御陵からである。とすれば、出雲小王朝は崇神天皇以前に滅びたことになる。そう考えたほうが、出雲小王朝の滅びにより出雲の神を祀《まつ》る人はいなくなり、それによって崇神、垂仁《すいにん》朝において出雲系の神々の祟りが起こったと考えるほうが自然であろう。

私は、四隅突出型墳丘墓は、オオクニヌシが引退して黄泉の国の王となる条件として天つ神に申し入れ、現実に巨大な宮殿、原出雲大社を模したものではないかと思う。それが証拠に、この墳丘墓に丈夫な石列が設けられている。それは、「底《そこ》つ石根《いはね》に宮柱ふとしり」と称《たた》えられるように宮殿の太い四本柱を表したものではなかろうか。だからこそ、出雲は四角形の墳墓に強く執着し、四隅突出型墳丘墓が消失した後も、円墳ならぬ方墳が多く造られ、ヤマトで前方後円墳が造られるようになっても、この地方では前方後円墳よりも前方後方墳が造られ続けたのであろう。この四角形への執着は、黄泉の国を支配するオオクニヌシの宮殿に対する敬慕であり、オオクニヌシへの深い愛惜の心を示すものではなかろうかと思うのである。

出雲にはとにかく方墳が多いわけだが、その代表的方墳として神原《かんばら》神社古墳を挙げることに異議を唱える人はなかろう。この神原の地について『出雲国風土記』には、

神原《かむはら》の郷《さと》　郡家《こほりのみやけ》の正北《まきた》九里《さと》なり。古老《ふるおきな》の伝へていへらく、天の下造らしし大神の御財《みたから》を積み置き給ひし処《ところ》なり。則ち、神財《かむたから》の郷と謂ふべきを、今の人、猶《なほ》誤りて神原の郷といへるのみ（『出雲国風土記』大原郡　神原郷）

とある。神原の郷は、オオクニヌシの宝を積んでおいたので神財《かむたから》の郷といわれるべきであるのに、誤って神原といわれたと語られている。確かにこの地を地図で見ると、荒神谷遺跡とは直線距離で約五キロの距離であり、加茂岩倉遺跡からは実に約二キロの距離のところに位置している。この地にオオクニヌシの神財を積み置いたという『出雲国風土記』の記事は、全く正しかったことになる。

東西50メートル、南北40メートル以上もある「西谷３号墓」は、最大級の四隅突出型墳丘墓。写真は建造時を復元した模型　写真提供＝島根県立古代出雲歴史博物館

松江市山代町にある「山代二子塚古墳」の上を歩く

神原神社古墳は、斐伊川の支流赤川のほとりにある神原神社の真下にあったものである。それが、昭和四十七年（一九七二）、川の改修工事によって神社が移転されることになり、この古墳の調査が行われた。調査の結果、最初、この古墳は円墳ではないかと考えられていたが、実は周りの溝《みぞ》を含めて東西三十五メートル、南北三十メートル、高さ五メートルの方墳であることが分かった。石室は厚さ十センチほどの平べったい割石を約二千枚積み重ねた竪穴式の石室で、大きな丸太を半分に割って中をくりぬいた割竹棺、木棺が置かれていたようで、U字型にくぼんでいた。

そして、その石室の中で思いがけないものが発見されたのである。三角縁神獣鏡《さんかくぶちしんじゅうきょう》であった。鏡の裏側には、「景初三年、陳という人がこれを作り、これを所蔵するが、位三公にいたり、子孫は長寿を保つであろう」との旨《むね》が記されていた。とすれば、これは紛うことない『魏志倭人伝《ぎしわじんでん》』に伝えられる魏の王が卑弥呼《ひみこ》に与えた鏡であることになる。

これについて、「島根県立八雲立つ風土記の丘」所長の本間恵美子氏は次のように語る。

景初三年とは西暦二三九年。当時、倭《わ》と呼ばれていた日本の邪馬台国《やまたいこく》の女王卑弥呼が三十余りの国を統一し、魏に使いを出し、「親魏倭王」という金印と鏡百枚などをもらった年であることが、中国の歴史書『魏志倭人伝』から分かっている。

（略）

調査を担当した蓮岡法暲氏によると、鏡は木棺に立て掛けられていたようで、出土した時は約四〇度傾いて、鏡の表が上になっており、サビの緑青《ろくしょう》の青さが印象的だったという。また、同じ石室内から大刀や剣、鉄のやじりなどの武器類、斧《おの》や鎌、鉇《やりがんな》などの農工具類が出土し、蓋石の上からは、埴輪《はにわ》の起源を考える上で重要な円筒形の器台と壺、その後の調査で、石室の脇《わき》から赤色顔料の塊と土師器《はじき》の壺五個が出土した。うち三個はいわゆる山陰系といわれる、口縁の断面が数字の5の形をしている複合口縁の土器である。

畿内的な要素の強い前期古墳であるが、土器は地方色豊かで、今のところ出雲の古墳文化を語り始める最古の古墳である（前島己基編著『古代出雲を歩く』山陰中央新報社）

景初三年の銘のある鏡は、他に大阪府の黄金塚《こがねづか》古墳で出土した鏡が一枚あるのみであり、全国でただ二枚のみである。この鏡は中国では出土せず、日本製の鏡であるという説がある。ただいずれにせよ、ヤマト朝廷が貴重なものとした鏡であることは間違いなかろう。

このような鏡が出雲で出土したことは、いったい何を意味するのであろうか。おそらく前政権である出雲国は、いくら弱小化したとはいえ、古墳時代においてもヤマト朝廷にとって無視できない国であったはずである。特にアヂスキタカヒコネの本拠地であった加茂の地は、出雲王朝の遺民が多く住んでいた土地であり、気にかかる存在であった。だが、この遺民たちはいたって従順であり、特別な制圧が必要とはされなかった。それでヤマト朝廷はそれをよしとして、この地の豪族であった神原神社古墳の被葬者に、魏の王が卑弥呼に賜ったという景初三年の銘のある鏡を与えたのであろう。豪族はそのことを栄誉として、鏡を抱いて永遠の眠りについたのである。そしてその古墳に葬《ほうむ》られた豪族は子孫たちによって神とされ、彼の眠る古墳の上に神社が建てられたのではなかろうか。

鏡といえば、私が以前から親愛している考古学者の樋口隆康氏に「出雲神話を考古学的遺物によって見直そうとして、今、梅原末治氏や佐原真氏の銅鐸についての書物を読んでいる」というと、樋口氏は「鏡のことも勉強してほしい。それには私の『古《こ》鏡《きょう》』を読むがよい」と教えてくれた。

氏の『古鏡』（新潮社）には、中国、朝鮮、日本などで出土した鏡があまねく網羅され、それらが年代別に精密に分類され、体系的に論及されている。おそらくこの書物は、古鏡の研究書として世界でももっとも学問的水準の高い書物であろう。

鏡は、中国では春秋戦国時代から盛んに作られ、愛好されたものである。しかし、それはいったいなぜだろうか。それについて樋口氏は次のように語る。

福永光司氏によると、鏡に神霊性や呪術性《じゅじゅつ》を持たせるようになったのは、道家に始まり、儒家の本来的な経典には見られないという。孔子の時代は鏡が一般にはあまり普及していなかったことを思えば、儒教の経典に、それがないのは当然かもしれない。鏡を神霊化するのは、神仙讖緯《しんい》の思想であり、前漢《ぜんかん》末ごろからであるという。事実、後漢《ごかん》、六朝《りくちょう》代の鏡には、神仙思想的な図文や銘文が多いのは、民間に道教が流行したことと、関係があるであろう。道教の書物をみると、鏡の神秘な霊力について記した物語をいくつもみることができる

この鏡の神秘的な能力について記した物語として、晋《しん》の葛洪《かっこう》の『抱朴子《ほうぼくし》』、隋《ずい》の王《おう》

神原神社古墳は、東西35メートル、南北30メートル、高さ5メートルの方墳であった。中には割石を積み重ねた竪穴式の石室が（245頁参照）

神原神社古墳は、移転前の神原神社の真下にあった。現在の神原神社は古墳のすぐ脇に隣接する

度《ど》の『古鏡記《こきょうき》』などが挙げられているが、それらの話には一様に鏡は真実を表すことが示されているというのである。人を化かす霊がやって来た場合、鏡にその姿を映すと本当の姿が表れるという。鏡はこのような霊力を持ち、そして道教の不老不死の願いをも満たすものとして中国でも貴ばれた。

そしてこの樋口氏の著書を読んで思ったのは、中国人の鏡に対する愛好もさることながら、日本人の鏡に対する愛好は凄《すさ》まじく、まさに偏愛というべきものであったことである。例えば、中国で作られた鏡で日本に出土しない鏡は少ない。ほとんどの種類の鏡が日本で出土し、それどころか中国で出土しない中国製と称される鏡もあるそうである。中国製の鏡を日本でまず愛用したのは北九州の豪族たちであったが、それがたちまち日本中に広がり、鏡はすべての日本の支配者が熱愛するものになった。では、この日本人の鏡に対する偏愛はどこからくるのであろうか。

このことを考えるとき、私は、あるポーランド人のアイヌ文化研究者の話を思い起こす。彼は積極的にアイヌ社会に入り、アイヌの人々にいたく信頼されて甚だ親しくなったまではよかった。だが、あるとき、そのポーランド人研究者は、アイヌの人たちに彼らが写っている写真を見せたのだそうである。すると、アイヌの人たちは、突然、青ざめて、彼に対する親愛感をすっかり失ったという。

彼はアイヌ社会のタブーを知らなかったのである。写真に写っているのは人間の似姿であるが、その似姿に呪文をかけると、その人間の生命も失われるという信仰がアイヌの社会にあった。

アイヌ文化は縄文文化を色濃く残す文化であり、縄文時代の日本の社会にもそのような信仰があったに違いないと私は思う。縄文時代には、動物の像や土偶のように死者の像があるが、生きている人間の像がないのはそのような理由によるのであろう。とすれば、鏡は人の似姿をそのまま映すものであり、それは縄文の信仰に生きる人間には計り知れない恐怖を与える呪器であった。北九州に移民して稲作農業を営み、何かと先住の縄文人とトラブルを起こしていたにちがいない弥生人の豪族にとって、鏡は縄文の霊を追い払う有益な呪器であったであろう。

鏡はすでに春秋戦国時代から日本に移入され、愛好されていたが、南九州に本拠地をもつアマテラスを祖とする天孫族が降臨したニニギの曾孫《そうそん》イツセとカムヤマトイワレヒコ、すなわち神武天皇が、乾坤一擲《けんこんいってき》の東征をして、ヤマトに蟠踞《ばんきょ》していた物部氏《もののべ》の祖、ニギハヤヒとナガスネヒコの連合軍を滅ぼして、日本国の大王となったとき、前代の出雲王朝の銅鐸《どうたく》に代わって、鏡を最高の宝器としたのではなかろうか。また鏡を最高の宝器としたのは、天孫族独自の理由付けもあったのであろう。鏡は太陽の光線を鋭く反射するものであり、太陽に似た丸い形をしていることもあって、小太陽といってよいものである。それゆえアマテラスという太陽神を祖と仰ぐ天孫族の大王にとって、鏡ほど大王を神聖化するものはなかったに違いない。こうして鏡は銅鐸に代わって最高の宝器、祭器となり、「八咫《やた》の鏡」はアマテラスの御魂として伊勢神宮に祀《まつ》られることになったのである。

そういえばもう一つ、この樋口氏の書物には、銅鐸の謎《なぞ》を探っていた私にとって大変興味深い文章があった。それは仿製鏡《ほうせいきょう》について論じた一文である。仿製鏡とは、中国製の鏡を真似《まね》て日本で作られた鏡であるが、中国には決して存在せず日本にのみ存在する仿製鏡がある。それは、通常「鈴鏡《れいきょう》」と称される鏡である。樋口氏は鈴鏡について次のように語る。

> 鏡の周縁に小鈴をつけた鏡であるが、これは中国鏡にはなく、仿製鏡のみである。この鈴鏡をつけた巫女の埴輪像があり、神事に奉仕する巫女の用具かとみられるが、一方、鈴のついた道具として、鈴釧《すずくしろ》、鈴杏葉《すずぎょうよう》、環鈴《かんれい》など馬具に多い。鈴鏡の出土例は東日本に多く、鈴附馬具も同様であるところから、馬具との関係も考慮される。

「鈴鏡をつけた埴輪の巫女」東京国立博物館蔵（下も） 写真提供＝TNM Image Archives Source（下も）

宮城県伊具郡丸森町出土の「六鈴鏡」

鈴の数は四個から十個まで各例があるが、五鈴、六鈴のものが最も多く、ついで四鈴、七鈴、八鈴の順に少なくなる。

文様は、乳文鏡、珠文鏡、獣形鏡などと同じものが多く、神獣鏡、内行花文鏡、方格規矩《きく》鏡、捩文《ねじもん》鏡なども少例ある

樋口氏はそこに「鈴鏡をつけた埴輪の巫女」の写真を掲載していたが、その写真を見ると、巫女は腰のところにぶら下げている。してみると、巫女は鈴のついた鏡を腰につけて踊り、踊りながら鈴をチリンチリンと鳴らしたのであろう。これは、鈴が神事に必要欠くべからざるものであり、古墳時代にも鈴が甚だ愛好されていたことを語るものであろう。

鏡が鐸に代わって最高の祭器になった。だが、鏡にはかつて鐸がもっていた性能が全く失われている。それは楽器としての性能である。無意識ではあろうが、そのような性能を最高の祭器である鏡に新たに与えようとする要求があったのであろう。ここで、鏡に鈴が付けられるという、中国では起こらなかったことが日本で起こった。それは最高の祭器は楽器でなければならないという銅鐸の無意識の記憶があったからではなかろうか。

第四章　記紀の謎《なぞ》

私は、第一章、第二章で『古事記』を中心に『日本書紀』『出雲国風土記』などで語られる、スサノオ、オオクニヌシの出雲王朝の話を検証し、第三章ではその神話がいかに考古学的遺物によって裏付けられるかを論じた。私の想像力が勝ちすぎて、いささか筆が走りすぎたところがあるかもしれないが。これで出雲神話が、決して『古事記』編纂者《へんさんしゃ》が勝手に作り上げた全くのフィクションではなく、歴史的事実を正確に反映したものであることがわかっていただけたものと思う。

この章では、最初に予告したとおり、出雲神話の書かれている『古事記』『日本書紀』について論じようと思う。

それにはまず、本居宣長《もとおりのりなが》と津田左右吉《そうきち》の説を批判しなければならない。

戦前の記紀論は、おおむね本居宣長の説に支配されていたといっていい。宣長は、今まで軽視されていた『古事記』こそ日本の「神《カム》ながらの道」が表れた神典《しんてん》であると考え、『古事記』の注釈書を書くことに一生を捧《ささ》げた。その書が有名な『古事記伝』である。

それに対して、戦後の歴史学者の多くは津田左右吉の説によっている。津田はまことに綿密な考証によって『古事記』『日本書紀』の研究を行なった。それが昭和二十三年（一九四八）、『日本古典の研究』と題する一冊の書物としてまとめられた。この書で津田は、日本神話ばかりでなく、記紀の応神天皇以前の記事をすべて信用できないと否定する。そしてそれらの神話は、六世紀の末、おそらく欽明《きんめい》天皇の御世に、天皇家に神聖性を付与するために創作されたフィクションであるとしてしまう。彼は「日本神話は偽造された」と一刀のもとに日本神話を切り捨ててしまった。戦時中、津田説は出版法に触れたが、そのことがかえって津田左右吉の学者としての良心の証《あかし》であると考えられ、津田説は、家永三郎氏の如《ごと》き戦後左翼に転向した歴史家のみならず、井上光貞《みつさだ》氏の如きマルクス主義を採用しない冷静な歴史家すら影響を受けるところとなった。

つまり記紀を解明するには、この二人の説、本居宣長説と共に津田左右吉説を徹底的に批判しなければならない。さらにもう一つ、批判しなければならない説がある。それは誰あろう私自身の説である。

本居宣長は『古事記伝』の序論の終りに「直毘霊《なおびのみたま》」という彼が作った文章を付け加え、その「直毘霊」を彼自身が注釈している。

そも此道は、いかなる道ぞと尋《タヅ》ぬるに、天地のおのづからなる道にもあらず、（略）人の作れる道にもあらず、此道はしも、可畏《カシコ》きや高御産巣日神《タカミムスビノ》の御霊により て、（略）神祖伊邪那岐大神伊邪那美大神《カムロギイザナギノイザナミノ》の始めたまひて、（略）天照大御神の受《ウケ》たまひたもちたまひ、伝へ賜ふ道なり、故是以《カレココヲモテ》神の道とは申すぞかし（『古事記伝』一之巻）

これは、『古事記』の説く道は人間の作った道ではなく、タカミムスビの御霊によりイザナギ、イザナミが始めて、アマテラスが受け継いだ、ごく自然で素直な道だというのである。それが宣長のいう「直毘霊」の道である。

この「直毘霊」の道は「漢の文化」が入ってきて以来衰え、「禍津日《まがつび》」の神が支配するようになった。「禍津日」の神の支配とは、「ねじけた心」の支配であるともいう。

私は「直毘霊」のくだりの部分を再三読んでみたが、宣長のいう「直毘霊」、すなわち「素直な心」というものは、決して素直な心ではないと思った。日本人は外国の文化について、宣長のように「ねじけた心」をもって拒否したのではなくて、そのよきところは認め、それを素直にとり入れて、伝統文化と総合して独自の文化をつくってきたのである。

宣長の思想は、それまで日本の学者が陥った外国崇拝を改め、日本の古典研究を盛んにしようという狙《ねら》いをもったものであろう。彼はインド崇拝の仏教者、中国崇拝の儒学者を批判し、インド及び中国は「ねじけた心」の国であり、日本こそまことに素直な「直毘霊」の国であるとする。しかしインドや中国をいたずらに理想の国として崇拝する仏教者、儒教者を批判するのは正しいとしても、インド、中国を「ねじけた心」の国とするのはやはり大きな偏見であると私は思う。それは決して「直毘霊」ではなく、「ねじけた霊」といわざるを得ない。

そして宣長は、漢文で書かれた『日本書紀』を口を極めて批判し、『日本書紀』よりはるかに和文調が強い『古事記』こそ「神ながらの道」が表れた古典であるとして尊重する。このような見方は『古事記』に対する客観的な考察を妨げるものである。たとえば、『古事記』と『日本書紀』がどのように違うか、その違いが何を意味するのか、そうした客観的考察が宣長には全く欠けている。宣長は、ただ『日本書紀』は唐様《からよう》の「ねじけた心」で書かれているので信じるに足りないと切り捨てるのみである。『古事記』には太安万侶《おおのやすまろ》の漢文の序がついている。それを宣長は、

さて此序は、本文とはいたく異にして、すべて漢籍《カラブミ》の趣を以て、其文章をいみしくかざりて書り。いかなれば然るぞといふに、凡て書を著《ツク》りて上に献る序は、然《シカ》文をかざり当代を賛称《ホメ》奉りなどする、漢《カラ》のおしなべての例なるに依れるなり。さて然《シカ》漢文をかざるに引れては、其意旨《ココロ》もおのづから漢にて、或《アル》は混元既凝、あるは乾坤初分、あるは陰陽斯開、あるは斉㆓五行之序㆒などいふたぐひの語おほし。如此《カクノゴト》きことどもをいはでは、文章みだてなきが故なり。抑此序にかゝる語どものあるを見て、ゆくりなく本文の旨を莫《ナ》誤《アヤマ》りそ（『古事記伝』二之巻）

と批判する。宣長は、序が漢文で書かれたことが気に入らない。そのせいか、この序の注釈は本文注釈に比べて甚だ簡単である。そして天武《てんむ》年間の「すなはち阿礼《あれ》に勅語して帝皇《すめらみこと》の日《ひ》継《つぎ》及び先代《さきつよ》の旧辞《ふること》を誦《よ》み習はしめたまひき」という言葉と、「和銅四年九月十八日をもちて、臣安万侶《しんやすまろ》に詔《みことのり》して、『稗田の阿礼が誦《よ》める勅語《みことのり》の旧辞を撰録して献上《たてまつ》らしむ』」（『古事記』上巻 序）という言葉から次のように結論づける。

又此《ココ》にしもかく勅語のとあるを以思へば、もと此勅語は、唯《タダ》に此事を詔ひ属《ツケ》しのみにはあらずて、彼天皇【天武】の大御口づから、此旧事を諷誦坐《ヨミシ》て、其《ソ》を阿礼に聴取《キキトラ》しめて、諷誦坐《ヨミス》大御言のまゝを、誦《ヨミ》うつし習はしめ賜へるにもあるべし（『古事記伝』二之巻）

つまり宣長は、『古事記』を、天武天皇自らが語りたもうた、悠久の昔から日本に伝わった神の道を記した書であるとするのである。

しかしこの序の文章から、『古事記』は天武天皇自らがお語りになった悠久の昔からの日本の伝承であると解釈することはとてもできない。天皇が阿礼に命じられたのは「帝皇の日継」、及び「先代の旧辞」の誦習である。誦習とは、声を出して読むことである。天皇自らが『古事記』をお語りになったなどとはどこにも書かれていない。それゆえ、宣長の説を評価する研究者でも、宣長のように『古事記』を天皇自らがお語りになった神典であると考える人はほとんどいない。

『古事記』本文における綿密きわまる考証とは正反対に、この漢文で書かれた『古事記』の序の解釈の粗雑さは宣長説の致命的な欠点であると思われる。一つの歴史書が成立するには、それを成立せしめる政治的事情があろう。それを作った権力者の思惑が、その歴史書に反映しないわけがない。宣長は、そういうことを一切考慮せず、『古事記』を天武天皇自らが語りたもうた、悠久の昔から神の国日本に言い伝えられたことを記した神典と断定したのである。

私は、宣長には二種類の人間が共存していたと思う。一つは、日本の古典を深く理解し、綿密な言葉の解釈によって『古事記』を明らかにしようとする偉大な学者である。『古事記伝』を読むと、宣長は『古事記』『日本書紀』はもちろん、『源氏物語』『伊勢物語』などのあらゆる古典を暗誦《あんしょう》していたのではないかと驚嘆させられる。しかし、宣長にはもう一つ別の面がある。それは排外主義イデオローグとしての側面である。彼は、中国、及びインドを「禍津日の神《まがつびのかみ》」の支配する国として、日本のみを「直毘霊の神《なおびのみたま》」の支配する国とした。何度もいうようだが、こういうイデオロギーは決して「直毘霊」の思想ではなく、「ねじけた心」の思想ではないかと思う。そういうイデオローグによって、彼は『古事記』という古典の意味を正しく理解する道を自ら閉ざしてしまったのである。

戦前の日本歴史家や国文学者は、だいたいこのような宣長説の影響の下にあった。

そして津田左右吉は、そのような宣長説を根本的に、しかも宣長に負けないような執《しっ》拗《よう》な考証によって否定した、ほぼ唯一《ゆいいつ》の日本歴史研究者であることは間違いない。『日本古典の研究』において彼は、まず記紀に書かれた神功《じんぐう》皇后の三韓《さんかん》征伐の話から批判を始める。その記述にはいくつかの矛盾点があり、神功皇后の三韓征伐なるものは記紀に書かれたような状況で行われたのではないことを考証するのである。ただし、津田は必ずしも三韓征伐の事実そのものについて否定しているのではない。津田の記紀に対する否定は三韓征伐から始まるが、それから遡《さかのぼ》って上代に至り、ヤマトタケルによる熊襲《くまそ》征伐、及び蝦夷《えぞ》征伐についての矛盾点を暴《あば》き出し、それが事実に合わないことを示して、さらに遡り、神武天皇東征の物語を全く根拠のないものであると否定する。そして、そのように応神《おうじん》以前の歴史時代の記紀の記述をみごとに否定した津田左右吉は、神代を論じるに至り、その物語のすべてを事実ではなく全くの虚構であるとするのである。津田によれば、『古事記』『日本書紀』は「帝紀」つまり天皇系譜と、「旧辞」すなわち昔の物語によって作られたが、この「帝紀」「旧辞」は六世紀の末、たぶん欽明天皇の御世に偽造されたものであるというのである。

そのような歴史の偽造が、六世紀末、欽明《きんめい》天皇の御世に起こったと津田は断定するが、しかし『日本書紀』の欽明期にはそのような歴史偽造が行われたことを思わせる記事は全くなく、欽明朝は外における任那国《みまなのくに》の滅亡、内における仏教伝来による崇仏派と廃仏派の争いなど、外交、及び内政の政治問題に追われた時代であり、そのように大規模な歴史の偽造を行なうような余裕は全くない。

津田は、「天皇家は昔から大和にいたのに日向《ひゅうが》を天孫降臨の地としたのは、神武天皇を長とする天孫族がアマテラスという太陽の神の子孫であるから、それにふさわしい『日に向かう』すなわち『日向』という名の地が天孫降臨の地にふさわしいと考えたからであろう」という。しかし「日向」という言葉のみの理由だけで、なぜそのような大胆極まりない歴史の偽造をすることができたのか。

六世紀の朝廷に、大胆な歴史偽造を行うことが必要であったとは考えられない。むしろ天皇家の神聖を示すためには、天皇家がずっと昔からヤマトにいたという方がより説得力をもつはずである。天皇家の祖先が南九州の片田舎から出てきて、夷狄《いてき》として軽蔑された「隼人《はやと》」の血が入ってくるような神話をなぜわざわざ偽造する必要があろうか。天皇家が南九州から出てきたことが事実であるから、ヤマト朝廷もそれを否定することができなかったと考えるのがごく自然である。六世紀後半、欽明天皇の御世においてこのような歴史の大胆な偽造が行われるのはあり得ないことであり、それは津田の全くの妄想なのである。

津田の中には、宣長と同じように二種類の人間が共存していたのであろう。一つは、宣長のように多くの書を読み、実に綿密なる考証を行なう文献学者である。しかしもう一つ別の面が津田に存在していた、いわゆる大正デモクラシーが生んだ「凡人主義」のイデオローグとしての津田である。それは一切の神秘的なもの、偉大なものを、一切の異様なもの、一切の残虐《ざんぎゃく》なものと共に信じないという思想である。

津田の代表的著作といえば、先に紹介した『日本古典の研究』であるが、それと共に『文学に現はれたる我が国民思想の研究』もあげられよう。私も若き日、津田のこの書を読み、そこに書かれていた内容に驚いた記憶がある。そこでは『源氏物語』は「好色文学」とされ、禅は「漢文学に使われたたわごとの宗教」であると、芭蕉もまた「わけのわからない句を作った俳人」と断じられているではないか。津田が、そこで唯一礼賛《らいさん》していたのは一茶であった。私はこの本を読んで、津田は一茶しか理解し得ない文学的感性の持ち主であり、自分の理解し得ないものはみな「たわごと」として一切切り捨てる「凡人主義」の思想の持ち主であることを知った。津田史学はおそらく、イエス＝キリストの存在やソクラテスの存在を否定した、西洋の十九世紀の歴史学の日本版であろう。いうならば、津田は「神を殺した」のである。

津田によれば、日本国家は「平和的に統合された村々の連合体」のようなものであった。記紀に見られる残虐な戦争と数々のロマンは、そこで全く否定されてしまうのである。こうして日本神話は、天皇と国家を神とするための全くのフィクションとされてしまった。そして、津田説を金科玉条とする戦後の歴史家によって作られた歴史教科書では神話はほとんど教えられず、日本国家は村々の自然な共同体の平和的統合によって作られたかの如き幻想が歴史として教えられている。

そのような幻想は、戦後の日本にふさわしいものかもしれない。しかし神話を失った民族が末永く繁栄を続けることができるとは思われない。

日本神話を解明するためには、本居宣長説、津田左右吉説と共に、私の旧説『神々の流竄《るざん》』をも厳しく批判しなければならない。

率直にいうと、『神々の流竄』は「百の真理」と「百の誤謬《ごびゅう》」が混在した書物である。「百の真理」というのは、『古事記』『日本書紀』の実質上の著者として藤原不比《ふひ》等《と》を発見し、不比等がどのように『古事記』、『日本書紀』の編纂《へんさん》にかかわったかを明らかにしたことである。

藤原不比等は、藤原鎌足《かまたり》の嫡子《ちゃくし》であるが、その事跡はほとんど歴史の陰に隠れていた。しかし彼には、藤原鎌足によって獲得された藤原氏の権力をほぼ永久化したという大功績があった。藤原氏は鎌倉幕府が成立する時まで天皇の陰にいて、ほぼ政治の実権を握っていた。そして以後も朝廷を抑え、実に約千二百年もの間、日本第一の名家として栄華をほしいままにしていたのである。この千年以上の栄華の基礎を作ったのが謎《なぞ》の政治家、藤原不比等である。

私は、藤原不比等をこの日本歴史偽造の中心人物と考えた。この説をとるのは今のところ数少ないが、私はそれを間違いないと思っている。「百の真理」というのはいささか大げさであるが、このような不比等の権力の発見がなかったならば、『隠された十字架』の法隆寺論、『水底の歌』の柿本人麻呂論も書けなかったであろう。

その『神々の流竄』で、藤原不比等について語った後半部は正しいと考えているが、前半部は全くの誤りである。それは、出雲神話は実は出雲に伝わる神話ではなく、ヤマトに伝わる神話を「神々の流竄」という藤原不比等の政策のために出雲に仮託したものであるという説である。そこで私はごくまじめに「ヤマタノオロチは三輪山である」とか、「因幡《いなば》の白兎は宗像《むなかた》の一族が祀《まつ》る神の九州島への移動の話だ」などと論じた。それは全くの誤りであると今は思っている。百の誤謬を正し、百の真理を完璧《かんぺき》に磨き上げなければならない。

さて、いよいよ私は記紀について語らなければならないが、それには今一つ、まず記紀がどのような時代状況の下に作られたかを語らなければならない。

時代精神、「Zeitgeist（ツァイトガイスト）」というものが一つの時代を支配するとヘーゲルは言っている。「Zeitgeist」とは、その時代に与えられた歴史の要請といってよいだろう。イェーナ大学の講師であったヘーゲルは、イェーナの町をナポレオンが馬に乗って通ったのを見て、友人への手紙で「時代精神が馬に乗って通った」と書いた。ヘーゲルは、ナポレオンの中に時代精神の権化《ごんげ》を見たのである。

『古事記』『日本書紀』が作られた八世紀初頭の日本における「Zeitgeist」は、「律令制」の完成であった。日本を古い国家から新しい国家に変貌《へんぼう》させるには、中国に学んで律令制を導入しなければならなかった。そして律令制の柱は、律令の編纂、都城の築造、歴史編集という三つの事業であったといってよい。

律令制への「時代精神」の要求を強く感じていたのは聖徳太子であった。聖徳太子の時代に「十七条の憲法」と「冠位十二階」ができ、律令制の萌芽《ほうが》はみられたものの、だが、律令そのものは制定されなかった。また大規模な都の築造も、歴史編集もやはり不完全なものであったといえよう。律令制の完成は、蘇我《そが》氏に代わって権力を握った天智《てんじ》帝、藤原鎌足による政権以後に受け継がれる。しかし、天智帝、及び天武《てんむ》帝の時代にも、「近江令《おうみりょう》」、「飛鳥浄御原令《あすかきよみがはらりょう》」の編纂が行なわれたものの、やはり律令制の完成は見られなかった。それは天武朝の後を継ぐ文武帝以下の天皇、及びそれを助ける卓越した政治家、藤原不比等の手に委《ゆだ》ねざるを得なかった。

では、いかにして藤原不比等は律令制を完成させるに至ったのか。不比等の台頭には、持統《じとう》、元明《げんめい》という二人の女帝の悲願があった。

朱鳥《しゅちょう》元年（六八六）に天武帝が亡《な》くなると、天武帝の正妃、持統帝は天武帝とのわが子、草壁皇子《くさかべのおうじ》の皇位継承を願い、草壁皇子の有力なライバル大津皇子《おおつのみこ》を謀反《むほん》の罪で殺してしまう。そして草壁皇子の成長を待ったが、草壁皇子はわずか二十八歳にして死んでしまった。やむなく持統帝が即位したが、彼女の切なる願いは、草壁皇子の忘れ形見である軽皇子《かるのみこ》すなわち後の文武天皇を皇太子にして、皇位に就けることであった。

多少の曲折はあったが、軽皇子は皇太子になり、即位して文武天皇となった。しかし皇位の重さに耐えられなかったのであろうか、文武帝も慶雲《けいうん》四年（七〇七）に二十五歳にして死んでしまう。

文武天皇死後は、今度はその母、草壁の妻である元明天皇、再び女帝が即位することとなる。そしてこの元明天皇の願いは、持統天皇と同じく、わが子の文武天皇と藤原不比等の娘、宮子《みやこ》の間の子である首皇子《おびとのみこ》、すなわち聖武《しょうむ》天皇を即位させることであった。

このような、わが血を受けた子や孫を即位させたいという強い願いを持った持統天皇や元明天皇が最も頼りとしたのが、甚だ権謀術数に長《た》けた政治家、藤原不比等であった。

南北朝時代に作られたと思われる『帝王編年記』には、天智天皇が「妊娠した妃、車持君《くるまもちのきみ》の娘を藤原鎌足に賜わり、生まれてくるのが男の子なら鎌足の子として、女の子ならわが子としようと仰《おお》せられ、その子は男の子であったので、鎌足の子として育てられた。それが不比等である」と記されている。

『公卿補任《くぎょうぶにん》』には、大宝《たいほう》元年（七〇一）の項に初めて不比等の名が見える。「内大臣《うちつおみ》大織冠《たいしょっかん》鎌足次男、一名、史《ふひと》。母は車持国子君の娘、与志古《よしこ》娘なり。車持の夫人」とあり、さらに肩書きに「実は天智天皇の皇子」とある。不比等は鎌足の子ではなく、天智天皇の皇子であるとする伝承があったことは間違いない。もしも不比等が天智天皇の皇子であるとすれば、天智天皇の皇女である持統天皇とは兄妹となり、持統帝の不比等に対する並々ならぬ愛着もよく理解される。

また元明天皇も天智天皇の皇女であり、不比等に対して兄妹以上の愛情をもっていた。

持統天皇の代になって、その血のせいか、近江朝からの忠臣が多く用いられるようになる。その代表者が物部氏《もののべ》である石上麻呂《いそのかみのまろ》であった。石上麻呂は、壬申《じんしん》の乱に敗れ、多くの群臣が大友皇子《おおとものおうじ》から離れたのに、最後まで大友皇子の下から離れず、皇子に忠誠を尽くした。石上麻呂は、藤原不比等と共に持統朝の最重臣になる。

その後も皇位をめぐってはさまざまな政治的事件があったものの、一方で国家の枠組みとなる律令の制定は順調に進み、ついに大宝元年に大宝律令が制定された。この大宝律令の制定に藤原不比等が深く関わったのは間違いない。大宝律令は、刑部《おさかべ》親王、藤原不比等を長とし、それに粟田真人《あわたのまひと》、下毛野朝臣古麻呂《しもつけのあそんこまろ》、伊岐連博得《いきのむらじはかとこ》、伊余部連《いよべのむらじ》馬養《うまかい》、田辺史首名《たなべのふひとおびとな》、白猪史骨《しらいのふひとほね》などが編集に携わったという。このメンバーを見ると、刑部親王は名目上の責任者にすぎず、事業の中心にいたのは不比等であることがわかる。そこに粟田真人などのいわばあまり家柄の優れない官僚や、田辺史などの帰化系の官人が多く加わっている。つまり、当時の権力者はほとんど参加せず、不比等の意のままになる、身分の低い官僚や帰化系の法律に詳しい学者が集められていた。

大宝律令は唐の律令を参考にしたものであるが、内容は全く違った。唐の律令は、中書省、門下省、尚書省の三省に分かれ、それぞれ独立して皇帝に直属するものであるが、日本では太政官《だいじょうかん》一本に絞られている。それによって権力は天皇より多く太政官を握る高級官僚、すなわち藤原氏に集中する。天皇は、ただ藤原氏政治の看板にすぎない。それは象徴天皇制に似ているといえよう。日本の律令はまさに中国の律令と違って、天皇が親政しない象徴天皇制を志向する律令であった。

藤原不比等は大宝元年（七〇一）に制定された大宝律令をさらに改正し、不比等が死んだ養老《ようろう》四年（七二〇）に養老律令が制定されたといわれる。大宝律令と養老律令の違いはしばしば問題にされるが、養老律令において天皇の権力はいっそう弱められ、太政官の権力、すなわち藤原氏の権力が増大することになったことは確かである。

このように藤原不比等によって、まず律令の編纂は完了した。そして都城も、持統天皇の死んだ大宝二年（七〇二）の八年後、和銅三年（七一〇）に藤原京から平城京に移された。これは新しい藤原権力、つまり不比等権力の確立を印象付けるものであった。

こうして平城遷都《せんと》も成功したが、不比等はその都の東方にある奈良盆地一帯が見渡せる小高い丘に、藤原氏の氏寺、壮大な興福寺《こうふくじ》を建てた。彼は飛鳥四大寺、法興寺、薬師寺、大安寺、弘福寺《ぐふくじ》を平城に移したが、蘇我氏の寺の法興寺は元興寺で、天武天皇の寺といってよい。大官大寺を大安寺と名を変え、弘福寺（川原寺）を興福寺とし、それを藤原氏の氏寺とした。元興寺はかつて栄えた蘇我氏の霊を祀《まつ》る寺を意味するのに対し、興福寺はその名の如《ごと》く今を栄える藤原氏の氏寺である。そして後に、興福寺の東に、鹿嶋《かしま》から神鹿《しんろく》に乗ってやって来たタケミカヅチを祀った。さらに香取からフツヌシ、枚岡《ひらおか》からアメノコヤネ、そして伊勢《いせ》からヒメカミ（比売神）を迎え、その四神を藤原氏の祖先神とする春日《かすが》大社を建立《こんりゅう》する。興福寺及び春日大社は、藤原氏の末永い繁栄を祈る寺院であり神社であった。

さて、和銅三年にこのような都城の築造及び移転が成功したとすれば、残ったのは歴史書の編纂のみである。この歴史書の編纂が、都移転の翌年、和銅四年（七一一）の九月十八日に元明天皇の勅命によって始められ、和銅五年正月二十八日に完成したのは、まことに時宜を得ているといえよう。

『日本書紀』などからこの歴史書の編纂の過程を追うと、天武十年（六八一）三月丙戌《ひのえいぬのひ》（十七日）に「帝紀《すめらみことのふみ》及び上古《いにしへ》の諸事《もろもろのこと》を記《しる》し定《さだ》めしめたまふ」（『日本書紀』巻第二十九）とあり、天武天皇が大極殿で川島皇子以下十二人に、帝紀および上古の歴史の記定を進める作業を命じている。

また持統五年（六九一）、持統天皇の御世に、大三輪《おおみわ》朝臣《のあそん》など十八の氏の「其《そ》の祖《おや》等《ども》の墓記《おくつきのふみ》」、つまり旧家各氏の祖先の記録が献上されたという。その旧家の「墓記」にはそれぞれの家に伝わった昔の話が記され、それが歴史編集における重要な資料となったはずである。また『古事記』が作られた和銅五年の翌六年（七一三）には、「風土記」撰集《せんしゅう》の命も下っている。風土記は、中央の歴史書を補うための地方史というべきもので、歴史書編集の補足事業であると考えてよかろう。また和銅七年二月十日に、「従六位上紀朝臣清人《きのあそんきよひと》、正八位下三宅《みやけ》臣藤麻呂《ふじまろ》に詔《みことのり》して、国史《くにつふみ》を撰せしめたまふ」（『続日本紀《しょくにほんぎ》』元明天皇）という命がくだった。これは『古事記』に記されたイデオロギーに基づく、日本国家公認の歴史書「日本紀」を作れという勅命であろう。

　その国史撰集が、養老四年（七二〇）、すなわち不比等の死の年に完成するのである。『続日本紀』、養老四年五月二十一日の項には、「これより先、一品舎人親王《とねりしんのう》勅を奉じ日本紀を修む。ここに至りて功成りて奏上す。紀卅巻系図一巻」とある。ここには「日本紀」すなわち『日本書紀』の編纂に携わった代表者は「一品舎人親王」とあるだけであり、そのメンバーは全く記されていない。だが、歴史学者の上田正昭氏は、不比等が『日本書紀』編纂に関わったという説を唱えている。

　ところで『日本書紀』の完成には不比等が舎人親王の影の存在として大きな役割

をはたした形跡がある。かつて私は「『日本書紀』の完成に彼〔不比等〕および彼の一族が深いつながりをもっていたこと」を指摘した（『大仏開眼』）。その考えはいまも改める必要はないと思っている。この『神宝書』のごときは、神祇官《じんぎかん》がまとめて献じたものであって、その筆録に中臣大嶋が関係していたことはたしかであろう。同族の大嶋と不比等が無関係であったとは思われない（『藤原不比等』朝日選書）

私もやはり、舎人親王は『日本書紀』編纂の名目上の長であり、実質上の中心的役割を果たしたのは不比等であると考えている。また哲学者の上山春平《うえやましゅんぺい》氏は、律令の制定、都城の築造、及び歴史編纂の過程を通じて、藤原氏の独裁的権力が確立したと論じている。

しかしここで問題がある。『日本書紀』は国家公認の歴史書であったわけだが、『古事記』も『日本書紀』同様、国家の命ずる歴史編集の事業の一端を形成していることは間違いない。だが、なぜか『古事記』は史書として宮廷の奥深くに隠されていたのである。『日本書紀』には、国家の事業として編纂されたはずの『古事記』について一言の言及もない。『続日本紀』においても、『古事記』の成立について全く語られていない。ただ、『日本書紀』は本説と共に「一書」の説を載せるが、その「一書」の説の中には『古事記』と思われる書の説がある。しかし『古事記』といわれずに、なぜ「一書」とのみ記されたのであろうか。

また、『古事記』ばかりか『日本書紀』についても、『続日本紀』などの中ではほとんど語られていないのである。『日本書紀』の編纂の長が舎人親王であることは明らかであるが、名がはっきりするのは舎人親王のみで、大宝律令制定の時のように詳しくメンバーが語られることはない。天武十年の天武天皇の詔による歴史書編集のときには、編集に携わった多くの人々の名が連ねられていた。二人の親王と四人の王と六人の臣たちである。しかるに養老四年に完成された『日本書紀』の撰集については、舎人親王が歴史書を献上したことのみが語られているだけである。

そしてそれとは対照的に、『続日本紀』の献上については、『日本後紀《にほんこうき》』において、実に詳しく語られている。

是《これ》より先、重く、従四位下行民部大輔《みんぶのたいふ》兼左兵衛督皇太子学士《こうたいしのがくし》菅野朝臣真《ま》道《みち》、従五位上守左少弁兼行右兵衛佐丹波守秋篠朝臣安人《やすひと》、外従五位下行大外記兼常陸少掾中科宿禰巨都雄等に勅して、続日本紀を撰せしめ、是に至て成る（『日本後紀』延暦

十六年二月十三日）

この『日本後紀』における『続日本紀』献上の記事に対して、『続日本紀』における『日本書紀』献上については、

これより先、一品舎人親王勅を奉じ日本紀を修む。ここに至りて功成りて奏上す。紀卅巻系図一巻

とあるのみである。原文にしてわずか二十七文字の漢文、『続日本紀』献上の記事のおよそ十分の一である。日本最初の歴史書である『日本書紀』が作られたことは、第二の歴史書にすぎない『続日本紀』が作られたことよりはるかに重大なできごとであり、国を挙げて祝賀すべきことであったであろう。それなのにそのような献上を祝う記事は全くなく、この大事業の記事がわずか二十七文字で片付けられているのはどういうわけか。

国家公認の歴史書『日本書紀』にも秘すべきことが多くあったのではないかと邪推したくなるのである。

このように『古事記』のみならず『日本書紀』にすら、大々的にその成立を祝えないような事情があるとすれば、いったいそれは何ゆえであろうか。このような問いは、私が旧著『神々の流竄《るざん》』において初めて問うた問いである。そして、その謎《なぞ》を解く鍵《かぎ》は『古事記』『日本書紀』に登場する神々にあった。

記紀の神々の不自然さについて、疑問を抱いた学者がいないわけではなかった。たとえば津田左右吉は、どうして日本の皇祖神であるアマテラスが女性であるかという疑問を投げかけている。

然《しか》らば皇祖神としては日の神が男性であるべきか女性であるべきか、それが問題である。そこで先《ま》づ皇祖といふことを考へるに、家々の祖先が男として記されてゐることを思ふと、皇室の御祖先もやはり男神であるのが自然のやうである（略）。歴代の天皇の性を見ても女性のは特殊の事情によつて即位せられた極めて僅少《きんせう》の例外であり、而《しか》もそれは推古《すいこ》天皇にはじまるのであるから、此《こ》の点から見ても御祖先は男性であるべきではなからうか（『日本古典の研究』第三篇「神代の物語」）

これは記紀神話を考える時に、当然起こる疑問である。

皇祖アマテラスは太陽神である。この太陽神を男性と見るか女性と見るかは、世界の国々でも考えが分かれる。ドイツ語でいえば、太陽は「die Sonne（ディ・ゾンネ）」と女性冠詞が付き、それに対して月は「der Mond（デァ・モント）」と男性冠詞が付いている。ドイツでは太陽を女性とし、月を男性としたわけであるが、それとは反対に太陽を男性、月を女性とする国も多い。しかし記紀では何の迷いもなく太陽神アマテラスを女性と断じている。それはなぜか。津田はこの疑問に次のように答える。

推古朝に於ける或る政策がはたらいてゐたらう、といふやうな徳川時代の学者の考は、日の神の性が、民間説話や一般の信仰とは関係が無く、神代史に於《お》いて始めて現はれたものである以上、全く理由の無いことではないかも知れぬが、要するに臆測《おくそく》に過ぎない（『日本古典の研究』第三篇「神代の物語」）

さらに記紀におけるタカミムスビの活躍について、津田は次のように語る。

ところが、タカミムスビの命《みこと》がオシホミミの命の妃たるヨロヅハタトヨアキツシヒメの父、ホノニニギの命の祖父、とせられてゐることを考へると、物語の上に於いてはこゝに理由があると見る外は無いが、それは外戚《ぐわいせき》が勢力を有《も》つてゐた時代の反映ではあるまいか。もう一歩進んでいふならば、さういふ時代に特殊の意図を以《もつ》て添加もしくは変改せられたのではあるまいか。独身隠神で子のあるべからざるタカミムスビの神（命）を、わざわざ物語の上に顕《あら》はしたのも、此の神が最初に天になり出でたといふ尊い神であるため、それによつて外戚の地位を重からしめるためであつたのかも知れぬ。もしかう考へることが許されるならば、それはおそらくは蘇我氏の権勢を振つてゐた時代の潤色ではあるまいか（『日本古典の研究』第三篇「神代の物語」）

天孫降臨を命じたのは、天孫アマテラスであるというよりも、もっとも尊い別天《ことあま》つ神として登場し身を隠したはずの外祖父タカミムスビであった、という記紀の記述に、津田は疑問を持つ。しかしこの問いに、津田はいささか戸惑い、たじろいでしまっている。「外戚の地位を重からしめる」ため、「推古朝の蘇我氏が権勢を振るっていた時代の潤色ではないか」と、彼は類推する。

しかし、自己の外孫を天皇、あるいは皇太子に就けるというようなことは、蘇我氏が権勢を振るっていた時代には行なわれていない。天皇が女帝であり外祖父が権力を握るのは、まさに『古事記』『日本書紀』が作られた時代なのである。藤原不比等が権勢を握っていた時代に初めて行なわれようとしていたのである。津田の鋭い懐疑の眼は推古天皇の御世には及んだが、『古事記』や『日本書紀』が作られた元明、元正の御世には及ばなかった。

『古事記』には、あたかも藤原不比等を思わせる神々、及び藤原氏の祖先神とされる神々が、天孫族の危機を救う神として活躍する。

藤原氏はもともと中臣《なかとみ》氏であった。だが、その祖先についてははっきりしない。中臣氏が中央の歴史においてはっきり現われるのは舒明《じよめい》天皇の御世、鎌足の父である中臣御食子《みけこ》が初めてである。御食子は、それまでの占いが鹿の骨を焼いて行なわれていたのに対し、亀の甲羅を焼いて行う亀卜《きぼく》をもって朝廷に仕えていたと思われる。御食子の時代に藤原氏が宮廷の中に入ったとしても、藤原氏を興隆させたのは藤原鎌足である。鎌足は稀代《きたい》の革命家であり、彼は天智天皇に近づいて大胆で精密なプログラムを立て、それを実行して蘇我氏を滅ぼした。その功績が認められ、内大臣になり、臨終の時に藤原の姓と「大織冠《たいしよつかん》」を授けられたのである。異例の出世といわねばならなるまい。

そして鎌足の後を継いだのが、鎌足の次男であり、天智天皇の子との噂《うわさ》のある不比等であった。鎌足死後の藤原氏は天智帝の子、大友皇子を擁護する立場にあり、壬申の乱当時十四歳であった不比等は、乱後、いささか「避くところ」があって田辺史《たなべのふひと》大隅《おおすみ》の家で養われたという。田辺史大隅は帰化系の身分の低い役人であったが、法律及び歴史に通じた人物であった。不遇な少年時代を送った不比等は、大隅の下で他日を期して必死で勉強に励んだのであろう。壬申の乱の功臣が幅をきかす天武時代にはいささか不遇であったと思われるが、持統天皇が即位するや、彼は取り立てられ、出世を重ねていく。

そして文武《もんむ》二年（六九八）に「藤原氏を名乗るのは不比等の子孫に限り、政治を司《つかさど》り、他の藤原氏は旧姓中臣氏に戻らせて、神事を司る」とする命が出た。これはまことに巧みに考えられた藤原氏の末永い繁栄を図る策である。

政治にはそれを支えるイデオロギーが必要である。不比等ほどイデオロギーの重要性を知っていた政治家は日本では他にいないのではあるまいか。イデオロギーすなわち「神の道」は藤原氏の一門である中臣氏に司らせ、「政治の道」は専《もっぱ》ら不比等の子孫の藤原氏が司る。このような政策を不比等は立てることによって、藤原氏は千年の繁栄を保つことができたのである。

以上のような背景を考えながら、記紀神話で活躍する重要な神々を考察することにしよう。

1、タカミムスビ（高御産巣日神）

「天地《あめつち》初めて発《おこ》りし時に、高天《たかあま》の原《はら》に成りませる神の名は天之《あめの》御《み》中主《なかぬし》の神。次に、高《たか》御産巣日《みむすひ》の神。次に神産巣日《かみむすひ》の神。この三柱の神は、みな独神《ひとりがみ》と成りまして、身を隠したまひき」と『古事記』の冒頭にある。

タカミムスビは、アメノミナカヌシ及びカミムスビと共に高天原に最初に現われた神である。続いて「葦牙《あしかび》のごとく萌《も》え騰《あが》る物によりて成りませる神の名は、宇摩志阿《うましあ》斯訶備比古遅《しかびひこぢ》の神、天之常立《あめのとこたち》の神」が現れ、「この二柱の神も、みな独神と成りまして、身を隠したまひき」という。このアメノミナカヌシ、タカミムスビ、カミムスビとウマシアシカビヒコヂ、アメノトコタチを「別天《ことあま》つ神《かみ》」と称するが、その中でも特に最初の三神こそもっとも尊い神々とされる。

そして次に成ったのが、クニノトコタチ、トヨクモノで、この二神も独神《ひとりがみ》であった。

さらに次に、ウヒジニ＝スヒジニ、ツノグヒ＝イクグヒ、オオトノジ＝オオトノベ、オモダル＝アヤカシコネ、イザナギ＝イザナミという男女のペア五対、十柱の神が生まれた。このクニノトコタチからイザナギ、イザナミまでを「神代七代《かみよななよ》」と称する。その最後に生まれたイザナギ、イザナミが国生みをするわけである。この国生みの場面でも、タカミムスビなどの別天つ神が活躍する。

イザナギとイザナミは国生みをするが、女神の方が先に声をかけたために「水蛭子《ひるこ》」、すなわち不具の子が生まれた。それでイザナギ、イザナミは別天つ神のいる高天原に参って指示を請《こ》うた。別天つ神は占いにもとづいて、「女が先に言葉をかけるのはよくない。もう一度降って、やり直せ」と命じる。イザナギとイザナミはもう一度地上に降って、別天つ神の命令に従って男神が先に声をかけ、男神の「成り成りて成り余れる処《ところ》」を女神の「成り成りて成り合はざる処」に塞《ふさ》いで、無事国生みをし、日本の島々及びそこにいる神々を生んだとされる。ここでもタカミムスビは、アメノミナカヌシやカミムスビと共に、大きな仕事をしている。

さらに、天孫族にとって重大なことといえば、アマテラスが天の石屋戸《いわやと》に隠れたこと、国譲り、天孫降臨の三つであろうか、それらの際にもタカミムスビは必ず登場している。石屋戸に隠れた時に、手柄を立てたのはオモイカネであり、そこにタカミムスビはオモイカネの父として名を出すのみであるが、国譲りと天孫降臨においては主役を務めている。

最初、アマテラスは、自らの長子であり太子であるマサカツアカツカチハヤヒアメノオシホミミを「豊葦原《とよあしはら》の千秋の長五百秋《ながいほ》の水穂の国」、すなわち日本の国に天降らせようとするが、そこには荒ぶる神がいて大変乱れていた。そこでアメノオシホミミは高天原へ帰り、その様子を報告した。神々が「天の安の河」の河原に集まり相談したところ、オモイカネが「天《あめ》の菩比《ほひ》の神、これ遣はすべし」という。こうしてアメノホヒは天降り、荒ぶる神、すなわちオオクニヌシのもとに遣わされた。ところがこのアメノホヒはオオクニヌシにおもねって、三年の間、高天原に復命しなかった。そこでまたタカミムスビを中心に神々の相談が行われた。今度はオモイカネが、「天津国《あまつくに》玉《たま》の神の子、天《あめ》の若日子《わかひこ》を遣はすべし」といった。それでアメノワカヒコを遣わすが、ワカヒコもまたオオクニヌシの娘、シタデルヒメを娶《めと》って、八年に至るまで復命しなかった。いよいよ困って、またアマテラス、タカミムスビを中心に神々の会議が開かれた。この時もオモイカネが「雉《きぎし》、名は鳴女《なきめ》を遣はすべし」といったので、雉の鳴女を遣わしたところ、アメノワカヒコはその雉を射殺してしまう。その雉を射殺した矢が天に上り、タカミムスビのところに届けられた。その矢を見てタカミムスビは、もし、天の若日子、命を誤たず、悪《あ》しき神を射つる矢の至《きた》りしならば、天の若日子に中《あた》らざれ。もし、邪《きたな》き心あらば、天の若日子、この矢にまがれ（反逆心があるのなら、この矢に当たって死ね）（『古事記』上巻）

といって、ワカヒコを射殺す。タカミムスビは、アメノワカヒコを矢で射殺すような武力の神でもあった。

このように、この国を天つ神の子孫、ニニギに譲れという天つ神の意思を伝える使いの不首尾が重なり、神々がさらにオモイカネに相談すると、オモイカネはまず「伊《い》都之尾羽張《つのをははり》の神、これ遣はすべし」といって、イツノオハバリに使者の任を命じた。だが、イツノオハバリは「恐《かしこ》し。仕へまつらむ。しかれども、この道には、あが子建御雷《たけみかづち》の神を遣はすべし」と答えた。それでこのタケミカヅチが出雲に降って、オオクニヌシに国譲りを強要する使者となる。

タケミカヅチの交渉は成功し、オオクニヌシはこの国をニニギに譲り、自らは「黄《よ》泉《み》の国」の支配者となり巨大な神殿に祀《まつ》られることを条件にして身を隠す。そしていよいよ天孫降臨が始まる。

この御子は、（アメノオシホミミが）高木の神の女《むすめ》、万幡豊秋津師比売《よろづはたとよあきづしひめ》の命に御《み》合《あ》ひまして、生みたまへる子で、天《あめ》の火明《ほあかり》の命《みこと》。次に、日子番能邇邇芸《ひこほのににぎ》の命の二柱ぞ。ここをもちて、白《まを》したまひしまにまに日子番能邇邇芸の命に詔科《みことおほ》せて、「この豊葦原《とよあしはら》の水穂《みづほ》の国は、いまし知らさむ国ぞ、と言依《ことよ》さしたまふ。かれ、命のまにまに天降《あまくだ》るべし」（『古事記』上巻）

この「高木の神」ことタカミムスビの娘、ヨロズハタトヨアキツシヒメと、アマテラスの子、アメノオシホミミの間に二人の子が生まれた。一人はアメノホアカリで、もう一人はヒコホノニニギである。どういうわけか、その次男の方がアマテラス、タカミムスビの意にかない、この皇孫を「豊葦原の水穂の国」に降すことになった。そしてアメノコヤネ、フトダマ、アメノウズメ、イシコリドメ、タマノヤというアマテラスの天の石屋戸隠れの時に手柄を立てた五柱の神をお供として天降らせた。

この天孫降臨でも、実質的な命令者はアマテラスよりタカミムスビであった。では、このようなタカミムスビをどう考えればよいか。私には、タカミムスビは外祖父として首皇子《おびとのみこ》、すなわち聖武帝を皇位に就かせようとする、不比等にあまりにもよく似ているように思われてならない。

では次に、タカミムスビの息子であるオモイカネについても見ていくことにしよう。

2、オモイカネ（思金神）

この神も古い由緒《ゆいしょ》を持つ神ではなく、『古事記』制作者が作り上げた架空の神のように思われる。その名の通り、オモイカネは、聖徳太子のような深い思慮を持った神であるといえよう。しかし何よりこの神の知力は、抽象的思弁を弄《ろう》するより具体的政策を企画し実行することに発揮される。先に述べたように、アマテラスが天の石屋戸に隠れてこの世が真っ暗になった時、アマテラスを石屋戸から引き出す策謀を考えたのがオモイカネであった。

「常世《とこよ》の長鳴鳥《ながなきどり》」を集めて鳴かしめて、イシコリドメに鏡を、タマノヤに勾玉《まがたま》を作らせ、アメノコヤネ、フトダマに鹿の肩の骨で占いをさせ、そして「天《あま》の香山の五百《いほ》つ真《ま》賢木《さかき》」を引き抜いて上の枝に「八《や》尺《さか》の勾玉」、中の枝に「八《や》尺鏡《あたのかがみ》」、下の枝に「白い和幣《にきて》（神に供える布）、青い和幣」をつけて、アメノコヤネに祝詞《のりと》を読ませ、アメノタヂカラオに天の石屋戸の陰に隠れさせて、アメノウズメにストリップまがいの踊りを踊らせた。その「胸乳《むなち》掛《か》き出《い》で、裳《も》緒《ひも》をほとに忍《お》し垂れ」た踊りに、八百万《やおよろず》の神々は大いに笑った。アマテラスは、自分が石屋戸に隠れて世界が真っ暗になったはずなのに、何ゆえに八百万の神々が笑っているのかと思って、そっと石屋戸を開け、少しだけ天の石屋戸を出ると、待っていたかのようにアメノタヂカラオが天の石屋戸を開けて、アマテラスを引き出した。

オオクニヌシの国譲りの際に、その派遣のメンバーを考えたのもオモイカネであった。ただ、オモイカネの進言は、必ずしもすべて成功したとは限らない。アメノホヒ、アメノワカヒコの派遣は失敗であった。しかしタケミカヅチの派遣は成功であり、タケミカヅチは見事に「この国を天孫ニニギに譲れ」という強い天つ神の意思をオオクニヌシに伝え、オオクニヌシを引退に追い込んだのである。オモイカネはアマテラスを石屋戸から引き出すと共にオオクニヌシの国譲りをさせた最大の功労者といってよいであろう。

さらに、オモイカネは、天孫降臨についても手柄を立てた。天孫降臨の命令者はアマテラスとタカミムスビかもしれないが、綿密な計画を立てたのはオモイカネである。また天孫降臨の時に、「思金の神は、前の事を取り持ちて政《まつりごと》せよ」といわれたとある。そしてオモイカネはアマテラスと共に「さくくしろ伊須受《いすず》の宮」、つまり伊勢の皇大神宮（内宮）に祀られている。オモイカネはアマテラスと甚だ親しく、アマテラスと同居し、永遠にアマテラスの政治を助けているかのようである。

オモイカネとは、いかなる神であろうか。私には、オモイカネはあまりにも藤原不比等によく似ているように思われる。不比等は、父鎌足に似て甚だ緻密《ちみつ》な頭脳の持ち主であり、周到な政治計画を立て、それを実行に移す行動力も十分持っていた。

光明皇后をモデルにしたといわれる十一面観音を本尊とする奈良の法華寺《ほっけじ》に、「維《ゆい》摩《ま》居《こ》士《じ》坐像」がある。この像は、古来から不比等の像だといわれている。まことに思慮深げな相を持った美男子である。上山春平氏は、「法華寺は平城の都の東北、不比等の家のあった場所に建てられている。そのような場所に建てられた光明皇后ゆかりの寺に不比等を思わせる維摩居士の像があるのも故《ゆえ》あることではないか」という。不比等がはなはだ優れた政治家であることは論を待たない。彼は聖徳太子の始めた日本の律令国家への道を見事に完成させた。しかし不比等はそれと共に、藤原氏の子孫の末長い繁栄を図る策略を律令制完成の仕事に密《ひそ》かに忍び込ませたのである。『古事記』において、不比等は、あるいはタカミムスビとして、あるいはオモイカネとして現れているように思われる。外祖父としての面はタカミムスビとして、緻密な政策立案者としての面はオモイカネとして。

古来、不比等の像だとされる「維摩居士坐像」 法華寺蔵　撮影＝植田英介

『古画類聚』に描かれた藤原不比等像　東京国立博物館蔵　写真提供＝TNM Image Archives Source

3、タケミカヅチ（建御雷男神）

タケミカヅチの出生については、次のようにある。

> 御刀《みはかし》の前《さき》に著《つ》ける血、ゆつ石村《いはむら》に走《たばし》り就きて成りませる神の名は、石析《いはさく》の神。次に、根析《ねさく》の神。次に、石筒之男《いはつつのを》の神。次に、御刀の本に著ける血も、ゆつ石村に走り就きて成りませる神の名は、甕速日《みかはやひ》の神。次に、樋速日《ひはやひ》の神。次に、建御雷之男《たけみかづちのを》の神。亦《また》の名は建布都《たけふつ》の神。亦の名は豊布都《とよふつ》の神。次に、御刀の手上《たかみ》に集れる血、手俣《たなまた》より漏《く》き出でて成りませる神の名は、闇淤加美《くらおかみ》の神。次に、闇御津羽《くらみつは》の神

（『古事記』上巻）

タケミカヅチはイザナギがカグツチの首を斬った時、刀の根元についた血から生まれた神である。この神はもともと血腥《ちなまぐさ》い神であり、まさに武力の神なのである。

『古事記』では、タケミカヅチはイツノオハバリの子とされ、オモイカネから、「豊葦原の中つ国」を天孫ニニギに譲れという命令を伝える使者としてオオクニヌシの下に遣わされる。そして、タケミカヅチは期待通りその役目を見事に果たした。使者として出雲の国の稲佐《いなさ》の小浜《おばま》に降《くだ》った彼は、十拳《とつか》の剣の切先を上にして、柄を波頭に刺

し立てて、その剣の切先の上に胡坐《あぐら》をかいて座り、オオクニヌシに対峙《たいじ》した。その様子は不動明王の姿であり、ここにやはり仏教の影響があることは否定できない。そしてタケミカヅチは「豊葦原の中つ国を天孫に譲れ」とオオクニヌシを恫喝《どうかつ》する。オオクニヌシは「自分は答えることはできない。わが息子コトシロヌシに相談したい」と答える。そのときコトシロヌシは美保の岬で釣りをしていたが、オオクニヌシに呼び戻されて、タケミカヅチの前に出された。そしてコトシロヌシは、「恐《かしこ》し。この国は天つ神の御子に立て奉らむ」といって、国譲りに同意し、船を傾けて身を隠してしまう。

さらに、タケミカヅチがオオクニヌシに「まだかれこれいう子どもはあるか」と尋ねると、「タケミナカタという子がある」という。こうして名指しされた力自慢のタケミナカタであったが、いざタケミカヅチの手を取ろうとすると、その手は氷柱《つらら》に変わり、また剣の刃《やいば》と化した。逆にタケミカヅチがタケミナカタの手を取ろうとすると、それは萌《も》え出でたばかりの若い葦を手に取るようで、タケミナカタは易々《やすやす》とタケミカヅチに投げ飛ばされ、信濃《しなの》の諏訪《すわ》にまで逃げたという。これでもはや天孫の命令にかれこれいうオオクニヌシの子はいなくなった。オオクニヌシはこの国を天孫ニニギに譲ることに承諾して、自らは稲佐の海に身を隠した。

このようにタケミカヅチは、前代の支配者であるオオクニヌシから「豊葦原の中つ国」すなわち日本国の支配権を奪い取った大功績者であるが、いま一つ功績がある。

彼が仕えていたはずのニニギの曾孫《そうそん》にあたるイツセの末弟のカムヤマトイワレヒコ、すなわち神武天皇がイツセの死後、皇軍の指揮を執ることになり、熊野《くまの》に至った際に、大きな熊が出て、イワレヒコをはじめとして全軍が正気を失ってしまう。その時、タカクラジという者がひと振りの太刀を持ってきた。イワレヒコがその太刀を受け取ると、荒ぶる神は自ら切り倒されてしまった。その太刀はというと、実はタケミカヅチが自らの代りに降したものであった。タケミカヅチは、アマテラスとタカミムスビから「皇軍は難儀している。お前が降っていけ」という命を受けたが、彼は「私が降らなくても、太刀を降せばよいでしょう」と言って、タカクラジの倉に太刀を降した。とすれば、タケミカヅチは高天原でカムヤマトイワレヒコが東征する時まで生き続け、彼の軍を苦難から救い、大勝利を得させるという功績を立てたわけである。

タケミカヅチがどこに祀《まつ》られているかについては『古事記』には何も語られていないが、『日本書紀』には鹿嶋《かしま》に祀られる神とある。『日本書紀』では、国譲りの使者はフツヌシとタケミカヅチであるが、『古事記』では主にタケミカヅチ一人である。神《じん》護景雲《ごけいうん》二年（七六八）、鹿嶋にいたタケミカヅチは香取にいたフツヌシと共に上京し、中臣氏の祖先神であるアメノコヤネが伊勢《いせ》から来たヒメカミと共に春日《かすが》大社に祀られ、春日四神がそろう。春日大社創建は神護景雲二年とされるが、和銅二年（七〇九）という説もある。私は、すでに平城遷都《せんと》の時、春日大社の創建の計画が興福寺創建の計画と共に立てられていたのではないかと思う。平城京は東に興福寺と春日大社という大寺大社を抱え、この仏と神の加護によって藤原氏の政権は永遠の繁栄を得ようとしたものであろう。

タケミカヅチとフツヌシは、カグツチを斬った刀の血がゆつ石村にほとばしり着いて成った神であり、血腥い神である。これは藤原鎌足による蘇我入鹿《そがのいるか》殺害の話を思い起こさせる。タケミカヅチはどこかで藤原鎌足の一面を宿しているように思われる。藤原氏の祖先神がただ祭祀《さいし》のみを司《つかさど》るアメノコヤネだけでは困る。人を殺した刀の血から生まれた血腥いタケミカヅチとフツヌシもまた、藤原氏の祖先神でなければならないのである。

4、アメノコヤネ（天児屋根命）

アメノコヤネは間違いなく藤原＝中臣氏の祖先神である。そのアメノコヤネがもっとも活躍したのは、スサノオの乱暴に腹を立てたアマテラスが天の石屋戸に隠れた時である。太陽神であるアマテラスが天の石屋戸に隠れることによって世界は真っ暗になり、万《よろず》の災いが巻き起こった。この石屋戸に隠れたアマテラスを引き出す妙案を考えたのはオモイカネであったが、それを実行したのはアメノコヤネをリーダーとする、神事を司る神々であった。

アマテラスを天の石屋戸から引き出す神事の主役は明らかにアメノコヤネで、その援助者は忌部《いんべ》氏の祖先であるフトダマで、神々たちはアメノコヤネ及びフトダマの命に従って、各々《おのおの》その役割を果たした。

このようにアメノコヤネはアマテラスを石屋戸から引き出す時に大きな功績を立てたばかりか、天孫降臨の時に「五つの伴《とも》の緒《お》」の神の長としてニニギと共に天降ったとある。しかし藤原＝中臣氏はどんなに贔屓目《ひいきめ》に見ても、せいぜい舒明《じょめい》朝の御世に朝廷に仕えた御食子《みけこ》の時代に初めて歴史に姿を現したにすぎない。しかしその後、中大兄皇子《なかのおおえのおうじ》と共に蘇我入鹿を宮廷において殺し、蘇我氏を滅ぼして、中大兄皇子すなわち天智天皇の御世をもたらした天才政治家、藤原鎌足が現れ、一挙に成り上がった氏族なのである。そのような氏族がアマテラスの石屋戸隠れ及び天孫降臨の時に活躍するはずがない。これは明らかに、神話偽造、歴史偽造といわざるを得まい。

しかし、おそらく『古事記』はもちろん、『日本書紀』もあまり読まれることはなく、藤原氏以外の古い歴史を持つ豪族は長い間、この歴史の偽造に気づかなかったようである。ようやく大同二年（八〇七）になり、斎部広成《いんべのひろなり》が『古語拾遺《こごしゅうい》』を書き、その歴史の偽造を鋭く告発する。彼は「全《すべ》て宮廷の神事は忌部氏の下で行なわれていたが、天智帝の頃から中臣氏が神事に関わるようになり、現在は中臣氏一族が国家の神事を独占するに至った」と政府に訴えたのである。だが、時の政府もまた藤原氏の支配するところであり、このような広成の訴えが聞き入れられなかったのは当然であった。

このように『古事記』では、外祖父であり、権謀術数にすぐれた卓越した藤原不比等を思わせる神々及び藤原氏の祖先神、あるいは新たに祖先神とされる神々がもっぱら活躍するわけであるが、『日本書紀』においてはどうであろうか。『日本書紀』には本文の他に一書の説が引用されているが、やはり本文を重視すべきであろう。『日本書紀』の本文を『古事記』と比較するとき、以下の四つの相違点がある。この相違点は『古事記』と『日本書紀』の関係及びその二つの書の性格の違いを示しているといえよう。

『日本書紀』における神々の系譜は、『古事記』の系譜とほぼ同じである。それは和銅五年（七一二）に、元明天皇の勅によって朝廷で作られた歴史書『古事記』においてもっとも重要な部分であった神々の系譜が、養老四年（七二〇）に作られた公《おおやけ》の歴史書『日本書紀』においても、ほぼ継承されていることを示すものであろう。ただし、多少の違いがある。

一、神代《かみよ》七代《ななよ》の違い

『古事記』では、最初にアメノミナカヌシ、タカミムスビ、カミムスビの三神が現れたが、この三神は皆、独神《ひとりがみ》として身を隠したとある。次にウマシアシカビヒコヂ、アメノトコタチの神が現れたが、やはり独神として身を隠している。この五神を別天《ことあま》つ神という。

次にクニノトコタチ、トヨクモノの独神二神、及びウヒジニ＝スヒジニなどの男女ペアの五代の神々が現れ、それを合わせて神代七代というのも、先に述べたとおりである。

しかし『日本書紀』の本文では、アメノミナカヌシ、タカミムスビ、カミムスビの三柱の神をはじめ、別天つ神が、まったく登場しない。そして最初に現れるのは、クニノトコタチ、クニノサツチ、トヨクモノの三神であり、次にウヒジニ＝スヒジニ、オオトノジ＝オオトノベ、オモダル＝カシコネ、イザナギ＝イザナミの男女ペア八神が現れたという。

これはアメノミナカヌシ、カミムスビとともに最初に現れ、もっとも尊い別天つ神とされる独神としてタカミムスビは身を隠したはずなのに、アマテラスの石屋戸隠れのときに、再びオモイカネの父として登場し、国譲り及び天孫降臨のときに天孫ニニギノミコトの外祖父として、アマテラスとともに、いやアマテラス以上に最高権力者として力を振るうという不合理を避けるためであろう。

ちなみにアメノミナカヌシとカミムスビは『日本書紀』の第四の一書において語られているのみである。しかし、タカミムスビは第八段の第六の一書に突然、オオクニヌシとともに「葦原の中つ国」すなわち日本国をつくったスクナヒコナの父として現れている。

ここでタカミムスビは、スクナヒコナがどういう神かという問いに対して「吾が産みし児《こ》凡《すべ》て一千五百座《ちはしらあまりいほはしら》有り。其《そ》の中に一《ひとり》の児最悪《いとつら》くして、教養《をしへごと》に順《したが》はず。指間《たま》より漏《く》き堕《お》ちにしは、必ず彼ならむ。愛《めぐ》みて養《ひだ》せ」と答えたという。これは『古事記』における、スクナヒコナはどういう神かという問いに答えたカミムスビの「こは、まことにあが子ぞ。子の中にあが手《て》俣《また》よりくきし子ぞ」という言葉をタカミムスビの言葉として転用したものであろう。

しかしここで、タカミムスビの生んだ子は「一千五百座《ちはしらあまりいほはしら》」あるという。まさに超現実的な神といえよう。このタカミムスビが、後に国譲りと天孫降臨の場面で、天孫ニニギの外祖父として、アマテラス王朝の権力者として登場する。これはこの超現実的神の性格とは、全く矛盾する。

二、三貴子の誕生

『古事記』において、アマテラス、ツクヨミ、スサノオが生まれるまでの経緯は、以下のようである。まずイザナギ、イザナミが国生みをし、最後に火の神、カグツチを生んで、イザナミは黄泉《よみ》の国へ行く。イザナギは黄泉の国のイザナミを訪ねるが、黄泉の国は真っ暗で、イザナミが「自分を見ないでほしい」と言ったのに、イザナギは約束を破ってイザナミを見てしまい、その体に蛆虫《うじむし》が集まっているのに驚き、黄泉の国から逃げ帰ってくる。そして日向の橘《たちばな》の小門《おど》の阿波岐原《あはきはら》で禊《みそぎ》をしてその体を清めるが、そこで最後に生まれたのが、三貴子といわれるアマテラス、ツクヨミ、スサノオであった。

ところが、『日本書紀』ではこの三貴子の禊による誕生譚《たん》が語られるのは、第六の一書のみであり、本文では、国生みの最後に、自然にアマテラス、ツクヨミ、スサノオの三神が生まれている。

『古事記』は禊・祓《はら》いの神道思想によって書かれている。つまりアマテラスなどの三貴子は禊によって生まれ、スサノオは祓いによって追放される。禊・祓いの習慣は古くから日本にあったが、禊・祓いの神道が日本神道の中心になったのは天武・持統時代においてであると思う。その思想は中臣祝詞《なかとみのよごと》といわれる大祓の祝詞によってはっきり示される。この『古事記』と『日本書紀』の違いは、『古事記』は全く禊・祓いの神道によって書かれているのに対し、『日本書紀』は合理主義をとる。『日本書紀』では、禊・祓いによって三貴子が生まれるのはあまりに不合理なことであるので、その説をとらなかったからであろう。

三、オモイカネとタカミムスビ

『古事記』は、天孫族の再三の危機において、緻密《ちみつ》な政策を考えてその危機から救ったのはもっぱらオモイカネであると語り、オモイカネの功績を高く評価する。しかし『日本書紀』においては、オモイカネはアマテラスの石屋戸隠れのときには活躍するが、国譲り及び天孫降臨のときには全く登場しない。

『日本書紀』の本文では、国譲りや天孫降臨を指揮するのはもっぱら外祖父のタカミムスビである。『古事記』においては、多くの場合はアマテラスとタカミムスビが協力し、限られたときにのみタカミムスビが主たる命令者となる。ところが、『日本書紀』の本文では、国譲りや天孫降臨のときの命令者は、もっぱらタカミムスビである。

オモイカネはいかにも藤原不比等を思わせるので、『日本書紀』ではオモイカネの活躍をアマテラスの石屋戸隠れのときに限り、その代わり外祖父であるタカミムスビの権力をより強いものにしたのであろう。

四、オオクニヌシの話の消失

『古事記』においてはオオクニヌシの国づくりの話が詳しく語られる。オオクニヌシは多くの兄弟をもち、父の王朝において甚だ卑《いや》しめられた存在であった。そこでは、オオクニヌシがどのようにいじめられ、そのたびごとにオオクニヌシを愛する女性の力でその苦難を乗り越えたかが語られている。

そして、いったん死に、黄泉の国にいるスサノオのところへ行き、そこでも苦難を経験するが、スサノオの娘のスセリビメに助けられる。黄泉の国から帰ったオオクニヌシは甚だ強いヤチホコノカミとなり、多くの兄弟神を殺し、越のヌナカワヒメをも征服して、オオクニヌシすなわちその名の通り「葦原の中つ国」という大国の支配者になる。

この話が『日本書紀』では、ほぼ全部落ちている。『古事記』は文字通り「ふることぶみ」であり、アマテラスの石屋戸隠れや国譲りや天孫降臨のときに活躍した神を藤原氏に都合のいい神々に書き換えた偽造こそ行ったが、それ以外の藤原氏に関係のない部分はほぼそのまま昔の伝承を語っているものと思われる。それに対し、公の歴史書である『日本書紀』では、そのように前代の王朝の話などを詳しく語る必要はなく、ただアマテラスとニニギを祖とする現在の王朝が前王朝から正式に日本国の支配権を受け継いだ政権であることを示せば十分であったのであろう。

また、『日本書紀』では、オオクニヌシを『古事記』のように六代の子孫とせず、スサノオの子としてしまっている。これは一つには、『日本書紀』は前後のつじつまを合わせる合理主義の立場をとり、スサノオの六代の子孫であるオオクニヌシがアマテラスの孫であるニニギに国を譲るという、時間的不合理を避けるためであろう。しかし『日本書紀』の二つの一書でも、オオクニヌシがスサノオの六代の子孫であると語られているように、やはりオオクニヌシはスサノオの六代の子孫であったのであろう。

五、国譲りの使者の違い

『古事記』において、オオクニヌシに国譲りを行なわせた使者は主にタケミカヅチであった。ところが、『日本書紀』本文においてはこの主なる交渉の使者はフツヌシで、タケミカヅチは副使者の役割を果たすにすぎない。

この違いは『古事記』『日本書紀』の性格を考えるときに、まことに重要である。『古事記』はあくまで秘書であり、そこには藤原氏の政権奪取の意図が露骨に語られている。だから、国譲りの主な使者を、鹿嶋において藤原氏がひそかに祀《まつ》っているタケミカヅチにした。しかし、『日本書紀』本文では国譲りの主なる使者はフツヌシで、タケミカヅチは副使者としているのはなぜであるか。フツヌシといえば物部《もののべ》氏の氏神、石上神宮《いそのかみ》に祀られるフツノカミを思い出させる。フツヌシも物部氏の神の匂《にお》いがする。おそらく、国譲りの話にもっとも活躍した神は物部氏の神であるフツノカミであるという伝承が、古くからあったのであろう。しかし物部の神らしいフツヌシを不比等は春日四神の一神として取り込んでしまったのである。

このように『古事記』『日本書紀』には多少の違いがあるが、記紀神話において活躍する神々は全《すべ》て不比等を思わせる神か、春日四神として藤原氏の氏神になった神である。そのような神々が神代に活躍したとはとても考えられない。

先に述べたように、『日本書紀』についてはすでに上山春平氏の『埋もれた巨像国家論の試み』という著書があり、『日本書紀』が、中国の革命肯定の哲学に対して日本における革命否定の哲学として、藤原不比等によって作られたことが指摘されている。上山氏は私とともに不比等論を追究してきた哲学者であり、その思想には私の書いた『神々の流竄』とほぼ重なる部分がある。

また上田正昭氏は、『日本書紀』は名目上は舎人《とねり》親王の撰《せん》となっているが、実際に撰集したのは藤原不比等である可能性が高いことを主張している。学識豊かで慎重な上田氏が、多くの歴史家の通説に反してこのような主張をするのは勇気あることであると私は思う。

しかし両氏のいうように、『日本書紀』の撰集に不比等が深くかかわっているとすれば、『日本書紀』よりも藤原氏の意図が強く込められた神話が記されている『古事記』には、いっそう不比等の手が入っていることになる。

『古事記』撰集に従事したのは、稗田阿礼《ひえだのあれ》と太安万侶《おおのやすまろ》のみである。『古事記』の「序」において、太安万侶は「稗田の阿礼が誦《よ》める勅語《みことのり》の旧辞を撰録して献上《たてまつ》らしむ」とある。この言葉を素直に読めば、『古事記』は、稗田阿礼が口述したものを太安万侶が書きとめ、それを読むに堪える文章にしたものであると考えられる。

太安万侶は壬申《じんしん》の乱で大功績を立てた多品治《おおのほむじ》の息子であり、多氏としては異例の出世を遂げた人物である。彼は『続日本紀』に、慶雲《けいうん》元年（七〇四）、正六位下から従五位下になり、和銅四年（七一一）、正五位下から正五位上になり、和銅八年（七一五）、正五位上から従四位下になったとある。また霊亀《れいき》二年（七一六）、氏長《うじのかみ》を拝命した。そして養老七年（七二三）七月七日には「民部卿従四位下太朝臣安麻呂《おおのあそみやすまろ》卒」とある。太安万侶については多少の謎《なぞ》があったが、昭和五十四年（一九七九）一月二十日、奈良市此瀬《このせ》町の茶畑から太安万侶の遺骨と墓誌が発見され、その銘に、

左京四条四坊従四位下勲五等太朝臣安万侶以癸亥年七月六日卒之
養老七年十二月十五日乙巳

とあった。ここに太安万侶の死んだ日は七月六日とあり、『続日本紀』の七月七日とは一日の違いがあるが、ほぼ一致する。またそこに「勲五等」とある。勲五等については『続日本紀』には記されていないが、『古事記』序の終わりにある「和銅五年正月廿八日　正五位上勲五等太朝臣安万侶」という記述と一致する。

墓は大宝の喪葬令《そうそうりょう》に「凡《ソ》皇都及《ビ》大路《ノ》近辺《ニ》、並《みな》不《レ》レ得二葬埋《スルコト》一」（皇都の条）とある規定によって奈良市の東部に営造されている。また、通常、公墓を営むことのできるのは三位以上とされていたのに、安萬侶の場合、従四位下でも営墓されたのは、「凡《ソ》三位以上及《ビ》別祖氏宗《ハ》、並得《う》レ営《ムコト》レ墓《ヲ》」（喪葬令、三位以上の条）とあるように、安萬侶が氏宗（霊亀二年〈七一六〉九月二十三日、氏長《うじのかみ》を拝命する）であったことによる。この定めによる公的な――薄葬令に基づく簡素な――営墓であり、また、墓誌が作成されたのも、「凡《ソ》墓《ハ》皆立《テ》レ碑《ヲ》、記《セ》二具《つぶさニ》官姓名之墓《ト》一」（喪葬令、立碑の条）とあるのに準じたものである（『古事記』新潮日本古典集成「解説」）

この奈良市此瀬町の茶畑で発見された墓誌が、『古事記』撰集に参加した太安万侶の墓誌であることは間違いない。太安万侶が異例の昇進を遂げたのは、藤原不比等が政権の中心にいた時である。安万侶が正五位下から正五位上に昇進した和銅四年四月七日は、安万侶に『古事記』撰集の命が下った和銅四年九月十八日の五か月ほど前である。そして彼が正五位上から従四位下に昇進したのは和銅八年で、『古事記』撰集の功績によるものであると考えられる。そして霊亀二年、氏長を拝命し、それによって三位以上にしか許されない公墓を営むことが許される。それは、『古事記』撰集の仕事を終え、『古事記』に記された歴史観をもとにして、舎人《とねり》親王を名目の長とし、実質上の長を藤原不比等とする公的な日本最初の歴史書『日本書紀』撰集の事業における彼の労を期待したものであるとも考えられる。

このように墓誌の発見によって太安万侶という人物の存在が確定され、彼が『古事記』及び『日本書紀』撰集に功績を立てた、藤原不比等の寵臣《ちょうしん》の一人であったらしいことがほぼ明らかになった。しかし、安万侶に、国家の歴史書の中に藤原氏の政権独占への意思を強く盛り込む神話を作る意思や権限があったとは思われない。『古事記』序にあるように、これは「稗田阿礼が誦んだ旧辞」すなわち稗田阿礼が語った昔物語を書きとめた書物にすぎないのである。藤原氏の政治的意思を露骨に表現しているような昔物語を語ったのは、間違いなく稗田阿礼であった。このような物語を語ろうとする強い意思をもっているのは、藤原氏の権力者であろう。言うまでもなく、この時代の藤原氏の権力者は藤原不比等である。ここにきて稗田阿礼は藤原不比等と重なり、阿礼は不比等ではないかという疑いが生じるのである。

私はかつて『神々の流竄』において、稗田阿礼は不比等であるという説を述べた。しかしこれは、『隠された十字架』の「法隆寺=聖徳太子鎮魂」説や『水底《みなそこ》の歌』の

「柿本人麻呂＝流罪刑死」説のようには多くの人の支持を得ていない。それは、この説は、出雲神話はヤマトにある神話が出雲に仮託されたものであるというこの著で私が強く否定する誤謬《ごびゅう》と結びついていたばかりか、稗田阿礼を身分の低いアメノウズメの子孫であるとする本居宣長に始まる通説に対する批判が欠けていたことにもよろう。

先に述べた通り、私は旧著『神々の流竄』において、稗田阿礼＝藤原不比等論を提出したが、その論証は不完全であったといわねばならない。なぜならば、そこには現代のほとんどの『古事記』研究者が多かれ少なかれ採用している『古事記伝』における本居宣長の説に対する批判が欠如しているからである。それゆえここでは、太安万侶によって書かれた『古事記』序文をしっかり読み、それを本居宣長がどう解釈したか、そしてその解釈が正しいかどうかを徹底的に吟味しなければならない。

『古事記』序は前半と後半に分かれる。前半は、和文調で書かれた『古事記』の内容を漢文によって見事に要約している。そして後半は、『古事記』編集の歴史的事情を述べているが、天武天皇の徳が口を極めて褒められた後に、次のような文章がある。

是《ここ》に天皇詔《の》りたまひしく、「朕《われ》が聞けらく、『諸家の賷《もた》る帝紀及び本辞、既に正実に違《たが》ひ、多く虚偽を加ふ』ときけり。今の時に当たりて、其《そ》の失《あやまり》を改めずは、未だ幾年《いくばくのとし》をも経ずして、其の旨《むね》滅びなむとす。斯《こ》れ乃《すなは》ち邦家の経緯、王化の鴻基《こうき》なり。故惟《かれこ》れ帝紀を撰録し、旧辞を討覈《たうかく》して、偽りを削り実《まこと》を定めて、後の葉《よ》に流《つた》へむと欲《おも》ふ」とのりたまひき。時に舎人《とねり》有り。姓《うぢ》は稗田《ひえだ》、名は阿礼《あれ》、年はこれ廿八。人と為《な》り聡明にして、目に度《わた》れば口に誦《よ》み、耳に払《ふ》るれば心に勒《しる》す。即ち阿礼に勅《ちよく》語《ご》して、帝皇日継《すめらみことのひつぎ》及び先代旧辞《さきつよのふること》を誦《よ》み習はしめたまひき。然れども運移《とき》り世異《かは》りて、未だ其の事を行ひたまはざりき（『古事記』序）

また、元明天皇の徳が口を極めて褒められた後に次のような文章がある。

旧辞の誤り忤《たが》へるを惜しみ、
先紀の謬《あやま》り錯《まじ》れるを正したまはむとして、
和銅四年九月十八日をもちて、臣安万侶に詔《みことのり》して、
「稗田の阿礼が誦《よ》める勅語《みことのり》の旧辞を撰録して献上《たてまつ》らしむ」（『古事記』序）

この二つの文章から、宣長は次のように推論する。

かくて彼清御原朝《ミカド》御世に、誦習《ヨミナラ》ひおきつる帝紀旧辞は、此人の口にのこれるを、今安万侶朝臣に詔命《オホミコト》仰せて、撰録《エラビシルサ》しめ賜ふなり、（略）此記は本彼清御原宮御宇天皇の、可畏《カシコ》くも大御親撰《オホミミヅカラエラ》びたまひ定《サダ》め賜ひ、誦たまひ唱《トナ》へ賜へる古語にしあれば、世にたぐひもなく、いとも貴《タフト》き御典《ミフミ》にぞありける、然《サ》るは御世かはりて後、彼御志紹《ツギ》坐御挙《ミシワザ》のなからましかば、さばかり貴き古語も、阿礼が命《イノチ》ともろともに亡《ウセ》はてなましを、歓《ウレシ》きかもおむかしきかも、天神国神の霊幸《ミタマチハ》ひ坐て、和銅の大御代に此御撰録《ミエラビ》ありて、今の現《ヲツツ》に此御典《ミフミ》の伝はり来つることよ、物学《モノマナ》びせむ人頂《イナダキ》に捧持《ササゲモチ》て、天神国神、又二御代の天皇尊《スメラミコト》、【天武元明】又稗田老翁《ヲヂ》、太《オホノ》朝臣の恩頼《ミタマノフユ》を莫忘《ナワスレ》そね（『古事記伝』二之巻）

つまり本居宣長は、天武天皇の御世に阿礼が天皇の命令によって誦習した「帝紀」及び「旧辞」と、元明天皇の御世に阿礼が安万侶に誦した「旧辞」とは全く同じものであると考え、『古事記』を天武天皇のお語りになった「古事記《ふるものがたり》」と考えるのである。本居宣長は、阿礼がいなかったならば、このような神典も現在まで伝わることがなかったろうと稗田阿礼を太安万侶とともに「稗田老翁《ヲヂ》、太《オホノ》朝臣の恩頼《ミタマノフユ》を莫忘《ナワスレ》そね」と褒め称《たた》える。

太安万侶は阿礼の語ったことを見事な文章にしたという点において功績があるが、それ以上に、約三十年前に天武天皇のお語りになった物語を記憶していてそれを語った稗田阿礼の恩を忘れるなというのである。

この『古事記』序の文章を読むと、確かに宣長のような解釈も可能であるかのように思われる。天武天皇は、

故惟《かれこ》れ帝紀を撰録し、旧辞を討覈《たうかく》して、偽りを削り実《まこと》を定めて、後の葉《よ》に流《つた》へむと欲《おも》ふ」とのりたまひき（『古事記』序）

といわれ、元明天皇も「旧辞の誤り忤《たが》へるを惜しみ、先紀の謬《あやま》り錯《まじ》れるを正したまはむ」といわれた。元明天皇が太安万侶に、天武天皇の事業を受け継いで、阿礼の語る「古事記」すなわち「ふるものがたり」を撰録せよといわれているかのようである。

ここに天武天皇の歴史書編集の事業と元明天皇の歴史書の事業の連続性が主張されている。宣長は、その二つの事業は連続しているというより全く同一の事業で、天武天皇が稗田阿礼に語られた「古事記《ふるものがたり》」を稗田阿礼が記憶していて、それをそっくりそのまま太安万侶に語り、太安万侶が筆記したと考える。

しかもそれらが二つとも勅語によって作られたとすれば、『古事記』は連続性とともに絶対的権威性をもつことになる。とすれば、宣長のような解釈も成り立たないことはない。宣長は阿礼の功績を称えているが、阿礼は結局、テープレコーダーのような役割を果たしたにすぎない。すでに天武天皇の末年には、柿本人麻呂歌集などにより、言葉を仮名交じりの漢文で表すことが進んでいるので、重要極まる天武天皇のお言葉をそのような仮名交じりの漢文で表す方がはるかに正確に伝えられると思うが、なぜに稗田阿礼なるしがない身分の人間の記憶に頼ったのであろうか。また、宣長は一応、「誦習」という言葉を、必ずしも読み易《やす》くない『古事記』の文章を声を出して読むことと解釈するが、結局、それを暗誦と考えるのである。阿礼は暗記力の怪物ということになる。このような疑問が当然生じるはずなのに、あれほど文献考証に厳しい宣長はその点を全く疑うことなく、「『古事記』は天武天皇自らがお語りになった神の典《フミ》」と断定する。そして、あれほど褒め称えた稗田阿礼を「稗田姓、姓氏録に見えず、【延佳本に弘仁私記序を引たるに、天鈿女命《ウズメノ》之後也と云り、】」という。

私は多くの『古事記』の解釈書を読んだが、この稗田阿礼がアメノウズメの子孫であるという説は、ほとんど全ての『古事記』研究者によって、あたかも疑うべからざる真理であるかのように採用されている。

本居宣長の「死後の門人」と称する平田篤胤《あつたね》は、稗田阿礼について次のようにいう。

阿礼《あれ》は実《まこと》に天宇受売命《あめのうずめのみこと》の裔《はつこ》にて、女舎人《ひめとねり》なると所思《おぼへ》たり。其《そ》は、舎人は、祝詞に刀禰《とね》男女《をめ》など有て、男《を》のみならず、女《め》にもいふ称《な》にて、上中下に亘《わた》りて、公に仕奉る者の総名《すべな》なればなり。さて女刀禰《ひめとね》ならむには、命婦また宮人など書《かく》べきに舎人と書れば、なほ男刀禰《をとね》なるべく、思ふも有べけれど、稗田氏にて、天宇受売命の裔《すゑ》なれば、女と言《いは》ざらむも、女なること、其世には分明《けやけ》き事なれば、通用《つねにもち》ふる字を書るならむ。然《さ》るは、天宇受売命の裔《はつこ》は、女の仕奉る例《ためし》なればなり。名のさまも男《を》とは聞えず

この阿礼＝女性説は、明治の国学者、井上頼圀《よりくに》によって復興され、柳田国男によって受け継がれ、彼の著書『妹《いも》の力』において確信をもって主張される。柳田国男は、次のようにいう。

古事記の伝誦者稗田阿礼が女だつたといふことは、故井上頼圀翁の古事記考に由《よ》つて、先《ま》づ明白になつたと言つてよいのだが、其後此問題を省みた人も聞かず、況《いはん》

やさうすると如何《いか》なる結論に達するかといふことを、考へて見た者も無さゝうに思はれる。しかも前代日本の社会に於ける女性の地位といふものは折々論ぜられて居る。随分と粗相《そさう》な又不用意な話ではあるまいか（『妹の力』「稗田阿礼」）

柳田国男は『古事記』を何ら政治性のない昔物語と考えていたので、このような昔物語の語り手として男性より女性の方がはるかに適当で、そのことが今まで論じられなかったことは「粗相な又不用意な話」であると彼はいうが、私は阿礼を女性として疑わない柳田国男がずいぶん粗相で不用意なのではないかと思う。

確かに阿礼がアメノウズメの子孫とすれば、ウズメ氏は「女の仕事」で宮廷に仕えた氏族であり、篤胤以下の論証はもっともであるが、『古事記』序にはっきりと「阿礼は舎人」とあるので、舎人は男性と考えねばならない。また、宣長説の拠《よ》り所となっている『弘仁私記《こうじんしき》』は太安万侶の子孫の多人長《おおのひとなが》が書いたとされるが、それははなはだ誤りの多い書で、『古事記』序の「時有舎人。姓稗田、名阿礼、年是廿八。為人聡明、度目誦口、払耳勒心。即、勅語阿礼、令誦習帝皇日継及先代旧辞」という文章を、「有舎人。姓稗田、名阿礼、年廿八。人謹恪、聞見聡恵、天皇勅阿礼使習帝王本紀及先代旧事」と引用している。これはまことに不正確な引用である。特に「聡明」を

「謹恪」とし、「目に度《わた》れば口に誦《よ》み、耳に払《ふ》るれば心に勒《しる》す」を「聞見聡恵」とするのは、ひどい誤りといわねばならない。このような本文すら誤りの多い書物の「注」が信頼できるであろうか。その「注」は誰が書いたかわからず、それは多人長以降の誰かが道聴塗説を記したものであろう。このような誤謬の多い『弘仁私記』の「注」を国学の大学者、本居宣長が不用意に引用することによって、この説は疑うべからざる真理となる。そして平田篤胤も宣長の説に拠りながら、宣長と違って阿礼を女性とする。さらにその説は、日本の歴史における「妹の力」を重視する柳田国男によって褒め称えられるのである。現代のほぼ全《すべ》ての『古事記』研究者は宣長のウズメ氏説を疑いなく信じるが、違うのは、宣長に従って男性とするか、篤胤に従って女性とするかだけである。

結局、宣長説は、(一)天武天皇が行なった歴史書編集の事業と元明天皇の行なった『古事記』撰集の事業は全く同じものである、(二)稗田阿礼はアメノウズメの子孫であるという二点に要約されるであろう。

一の説から反論しよう。天武天皇の歴史書編集の事業について、『日本書紀』の天武十年(六八一)三月十七日の条に記されている。

丙戌《ひのえいぬのひ》に、天皇、大極殿《おほあんどの》に御《おはしま》して、川嶋皇子《かわしまのみこ》・忍壁皇子《おさかべのみこ》・広瀬王《ひろせのおほきみ》・竹田《たけだ》王・桑田《くはた》王・三野《みの》王・大錦下上毛野君三千《だいきむげかみつけのきみみちぢ》・小錦中忌部連首《せうきむちういむべのむらじおびと》・小錦下《せうきむげ》阿曇連稲敷《あづみのむらじいなしき》・難波連《なにはのむらじ》大形《おほかた》・大山上中臣連大嶋《だいせんじやうなかとみのむらじおほしま》・大山下《だいせんげ》平群臣子首《へぐりのおみこびと》に詔《みことのり》して、帝紀《すめらみことのふみ》及び上古《いにしへ》の諸事《もろもろのこと》を記し定めしめたまふ。大嶋《おほしま》・子首《こびと》、親《みづか》ら筆を執りて以て録《しる》す（『日本書紀』巻第二十九）

このような天武天皇の歴史書編集の事業は、『古事記』撰集の事業とは大きく違う。その違いは、まず撰集のメンバーの違いである。天武天皇が重んじになった歴史書編集には、川嶋皇子、忍壁皇子の二人の息子、広瀬王、竹田王、桑田王、三野王の四人の王《おおきみ》、大錦下上毛野君三千、小錦中忌部連首、小錦下阿曇連稲敷、難波連大形、大山上中臣連大嶋、大山下平群臣子首などの由緒《ゆいしょ》ある身分出身の高官が名を連ねている。『古事記』序文にあるように、天皇親政を政治のモットーとした天武天皇は諸氏を公平に扱う真実の歴史書の編集を目指して、このような二人の親王、四人の王、及び六人の由緒ある家柄出身の高官に歴史書の編集を命じられたのであろう。

ところが『古事記』撰集に携わったのは稗田阿礼と太安万侶のわずか二人である。そして太安万侶は父、多品治が壬申の乱で功績を挙げて世に出た帰化系の出身であり、決して由緒ある身分の役人ではない。そしてもし稗田阿礼がアメノウズメの子孫で、誰一人として五位以上になったことのない猨女《さるめ》氏の出身であるとすれば、このわが国最初の歴史書編集の大事業に、皇子及び王はおろか一人も政府高官が参加していないことになる。もしそうとすれば、天武天皇のお命じになった歴史書編集の事業とわが国最初の歴史書である『古事記』編集はまったく異なった精神によって始められたものであることになる。

『古事記』が編集された翌々年、和銅七年（七一四）二月十日の『続日本紀』の記事に「従六位上紀朝臣清人《きよひと》、正八位下三宅臣藤麻呂に詔《みことのり》して、国史《くにつふみ》を撰せしめたまふ」とあるように、紀清人と三宅藤麻呂が『日本書紀』撰集の事業に参加したのであろう。また太安万侶が『日本書紀』撰集に参加したことは『弘仁私記』などにも述べられ、『古事記』と『日本書紀』との密接な関係を考えるとき、安万侶が『日本書紀』撰集にも関わったことは十分考えられる。

おそらく『日本書紀』は大宝律令と同じように、名目上は舎人親王を責任者とするが、実質的には藤原不比等を編集責任者として、そこに正五位上の太安万侶を中心とした多くは帰化系の歴史に詳しいすぐれた官人を集めて撰集されたものにちがいない。そこに、記紀の神代史において重要な役割を果たす大伴《おおとも》氏や物部《もののべ》氏や忌部《いんべ》氏などに属する高級官僚は誰一人として入っていなかった。物部氏である石上麻呂《いそのかみのまろ》はおそらく持統天皇の平城遷都《せんと》の後も持統天皇の愛し給《たも》うた藤原京にとどまっており、そして天武天皇の御代に歴史書編集の仕事に参加した忌部氏に属する有力な政治家、忌部子首《おびと》は出雲守《いずものかみ》に任命されて都を留守にし、彼の得意な歴史書編集の仕事が宮中でひそかに行われていたことは夢にも知り得なかった。奈良の都の政治は不比等の独壇場であったのである。

そして編集に携わる人間の違いとともにもっと重視すべきことは、天武天皇が撰集させようとした歴史書と『古事記』という歴史書の内容の違いである。

『古事記』及び『日本書紀』において編集者がもっとも力を入れたのは神代であったと思われる。何せ神代においては、諸氏族の祖先の功績がいろいろ語られる。この神代において功績のあった神の子孫は当然、元明天皇当時の律令社会においても高官に就くことが約束され、そこでまったく功績がないか、あるいは逆に天つ神の日本支配に対して敵となった神々の子孫は律令社会においてとても出世はおぼつかない。いわば超古代の神代記において、末永い子孫の栄枯盛衰が左右されたのである。

そこでは、藤原氏が独善的にアマテラス－ニニギ王朝の功労者とされていたわけである。これは諸氏のもっていた帝紀及び旧辞の誤りを正し、公平な帝紀及び旧辞を作れという天武天皇のお命じになった詔《みことのり》とは正反対の精神によって作られた歴史書といえよう。だが逆に、このような神代記を撰集するには、やはり藤原不比等という最大の権力者の下に知謀甚だ豊かな、主として帰化系の法律や歴史に詳しい下級官僚を集めた組織でなければ不可能であったろう。

このような二つの歴史書の内容の違いは、天武帝の御代と元明帝の御代とでは政治の実態が全く異なってしまったことから生じたのであろう。天武帝が目指したのは天皇親政の政治である。天武帝は持統皇后の産んだ草壁皇子《くさかべのみこ》を次の帝にしたいと考えられたが、その皇位を大津皇子《おおつのみこ》以下がしっかり助けるという天皇家絶対支配の政治を理想とされたようである。

しかし元明帝は、大宝元年（七〇一）に制定された「大宝律令」による政治を理想にされた。大宝律令は、中国の律令のように中書、門下、尚書の三省が独立して、皇帝がその三省を支配するという皇帝に絶対的支配権を与える政治形態ではなく、三省を太政官《だいじょうかん》に統合し、政治は太政官が行い、天皇には、太政官から送られた政策を承認したり否認したりする権利のみが与えられることをよしとする律令であった。そして太政官の中心に藤原氏がいるとすれば、大宝律令は藤原氏の独裁体制を合理化する律令であったといってよい。

321ページの表は、天武朝から聖武朝に到《いた》る「勅《ちょく》」「詔《しょう》」「制《せい》」及び、太政官の「奏《そう》」の数を表にしたものである。それによれば、天武朝は「勅」十二、「詔」五十、「詔」「勅」合わせて六十二である。その御代十四年一か月の間に六十二であるので、年平均約四ということになる。そして元明朝は「勅」八、「詔」三十二、合わせて四十である。その御代は八年二か月であるので年平均約五であり、天武帝の御代より元明帝の御代のほうが「詔」「勅」が少し多いが、ほぼ同数といえる。

ここで注意すべきは、「制」及び太政官の「奏」である。通常時に発せられるのが「詔」で、臨時に発せられるのが「勅」であり、「勅」と「詔」は、あまり違いはないと考えられる。しかし元明朝には、天武朝にはなかった「制」と「奏」が加わっている。これは太政官の意思が多く政治に入ってきたことを示す。「制」と「奏」が入るのは、大宝元年に「大宝律令」が制定されて以後である。そしてこのように太政官がほぼ絶対の権力を持つからには、「詔」も「勅」もむしろ太政官の意思を代弁するものとならざるを得ない。

このような政治体制においてなら、『古事記』のような、藤原＝中臣氏の祖先神などが、天皇家の祖先神であるアマテラスやニニギやカムヤマトイワレヒコの日本の支配に貢献したほぼ唯一《ゆいいつ》の神々とされる歴史書が作成されても何ら不思議はないのであ

天皇		勅して	詔して	制すらく	太政官(議)奏して
天武	即位前紀～天武元年12月(1年3月)	0	2	0	0
	天武2年正月～朱鳥元年9月(13年9月)	12	48	0	0
持統	称制前紀(生誕から即位までの記事)	0	2	0	0
	持統元年正月～持統11年8月(10年8月)	0	30	0	0
文武	即位前紀～文武4年12月(3年5月)	1	9	0	0
	大宝元年正月～大宝2年12月(2年)	5	2	1	0
	大宝3年正月～慶雲4年6月(4年6月)	3	11	1	2
元明	慶雲4年7月～和銅2年12月(2年6月)	5	6	4	0
	和銅3年正月～和銅5年12月(3年)	2	14	4	2
	和銅6年正月～霊亀元年9月(2年8月)	1	12	10	2
元正	霊亀元年9月～養老元年12月(2年4月)	1	8	6	0
	養老2年正月～養老5年12月(4年)	2	22	4	4
	養老6年正月～神亀元年正月(2年1月)	1	11	2	4
聖武	神亀元年2月～神亀3年12月(2年11月)	0	11	2	2
	神亀4年正月～天平2年12月(4年)	19	7	3	3
	天平3年正月～天平6年12月(4年)	6	7	4	4
	天平7年正月～天平9年12月(3年)	5	10	1	1
	天平10年正月～天平12年12月(3年)	5	9	0	0
	天平13年正月～天平14年12月(2年)	3	5	3	0
	天平15年正月～天平16年12月(2年)	5	6	0	1
	天平17年正月～天平18年12月(2年)	4	0	2	0
	天平19年正月～天平勝宝元年閏5月(2年6月)	6	6	1	1

天武朝から聖武朝までに出された勅・詔・制・奏の数

る。

『古事記』の権威性を主張するには、天武天皇の重んじになった歴史書編集との継続性が必要である。その継続性を証明するのは天武天皇が与えられた稗田阿礼に対する勅語のみである。そのような勅語が実際にあったかどうかは実証されない。それはただ阿礼の記憶のみにあり、阿礼が太安万侶にそのように語ったのかもしれない。とはいえ、天武天皇が稗田阿礼に勅語を与えられたという事実がなかったならば、歴史書撰集の継続性及び『古事記』の内容の正統性が保証されないことになってしまう。天武天皇が阿礼に与えた勅語があり、それに重ねて天武天皇が安万侶に与えた勅語があるということが、『古事記』の内容の正統性を保証するのである。

しかし先に述べたように、この二つの歴史書の撰集についてはそれぞれに携わったメンバーなどに大きな違いがあり、ただ歴史書撰集の仕事としては継続性があるといえようが、その内容にはまったく継続性がなく、『古事記』及び『日本書紀』は、天武天皇の歴史書撰集の精神を大きく逸脱したものといわねばならないであろう。

これで第一の宣長説は十分反論されたと思う。第二の説に移ろう。すでに私は、『弘仁私記』は太安万侶の子孫、多人長の手によるという説があるとしても、『古事記』序文を甚だ誤って引用しており、その文章は信用できない。まして「注」が誰によって書かれたかもわからず、それはただ巷間《こうかん》の説が記されているのみであると論じた。

稗田阿礼＝アメノウズメの子孫説は十分反論されたと思うが、私は、稗田阿礼を決して取るに足りない家柄の無位無官の人間であると考えることができない理由をいくつか挙げることにしよう。一つは、天武天皇が稗田阿礼に「帝紀」及び「本辞」を誦《しょう》習《しゅう》することを詔されたということである。ここに「詔」とあり、それは「勅」とほとんど同じである。それで本居宣長は『古事記』を天皇の自らお語りになった言葉であると解釈するが、大宝律令によれば、天皇から「勅」「詔」を賜ることのできるのは五位以上の官人である。天武時代にはまだ大宝律令は制定されていないが、飛鳥浄御《あすかきよみが》原令《はらりょう》が制定されていて、大宝律令と同じように「勅」および「詔」は五位以上の官人しか賜ることができないという規定があったに違いない。

また太安万侶が書いた『古事記』序には、阿礼のことが「人と為り聡明にして、目に度れば口に誦み、耳に払るれば心に勒す」と口を極めて褒められている。この序は元明天皇に捧《さ さ》げられたものであることを考えれば、稗田阿礼は元明天皇がよくご存知の、元明天皇と親しい人間であると考えねばならない。そして稗田阿礼は、太安万侶よりはるかに位の高い人間であると考えるのが自然である。天皇の全くお知りにならない、取るに足らないしがない氏族の人間を、このような最大の褒め言葉をもって天皇に推賞するというのは全くあり得ないことであるように思われる。

このようなことは、『古事記』序文を虚心なく読めば直ちに感じられる疑問であるが、研究者は宣長説に囚《とら》われ、このような疑問を持つ人がいない。

以上の私の論述によって、宣長説はほぼ完璧《かんぺき》に批判されたと思う。私が論じたように、天武天皇の御世の歴史書編集の事業と元明天皇の御世の『古事記』撰集には大きな断絶があり、そして稗田阿礼もアメノウズメの子孫の取るに足りない身分の人間ではないとしたならば、いったい稗田阿礼はいかなる人間であろうか。

『古事記』序において阿礼について語られるのは、「時に舎人《とねり》有り。姓《うぢ》は稗田、名は阿礼、年はこれ廿八。人と為り聡明にして、目に度れば口に誦み、耳に払るれば心に勒す」という文章のみである。まず阿礼が舎人であったということであるが、先に述べたように阿礼が天武天皇から勅を賜ったとすれば、阿礼はそのとき五位以上であったと考えねばならない。「舎人」にはいろいろあるが、その中で「内舎人《うどねり》」は三位以上の貴族の子弟しかなれない。稗田阿礼は内舎人であったことは間違いない。これについて私は、『神々の流竄』において次のように述べた。

舎人を地方出身者と考え、天武朝には地方官出身者による政治が行なわれたのではないかと考える人がある。先に引用した柳田国男も、舎人を低い官位と考えている。しかし私は、次のような事実に注目したい。武智麻呂《むちまろ》が、大宝元年（七〇一）、年二十二歳にして内舎人に任ぜられたという、『武智麻呂伝』の文章である。

「大宝元年、良家の子を選んで、内舎人となす。三公の子を以て別に勅して正六位上を叙し、徴して内舎人となす。年廿二」

不比等の嫡男《ちゃくなん》、武智麻呂は、二十二歳で内舎人になり、正六位上をさずけられた。ところが藤原家家令の小治田志毘《おわりだのしび》は、この決定に不満であったという。志毘にとって、内舎人という役はこの権力者の長男にしてはどうも軽い役のように思われたらしい。秘書兼下僕である。だが、おそらく父・不比等は、その役を望んだにちがいない。武智麻呂はそれによって禁中に出入りし、大いに天皇の寵愛《ちょうあい》をえたというのである。武智麻呂の長男であり、すなわち不比等の嫡孫である豊成《とよなり》が死んだとき、『続日本紀』は次のように書く。

「甲申、右大臣従一位藤原朝臣豊成薨《こう》ず。平城朝正一位を贈られし太政大臣武智麻呂の長子なり。養老七年内舎人を以て兵部大丞を兼ぬ。神亀元年に従五位下を授けられ兵部少輔に任ず。頻に顕要を歴し、天平十四年に従三位中務卿兼中衛大将に至り、廿年中納言より大納言に転ず。感宝元年右大臣に拝せらる」

やはり豊成も内舎人だった。内舎人となることは、藤原氏の嫡男にとって、必ず一度は通るべき重要なコースであることを意味するのではないか。子・武智麻呂、孫・豊成も同じように内舎人であり、内舎人になることが藤原氏の嫡男の必然のコースであったとすれば、不比等が若き日、内舎人であったことはほぼ確実であろう。私はやはり、天武十五年、不比等は内舎人であったと思う。また武智麻呂は内舎人を一年つとめ、大宝二年正月には判事にうつっている。不比等が判事となって日本書紀に最初の姿をあらわすのは、持統三年であった。内舎人から判事へ、自己がたどったコースと同じコースを、不比等は長男・武智麻呂にとらせようとしたのではないか。ただ、その期間が、武智麻呂の場合は親の威光のためか、きわめて短い。

不比等が、このように嫡男、藤原武智麻呂、及び嫡孫、藤原豊成も最初の任官として内舎人に就かせたのは、不比等自身が内舎人として任官し、次に判事に移ったからであろう。このように見れば、舎人は不比等にとってはむしろ誇り高き官位なのである。

「人と為り聡明にして、目に度れば口に誦み、耳に払るれば心に勒す」という言葉は、まさに不比等に対する実に正確な人物評であろう。彼が維摩居士《ゆいまこじ》や聖徳太子に匹敵すべき聡明《そうめい》な人間であったことは疑い得ない。そして「目に度れば口に誦み、耳に払るれば心に勒す」というのは、彼が歴史家、あるいは法律家としてはなはだ優れていたことを物語る。彼は幼少時代、いささか憚《はばか》ることがあって、田辺史大隅《たなべのふひとおおすみ》のところで養われたというが、田辺史大隅は甚だ法律に詳しい学者であった。不比等は、「大宝律令」「養老律令」制定の中心人物であり、また『古事記』『日本書紀』の陰の編集者でもあった。この言葉は、まさに彼の法律学者、歴史学者としての稀《まれ》に見る才能を称《たた》えたものであろう。

最後に、「年は廿八《にじゅうはち》」とあるが、宣長はそれについて次のようにいう。

こゝの文のさまを思ふに、阿礼此時なほ存在《イケ》りと見えたり、【此人、上文に廿八歳とありしは、かの清御原御世の何《イツ》れの年なりけむしられねば、今和銅四年には齢《ヨハヒ》いくらばかりにか有らむ、さだかには知がたけれど、姑《シバラ》く彼を元年として数《カゾ》ふれば、六十八歳にあたれり、されどそのかみ所思看《オモホシ》し立《タチ》しこと、いまだとげ行《オコナ》はれぬほどに、天皇崩《カミアガリ》まししを思へば、御世の末つかたの事にこそありけめ、もし崩の年の

こととせば、五十三歳なり、】（『古事記伝』二之巻）

宣長は、天武天皇の「勅」を賜ったのを天武元年（六七二）とすれば、和銅四年（七一一）には稗田阿礼は六十八歳ということになるが、天皇が阿礼に託したこの歴史書編集の仕事が行なわれなかったところをみると、この「勅」は天武晩年のことに違いなく、もし天武帝が亡《な》くなられた年に阿礼が二十八歳であったとすれば、和銅四年に阿礼は五十三歳になるという。

不比等は斉明五年（六五九）の生まれであるので、和銅四年には五十三歳であることになる。阿礼の推定年齢は不比等の年齢と全く一致するのである。とすれば、不比等は阿礼とぴったり重なってしまう。

そして繰り返すようだが、『古事記』は『日本書紀』とは違って、神話の話に力点がある。しかもその神話に出てくる神々は、当時活躍していた氏族の祖先神であり、その祖先神の評価によって氏族の未来が左右されるのである。神代において天つ神の敵となった祖先神や何の功績もない祖先神をもつ氏族は、律令社会において繁栄の見込みがないのである。

記・紀両書を比較してみると、『古事記』独自の記載氏族数は、百四十五氏にのぼり、その中に推古朝以後天武朝ごろまでに新しく史上に現れた有力氏族の大部分を含んでいるのに対し、『日本書紀』独自の氏族は五十二氏で、それらは推古朝以前に活動したかあるいは地方の古い氏族であり、また、記・紀両書に共通する氏族は五十六氏に過ぎない(『古事記』新潮日本古典集成「解説」)

『古事記』は、神話の名において諸氏の勤務評定をしたようなものである。そしてその勤務評定において百点を取ったのは藤原氏のみである。このような勤務評定を行い、かつ藤原氏に百点を付けるのは、権力者、藤原不比等以外あり得ず、阿礼像と不比等像は全く重なり、稗田阿礼すなわち藤原不比等と断定して差し支えないと私は思う。

以上の推論から、稗田阿礼が不比等である可能性は甚だ大であることが明らかになったわけである。最後に、不比等がそのように手の込んだ容易には発見されない詐術《さじゅつ》を行う人間であったことを証明する物語を紹介しよう。それは『竹取物語』である。『竹取物語』は前半部と後半部に分かれる。前半は五人の「色好み」の貴公子たちがかぐや姫に「世にも珍しい宝物」をとって来てほしいと頼まれ、いずれも失敗する話であり、滑稽《こっけい》な喜劇といえよう。後半は、かぐや姫の昇天の話であり、悲劇といえる。この前半部に注目してみたい。

前半部に登場する五人の「色好み」の貴公子とは、「石つくりの御子《みこ》」「くらもちの皇子」「右大臣あべのみむらじ」「大納言大伴《おおとも》のみゆき」「中納言いそのかみのまろたり」である。実は、この五人の登場人物はそれぞれ、持統朝から文武朝にかけての実在の重臣をモデルにしている。「石つくりの御子」が丹比島《たじひのしま》、「右大臣あべのみむらじ」が阿部御主人、「大納言大伴のみゆき」が大伴御行、「中納言いそのかみのまろたり」が石上麻呂、そして「くらもちの皇子」が藤原不比等である。なぜ「くらもちの皇子」かというと、不比等の母は車持《くるまもち》氏の出自で、彼は車持の皇子と呼ばれていた。車皇子とよばれているのは、彼が天智天皇の子であるという噂《うわさ》によるものであろう。車持が「くらもち」になったのは、彼が金持ちであったことを示そうとしたのであると思われる。

かぐや姫は自分に求婚してくるこの五人に、聞いたこともないような「宝物」を取ってくるようにと、無理難題を押し付けるのである。まず石つくりの御子には「仏の石の鉢」を、阿部みむらじには「火鼠《ひねずみ》の皮衣《かわごろも》」を、大伴のみゆきには「龍の頸《くび》の珠《たま》」を、いそのかみのまろたりには「燕《つばめ》の子安貝」を、くらもちの皇子には「蓬萊《ほうらい》の白珠《しろたま》の枝」を取ってきてほしいという。もちろん取ってきたら、その男の求婚を受けるとの暗黙の了解があった。

こうして五人の貴公子たちはいずれもこの世にあり得ないような宝物を探してきて、かぐや姫を得ようと努力する。

さて、このうち、とにかくかぐや姫の所へ宝を持ってくることができたのは、石つくりの御子と、くらもちの皇子と、阿部のみむらじのみであった。他の二人、大伴のみゆきは「龍の頸の珠」、いそのかみのまろたりは「燕の子安貝」を得ようと四苦八苦して努力するが、結局、彼らは失敗した上にひどい傷を負い、没落してしまう。それは、とりもなおさず大伴氏および石上氏、すなわち物部氏の没落をカリカチュアしたものであると思われる。いわば大伴氏は大伴氏らしく、物部氏は物部氏らしく滅んでいく。彼らの滅びの原因は愚である。『竹取物語』は日本ではまことに珍しい政治的な風刺小説ではないかと思う。

さて、丹比島がモデルであろう石つくりの御子は、最初から「仏の石の鉢」というものなどあるはずはないと思い、三年ばかり後、「大和の国十一《とをち》」にある山寺の賓頭盧《びんづる》の前の鉢を錦《にしき》の袋に入れ、造り花の枝につけて、かぐや姫のところに持っていったのである。「仏の石の鉢」には光があるという。そこでかぐや姫は中の石に光があるかと見るが、全く光はない。こうして石つくりの御子は失敗した。石つくりの御子は、いわば軽い嘘《うそ》つきであった。

阿部御主人であろう阿部のみむらじは、「火鼠の皮衣」を世界を股《また》にかけ広く交易のある唐の商人王慶《おうけい》に注文する。王慶は「昔、印度の聖《ひじり》僧がこの国に持ってきたものがあるので、それを手に入れた」といって、阿部のみむらじに大金を要求する。みむらじは喜んで買い求め、その皮衣を箱に入れて、かぐや姫のところに持っていく。「火鼠の皮衣」とは、火に焼けぬ皮衣であるという。早速、かぐや姫が火に焼いたところ、それはめらめらと焼けてしまった。阿部のみむらじは騙《だま》したのではなく、騙されたのである。

こうしてくらもちの皇子だけが残った。「蓬萊の白珠の枝」を求められた彼は、他の二人とは全く違う方法で宝物を手に入れる。ここでくらもちの皇子は「心たばかりある人」であると書かれている。その言葉通り、彼は甚だ手の込んだ詐術を見事に行うのである。

まず彼は、宮中には「筑紫の国に温泉に入りに行く」といい、またかぐや姫の家には「珠の枝をとりに行く」といって、家来全《すべ》てに船の出発する難波《なにわ》まで送らせた。そして近臣の者を少し連れて彼は船に乗るには乗ったが、三日ばかりで家に帰ってきてしまう。その後、彼は当時随一の鋳物師《いものし》六人を召して、彼らと共に容易に人の来ないような家に閉じこもって、かぐや姫のいうような「珠の枝」を作らせたのである。ようやくそれを作り終えると、彼はそっとその家を出て、難波に取って返し、彼の留守宅に「今帰った」と知らせた。知らせを聞いた大勢の人が迎えに来て、「くらもちの皇子が優曇華《うどんげ》の花をもって帰った」と大声でいい広めた。

そしてくらもちの皇子は、その珠の枝を長櫃《ながひつ》に入れ、旅姿のままかぐや姫の家に来て、「命を捨てて、かの珠の枝を持ってきました。かぐや姫に見せてください」と竹取の翁《おきな》に献上した。見れば、立派な珠の枝である。翁は「この上はこの人柄もよい皇子と結婚してください」と床入りの用意まで整えた。その様子を見て、くらもちの皇子に嫁ぎたくなかったかぐや姫は深く嘆く。

一人得意満面のくらもちの皇子に対して翁は、「こんな立派な枝をどのようにして手に入れたのですか」と問う。すると、皇子は、次のような話を語った。

さをとゝしの、二月《きさらぎ》の十日ごろに、難波《なには》より船に乗りて、海の中に出《い》でゝ、行《ゆ》かん方《かた》も知らず覚《おぼ》えしかど、思《おも》ふこと成《な》らでは世中に生きてなにかせん、と思ひしかば、たゞ空《むな》しき風にまかせてありく。命死なばいかゞはせん、生きてあらむかぎりは、かくありて、蓬萊《ほうらい》といふらむ山に逢《あ》ふやと、浪《なみ》に漕《こ》ぎたゞよひありきて、わが国《くに》のうちをはなれて、ありきまかりしに、ある時は、浪に荒れつゝ海の底にも入《い》りぬべく、ある時は、風につけて知らぬ国に吹き寄せられて、鬼のやうなるもの出来《いで》て殺さんとしき。ある時には、来《き》し方《かた》行末《すゑ》も知らず、海にまぎれんとしき。ある時（に）は（かてつきて草の根をくひものとしき。ある時は）、言《い》はん方《かた》なくむくつけげなるもの来て、食ひかゝらんとしき。ある時には、海の貝《かひ》をとりて命をつぐ。旅の空に、助け給（ふ）べき人もなき所に、いろ〳〵の病《やまひ》をして、行く方そらも覚《おぼ》えず

皇子はまさに蓬萊の珠を得んとして九死に一生を得るような苦労をしたのである。しかしとうとう蓬萊の山を見つけた。そして、

その山見《み》るに、さらに登《のぼ》るべきやうなし。その山のそばひらを巡《めぐ》れば、世中になき花の木どもたてり。黄金《こがね》・（銀《しろかね》）・瑠璃色《るりいろ》の水、山より流れ出《い》でたり。それには色々の玉の橋渡《はしわた》せり。そのあたりに、照《て》りかゝやく木どもたてり。その中に、このとりてまうできたりしは、いと悪《わろ》かりしかども、「の給（ひ）しに違《たが》はましかば」

と、この花をおりてまうできたるなり。山はかぎりなくおもしろし。世にたとふべ
きにあらざりしかど、此枝《この》をおりてしかば、(さらに) 心もとなくて、舟に乗りて、
追風《おひ》吹きて、四百余日になむまうで来にし。大願力《たいぐはんりき》にや、難波《なには》より、昨日なん都《みやこ》に
まうで来《き》つる。さらに潮《しほ》に濡《ぬ》れたる衣《ころも》をだに脱ぎかへなでなん、こちまうで来《き》つる
と語った。彼は宝の島を見つけた喜びを語り、目前に迫った絶世の美人、かぐや姫との逢瀬《おうせ》をよだれをたらして期待していたのである。

ところが、しばらくしてどんでん返しが待っていた。「くもん司《づかさ》の匠、あやべのうち麿」という者がある文を持ってかぐや姫の家に訪ねて来た。そして、いうことには「私ども六人は五穀を絶って珠の枝を作りました。皇子は官位をも下さるといわれましたのに、お給金もいただいていません。かぐや姫がくらもちの皇子の妻妾ということを聞いたので、お給金をもらいにきました」と、その証拠を突き出したのである。それを聞いて、かぐや姫の顔が、思わず明るくなった。くらもちの皇子の嘘がばれたからである。そして、喜んで匠らに給金を遣わした。だが、我慢ならなかったのは、くらもちの皇子である。匠らを帰る道で待ち構え、血の出るまで打ち懲《こ》らしめたのであった。そして皇子は、恥をかいたと深い山に身を隠したという。

くらもちの皇子は、嘘を本当に見せかけることに天才的な才能を持っていた。そしてまた金をたくさん持ち、官位を出すような権力も持っていたのである。しかしどこかケチでかつ残酷でもあった。これは不比等という政治家のまことに辛辣《しんらつ》な風刺である。ただ、この「珠の枝」の詐術は、職人のくもん司によって暴露されたが、歴史書の詐術は少なくとも同時代には全く暴露されなかったのである。『竹取物語』の翁は名を「さかきの造《みやつこ》」というが、「さかき」は讃岐であり、『新撰姓氏録《しんせんしょうじろく》』の右京皇別としてある讃岐《さぬき》氏である。讃岐氏は斎部《いんべ》氏に属するという。またかぐや姫という名をつけたのは「三室戸斎部のあきた」とあり、『竹取物語』が斎部氏の手になったことは十分考えられる。とすれば『竹取物語』は、斎部広成の『古語拾遺』と同じような意思をもった痛烈なる藤原氏批判の書であるといえよう。

私は、藤原不比等は実に偉大な政治家であったと思う。彼は聖徳太子によって始められた、日本を律令国家にするという事業を見事に完成させたのである。日本を律令国家にすることは時代の急務であった。このような大事業を成し遂げた不比等はおそらく日本の歴史上、五指にも入るすぐれた政治家であろう。しかも彼はこの大事業の中に、藤原氏の千年の繁栄を図る策謀を入れることを忘れなかった。藤原氏は以来四百年、日本の政治をほぼ独占した。

しかしこのような大政治家の背後には、何か大きな詐術があったと思われる。『竹取物語』は、滑稽な物語の形で不比等政権の裏に存在した詐術を指摘する。そしてくらもちの皇子は失敗を恥じて、山に隠れたとある。しかし不比等は、くらもちの皇子よりはるかに「心たばかりある人」で、容易に彼の詐術はばれず、彼が山に隠れることはなかった。くらもちの皇子すなわち藤原不比等を山に隠れさせたのは斎部氏の願望であったのであろうか。

このような「心たばかりある」政治家、藤原不比等によって『古事記』における天つ神神話が大幅に改竄《かいざん》されたとすれば、それに先行する国つ神神話、出雲神話も信用することができるかどうか疑問であると思われるかもしれない。しかし巧妙な歴史偽造者は、自己の利益のあるところのみを偽造して、それ以外は古来からの伝承を忠実に伝えるものである。そうでなければ、偽造された部分の虚偽が露《あら》わになりやすいからである。

さらに不比等はここで、『古事記』神道というべき神道を創造することによって、日本国家の宗教を司《つかさど》る権利を藤原氏に独占させようとする強い意志をもっていた。日本には古来から「政（まつりごと）」すなわち政治は、「祭り事」すなわち祭事であるという言葉があるが、この祭事の中心は何よりも前代の王朝の鎮魂であった。ヤマト王朝においてその前代の王朝鎮魂という神事の主役をなしていたのはずっと物部氏であり忌部氏であった。この物部及び忌部氏を祭事の主役から追い払い、その主役を中臣・藤原氏に独占させることが『古事記』神話創造の目的であり、その象徴的建物が、驚くべき巨大な建物、出雲大社であったのである。

おわりに　出雲大社の建造

出雲神話の書かれた『古事記』『日本書紀』が、いかにして、なぜ生まれたのか、定説を覆《くつがえ》し、私なりの考えを語り尽くすことができた。これでほぼ、出雲神話を見直すことを論じ終えたが、ただ一つ論じ残したことがある。それは出雲大社についてである。

（一）出雲大社はいつ造られたのか、（二）誰によって造られたのか、（三）それは何のために、いかなる思想によって造られたのか、（四）そしてその建造はいかなる意味を持っているのか、である。

平成十二年（二〇〇〇）に、出雲大社境内において巨大な柱根が発見された。その柱は、直径一・三五メートルもある杉の巨木を束ねて一本とした柱で、三本束ねると直径三メートルに及んだ。出雲大社の本殿にはこのような巨大な柱が九本立てられていた。出雲大社の宮司家である出雲国造・千家《せんげ》家には、同様の柱が描かれた「金輪御《かなわのご》造営差図《ぞうえいさしず》」が残されており、この図が間違いないことが改めて証明された。

平安期の漢詩人、源為憲《ためのり》の『口遊《くちずさみ》』には「雲太《うんた》、和二《わに》、京三《きょうさん》」とあり、建造物の大きさを比較して、出雲大社の本殿が一番高く、次は大和すなわち奈良の東大寺の大仏殿で、その次は京都の平安京の大極殿であるという記述がある。当時の東大寺の大仏殿の高さは十五丈で、出雲大社は現在の出雲大社の二倍の高さの十六丈（四十八メートル）であったという。

この出雲大社がいつ造られたかは、はっきりしない。記紀では、神代の昔に「豊葦《とよあし》原《はら》の中つ国」すなわち日本国の支配権をニニギに譲って黄泉《よみ》の国の王となったオオクニヌシの宮殿として建てられたのが出雲大社とされている。しかしこのような巨大な建造物が、弥生時代と思われる神代に建てられたとは考えにくい。私は旧著『神々の流竄《るざん》』では次のように論じた。

だいたい、最近の宗教史学は、日本人の宗教の歴史において神社崇拝が行なわれるのは、かなり後であることを明らかにした。最初、日本人の神信仰は自然信仰であった。一つの山が、一本の木が、一箇の石が、神であり、あるいは神の宿るところとされたのである。したがって、神社を必要としなかったのである。そのような名残は、今日、三輪神社（大神神社）や石上神宮や沖ノ島に残っている。三輪神社においては、三輪山そのものが神体であり、したがって神殿はおろか、徳川時代まででは拝殿もなかったのである

神社が建造されるのは仏教の寺院が造られた後と考えられるが、日本最初の仏教寺院は蘇我《そが》氏が建てた法興寺すなわち飛鳥寺《あすかでら》であり、それが完成したのは推古《すいこ》天皇の御代である。とすれば、神社が建てられたのは推古天皇以後であるということになる。

出雲大社建造について、『出雲国風土記』には次のようにある。

　杵築《きづき》の郷《さと》　郡家《こほりのみやけ》の西北《いぬゐ》のかた廿八里《さと》六十歩《あし》なり。八束水臣津野命《やつかみづおみつののみこと》の国引き給《たま》ひし後、天の下造らしし大神の宮を造り奉《たてまつ》らむとして、諸《もろもろ》の皇神等《すめがみたち》、宮処《みやどころ》に参集《まゐつど》ひて、杵築《きづ》きたまひき。故《かれ》、寸付《きづき》といふ

『出雲国風土記』は、出雲大社が造られたのはヤツカミヅオミツノの国引きの後であるという。ヤツカミヅオミツノはオオクニヌシの祖父にあたり、この「八束水臣津野命の国引きした後」という言葉は、出雲大社ははるか昔の神代において造られたとい

う空とぼけた表現であろう。ただここに注目すべき表現として、「天の下造らしし大神の宮を造り奉らむとして、諸の皇神等、宮処に参集ひて、杵築きたまひき」とある。「出雲国　造《くにのみやつこ》神賀詞《かむよごと》」にはスサノオやオオクニヌシなどの国つ神も皇神《すめがみ》と書かれているので、皇神は必ずしも天つ神とはいえないが、天つ神をはじめ大勢の神々が集って出雲大社を建てたというような口ぶりである。この口ぶりは、大和の神をはじめ大勢の神々が集まって、この巨大な神殿を完成させたという、生々しい記憶がどこかに残っているかのようである。

『出雲国風土記』は、記紀と辻褄《つじつま》を合わせるために出雲大社の建造の時を空とぼけて語ったのであろうが、いったいそれはいつの頃であろうか。『神々の流竄』を書いた時、私は千家家とともに出雲国造の子孫とされる北島《きたじま》家に伝わる『出雲国造家系譜』の二十六世国造臣果安《はたやす》の「注」に、次のような文章があるのを見つけた。

　続日本書紀、元正天皇霊亀二年二月丁巳、出雲国造外正七位上出雲臣果安《はたやす》、斎竟《ときお》わり神賀事を奏し、神祇《じんぎ》大副中臣朝臣人足、其《そ》の詞を以て奏聞《そうもん》す、この日百官斎か。果安より祝部《はふり》に至り一百一十余人に位を進し禄を賜ふ。各差《しな》あり。伝に云く、始祖天穂日命、斎《いつき》を大庭に開き、此に至り始めて杵築の地に移すと云々ここでは『続日本紀』元正天皇霊亀二年（七一六）二月の記事がそのまま引用されており、アメノホヒの子孫である北島家第二十六世、外正七位上出雲臣果安が百十余人の神官を連れて上京し、「出雲国造神賀詞」を奏上して、その詞を神祇大副の中臣人足が天皇に奏聞したと記されている。それは、出雲大社の宮司を兼ねた出雲国造が替わるごとに都へ上って神賀詞を奏上することが記された最初の記事であろう。本居宣長などは『古事記』『日本書紀』の記事を信じて、このような神賀詞の奏聞はもっと昔からあったと考えるが、私はこの霊亀二年の奏聞が最初の奏聞であったのではないかと思う。

『出雲国造家系譜』では、『続日本紀』の引用に続いて、「始祖天穂日命、斎を大庭に開き、此に至り始めて杵築の地に移す」とある。これはきわめて重要な言葉である。

アマテラスとスサノオの誓約《うけい》で生まれたアメノホヒの子孫と称する出雲臣が、それまで意宇《おう》平野の大庭に置いていた根拠地を出雲平野の杵築へ移したというのである。大庭の根拠地とは、熊野《くまの》大社あるいは神魂《かもす》神社のことで、杵築とは出雲大社のことである。つまり、この一文は二社のどちらかの宮司が新たに建造された出雲大社の宮司となったことを意味しているのではないか。そして、それはまた、霊亀二年に出雲大社建造が完成し、その祝いを兼ねて、出雲臣果安が一族百十余人を連れてはるばる上京し、神賀詞を奏したということなのではないか。

霊亀二年は元正《げんしょう》天皇の御代であり、『古事記』が編纂《へんさん》された和銅五年（七一二）と『日本書紀』が完成した養老四年（七二〇）のちょうど中間の年に当たる。この年に出雲大社の建造が完了したとしても、このような巨大建造物の完成には少なくとも十年はかかったであろう。とすれば、その建造は元明天皇の和銅年間以前から始められ、『古事記』が編まれた和銅五年は建造の真最中ということになる。藤原京から平城京へと都が移されたのは和銅三年であり、平城京の完成はそれ以前であろうから、あるいは新都の宮殿を建てた匠たちをはるばる出雲へ派遣して、あの壮大な出雲大社をも建造せしめたのであろうか。『出雲国風土記』には、越《こし》の人が出雲に移り住んだとあるのをみると、今でもすぐれた大工の輩出地である越や飛騨《ひだ》からも多くの匠《たくみ》が動員されたのかもしれない。

このように考えると、（一）の問いは解決する。出雲大社建造の完成を霊亀二年におけば、東大寺の大仏殿ができたと思われる天平勝宝四年（七五二）の三十六年前である。その頃にはすでに大神宮、大寺院を建てる技術が十分発展していたのであろう。

（一）の問いが解ければ、必然的に（二）の、出雲大社は誰によって造られたのかの問題も解決される。出雲大社の建造は、表面上は元正、元明天皇の成し給うた大事業であるが、その計画者及びその事業の実行者は藤原不比等であろう。

不比等は「心たばかりある」、謎《なぞ》の人物である。彼は自分の行った大事業をほとんどすべて用心深く隠した。大宝律令及び養老律令の制定、平城遷都《せんと》、そして『日本書紀』の編集もすべて不比等を中心として行われた事業であった。しかし、大宝律令であれ、『日本書紀』であれ、目立つ立場の責任者はみな皇子たちにして、自分はほとんど表面に立つようなことをしていない。後世に残る巨大な神社建築である出雲大社建造も、そして『古事記』の編纂も、彼の仕事とみて間違いないと私は思うが、彼はそれらすべてを隠したのである。権力者が表面に立てば、いつ追い落とされるか分からない。彼は甚だ賢く、おそらく権威ある天皇の陰に隠れて権力をふるい、日本が必要としている政治を大胆に行なうとともに、自らの子孫、藤原氏の永久の繁栄を図ろうとしたのであろう。

（二）の問いは解決された。それでは（三）の問いに入ろう。出雲大社は何のために、いかなる思想によって造られたのか。

出雲大社が神社であるからには、何らかの神道思想によって造られたと考えねばなるまい。出雲大社を造らせた神道はいかなる神道であろうか。それは禊《みそぎ》・祓《はら》いの神道であったといってよかろう。

前章でも少し触れたが、『古事記』も、このような禊・祓いの神道思想によって書かれているものといえる。『古事記』においては、天皇家の祖先神とされるもっとも尊い神、アマテラスも、ツクヨミ、スサノオとともに、「日向《ひゅうが》の橘《たちばな》の小門《おど》の阿波岐原《あはきはら》」でイザナギが行った禊によって生まれている。禊によって生まれた神など、世界のどこを探してもいないであろう。アマテラスをはじめとする三貴子を禊によって誕生せしめていることは、『古事記』という史書に流れる思想を考える上できわめて重要である。しかし『日本書紀』本文には、この三貴子誕生の説はなく、三貴子もまた日本国土や他の神々のようにイザナギ・イザナミのセックスによって誕生したことになっている。ただこれも先に述べたように、『日本書紀』には一種の合理主義があり、禊によって神が生まれるというのはいかにも不自然、不合理な話に思われるので、それを語るのを避けたためと思われる。

また『古事記』においては、祓いの思想も重要である。スサノオは自分の犯したさまざまな悪行の罪によって出雲へ追放されるが、それを『古事記』は次のように記す。

ここに、八百万《やほよろづ》の神、共に議《はか》りて、速須佐之男《はやすさのを》の命《みこと》に千位《ちくら》の置戸《おきど》を負《おほ》せ、また、鬚《ひげ》と手足の爪《つめ》とを切り、祓へしめて、神やらひやらひき（『古事記』上巻）

まさにスサノオは〝祓われた〟のである。祓いは流罪《るざい》と同義であろう。「千位の置戸」というのは、罪をあがなう品物を載せる台であり、スサノオは自らの持つ財産をその台に全《すべ》て放出させられて、無一文になって追放された。また鬚や爪を切るという行為は、身体《からだ》の一部を削《そ》ぐ、文字通り「身削《ミソギ》」である。鬚や爪にはその人の霊が付着しているので、それに呪文《じゆもん》を掛けるとその人が死ぬという信仰が古くからあったと思われる。私は子どものころ、爪は決して夜に切ってはならず、また切った爪はきちんと集めて捨てねばならぬと母に教えられた。

このようにしてスサノオは高天原から出雲へ追放になるが、高天原で悪神であったスサノオが、出雲では人々を苦しめるヤマタノオロチを退治するなど、善神に一変する。

いったいこの禊・祓いの神道はいつ、誰によって作られたのであろうか。禊・祓いの神道をもっともよく語るのは、「中臣祓」の祝詞《のりと》と称される、『延喜式《えんぎしき》』にある「六月《みなづき》の晦《つごもり》の大祓《おおはらへ》」の祝詞であろう。この祝詞は、必ず六月の晦《みそか》と十二月の晦の年二回、親王・諸王以下の文武百官が集められ、そこで中臣が厳かにこの祝詞を読むのである。祝詞は、まず序にあたる文で始まる。

「集侍《うごな》はれる親王《みこたち》・諸王《おほきみたち》・諸臣《まへつぎみたち》・百《もも》の官人《つかさびとたち》等、諸《もろもろ》聞《きこ》しめせ」と宣《の》る。

「天皇《すめら》が朝廷《みかど》に仕へまつる、領巾《ひれ》挂《か》くる伴《とも》の男《を》・手繦《たすき》挂《か》くる伴の男・靫《ゆき》負《お》ふ伴の男・劒佩《たちは》く伴の男、伴の男の八十伴の男を始めて、官官《つかさづかさ》に仕へまつる人等の過《あやま》ち犯しけむ雑雑《くさぐさ》の罪を、今年の六月《みなづき》の晦《つごもり》の大祓《おほはらへ》に、祓へたまひ清めたまふ事を、諸聞しめせ」と宣る（『延喜式』巻の八「六月の晦の大祓」）

この祝詞は宣命の形式で、読むのは中臣であるが、祝詞はすなわち天皇の御言葉であるのだから恐れ謹んで聞くべきだと、宣せられている。

以下が本文であるが、本文は二つの部分から成る。前半は罪の出現を語る部分であり、後半は罪の消滅を語る部分である。前半の部分を読んでみよう。

高天《たかま》の原に神留《かむづま》ります、皇親神《すめむつかむ》ろき・神ろみの命もちて、八百万の神等を神集へ集へたまひ、神議《はか》り議りたまひて、『我が皇御孫《すめみま》の命は、豊葦原の水穂の国を、安国と平らけく知ろしめせ』と事依《ことより》さしまつりき。かく依さしまつりし国中《くぬち》に、荒ぶる神等をば神問《と》はしに問はしたまひ、神掃《はら》ひに掃ひたまひて、語問《ことと》ひし磐《いは》ね樹立《こだち》、草の片葉《かきは》をも語止《ことや》めて、天の磐座《いはくら》放れ、天の八重雲をいつの千別《ちわ》きに千別きて、天降《くだ》し依さしまつりき。かく依さしまつりし四方の国中に、大倭日高見《おほやまとひたかみ》の国を安国と定めまつりて、下つ磐ねに宮柱太敷き立て、高天の原に千木《ちぎ》高知りて、皇御孫の命の瑞《みづ》の御舎《みあらか》仕へまつりて、天の御蔭《みかげ》・日の御蔭と隠《かく》りまして、安国と平らけく知《し》ろしめさむ国中に、成り出でむ天の益人《ますひと》等が過ち犯しけむ雑雑の罪事は、天つ罪と、畔放《あはな》ち・溝埋《みぞう》み・樋放《ひはな》ち・頻蒔《しきま》き・串刺し・生け剝《は》ぎ・逆剝ぎ・屎戸《くそへ》、許多《ここだく》の罪を天つ罪と法《の》り別けて、国つ罪と、生膚断《いきはだた》ち・死膚断ち・白人《しろびと》・こくみ・おのが母犯せる罪・おのが子犯せる罪・母と子と犯せる罪・子と母と犯せる罪・畜《けもの》犯せる罪・昆《は》ふ虫の災《わざはひ》・高つ神の災・高つ鳥の災・畜仆《けものたふ》し、蠱物《まじもの》する罪、許多《ここだく》の罪出でむ

ここでは、まずニニギの天孫降臨の話が語られる。天孫降臨によって日本の国は平和な国となったが、それにもかかわらずさまざまな罪が出現した。その罪には「天つ罪」と「国つ罪」がある。「天つ罪」というのはスサノオが犯した罪で、稲作農業を妨害する罪である。「国つ罪」というのは、それ以前の日本にあった罪を指すといっ

てよいであろう。この二つの罪について私は一家言をもっているが、ここでは語らない。

ところが中臣がこのような祝詞を唱えると、続く後半部ではありがたいことには、天つ神、国つ神がその罪を消滅させてくれるというのである。

かく出でば、天つ宮事もちて、大中臣《おほなかとみ》、天つ金木《かなぎ》を本《もと》うち切り末うち断ちて、千《ち》座《くら》の置座《おきくら》に置き足《たら》はして、天つ菅麻《すがそ》を本苅《もとか》り断ち末苅り切りて、八針《やはり》に取り辟《さ》きて、天つ祝詞《のりと》の太祝詞事《ふとのりとごと》を宣れ。かく宣らば、天つ神は天の磐門《いはと》を押し披《ひら》きて天の八重雲をいつの千別きに千別きて聞しめさむ。国つ神は高山の末・短山《ひきやま》の末に上りまして、高山のいゑり・短山のいゑりを撥《か》き別けて聞しめさむ。かく聞しめしては皇御孫の命の朝廷《みかど》を始めて、天の下四方の国には、罪といふ罪はあらじと、科戸《しなど》の風の天の八重雲を吹き放つ事の如《ごと》く、朝《あした》の御霧《みきり》・夕べの御霧を朝風・夕風の吹き掃《はら》ふ事の如く、大津辺《おほつべ》に居る大船を、舳《へ》解き放ち・艫《とも》解き放ちて、大海《おほみ》の原に押し放つ事の如く、彼方の繁木《しげき》がもとを、焼鎌《やきがま》の敏鎌《とがま》もちて、うち掃ふ事の如く、遺《のこ》る罪はあらじと祓へたまひ清めたまふ事を、高山・短山の末より、さくなだりに落ちたぎつ速川《はやかは》の瀬に坐《いま》す瀬織《せおり》つひめといふ神、大海の原に持ち出でなむ。かく持ち出で往なば、荒塩《あらしほ》の塩の八百道《やほぢ》の、八塩道《やしほぢ》の塩の八百会《やほあひ》に坐す速開《はやあき》つひめといふ神、持ちかか呑《の》みてむ。かくかか呑みては、気吹戸《いぶきど》に坐す気吹戸主といふ神、根の国・底の国に気吹《いぶ》き放ちてむ。かく気吹き放ちては、根の国・底の国に坐す速《はや》さすらひめといふ神、持ちさすらひ失ひてむ。かく失ひては、天皇《すめら》が朝廷《みかど》に仕へまつる官官《つかさづかさ》の人等《ひとども》を始めて、天の下四方には、今日より始めて罪といふ罪はあらじと、高天の原に耳振り立てて聞く物と馬牽《ひ》き立てて、今年の六月の晦の日の、夕日の降《くだ》ちの大祓に、祓へたまひ清めたまふ事を、諸《もろもろ》聞しめせ」と宣る。
「四国《よくに》の卜部《うらべ》等《ども》、大川道《ぢ》に持ち退《まか》り出でて、祓へ却《や》れ」と宣る

大中臣とは中臣の美称であると解釈されている。祝詞を読む中臣は、自分は天皇に代わってこの祝詞を奏するのだという自負を、この「大」という美称に込めているのであろう。

ここで「千座の置座」というのは、スサノオの流罪・追放の際に用いられた「千位の置戸」と同一のものと思われる。この「千座の置座」は中臣が自ら作り、集まっている親王、諸王以下文武百官の前に置き、そこで「天つ祝詞」の太祝詞《ふとのりと》を宣るのである。この天つ祝詞の太祝詞を「六月の晦の大祓」の祝詞とは別の祝詞とする解釈もあ

るが、そのような別の祝詞は存在せず、私はこの「大祓」の祝詞そのものを指すと思う。

中臣がこの祝詞を宣ると、天つ神は天の岩窟《いわや》を押し開き、国つ神は「高い山」「短い山」に登って雲をかき分けてこの祝詞の言葉を聞き、罪を消滅させ賜うのである。この神々の罪を消滅させる有様を描写する文はまことに壮重にしてかつ雄大である。天つ神、国つ神は、大風が多くの雲を吹き払うが如く、港にいる大船を海に放つが如く、またよく研がれた鎌が木々をうち払うが如く、高山、短山から罪を川に落とす。すると、流れの速い川の瀬にいるセオリツヒメが大海に罪を持っていく。次に、その罪を海の潮流がもみ合うところにいるハヤアキツヒメが飲み込む。それをイブキドヌシが根の国へ吹き払うと、根の国のハヤサスラヒメがその罪を消滅させる。このようにして一切の罪が消滅するので、朝廷に仕えている親王・諸王以下文武百官は安心せよ、というのである。

この年二回の「大祓」の神事は大宝令に規定されていて、親王・諸王以下文武百官は参加が強制され、何をおいてもこの神事に参加しなければならなかった。この天皇に代わって中臣が宣る祝詞を聞いて、官僚たちは何を思ったであろうか。人には多かれ少なかれやましいことをしているという認識がある。ましてや出世欲の強い官僚たちのこと。その秘しているやましいことを、天つ神、国つ神は、みな知っているというのである。天つ神、国つ神が知っているということは、天皇とその背後にいる権力者も知っているということでもある。そして天皇や権力者は、「おまえの罪を消してやるから、罪をあがなう物品を千座の置戸の上に置け」と命じたのである。おそらく官僚たちは迷ったにちがいない。あまり多く物品を出すと、重大な罪を犯しているのではないかと疑われるし、あまり少ないと、権力者の命に従わないと思われる。

この「大祓」の祝詞は、大宝律令の精神を徹底して文武百官に思い知らせるはなはだ政治的な儀式であったといってよかろう。

大宝律令以前の近江令《おうみりょう》、飛鳥浄御原令《あすかきよみがはらりょう》は、「令」のみで「律（すなわち罰）」はなかった。大宝律令において初めて「律」ができたという。つまり日本は、文書で規定された刑罰をもつ法治国家になったわけである。大宝律令によって規定された刑罰には、「笞《ち》」「杖《じょう》」「徒《ず》」「流《る》」「死《し》」の五刑があった。「笞」「杖」はそれぞれ笞あるいは杖で打たれる刑であり、「徒」は獄に留め置かれる刑である。この三つの刑は、あがない物を出すことによって免れることができた。そしてもっとも重い刑が「流」と「死」であり、謀反《むほん》罪などの国家の安穏を脅かす罪を犯した人間が処される刑であった。そしてスサノオもまた、そのような罪を犯して流罪に処され、オオクニヌシも稲佐の海

「金輪御造営差図」。３本の丸太を金輪で束ねた柱が９本というものすごさ。（339—340頁参照）
千家尊祐氏蔵

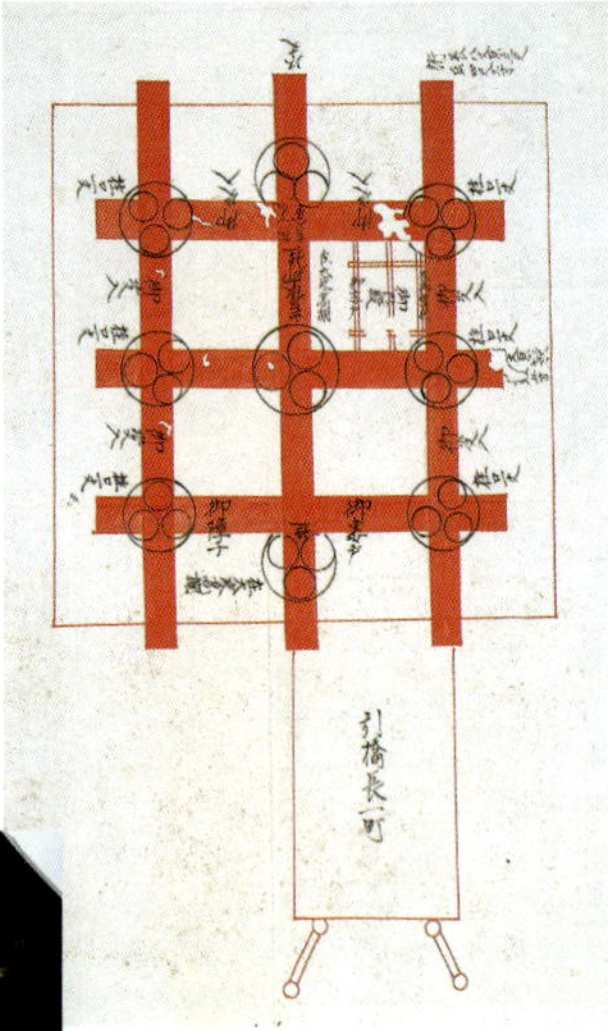

出雲大社境内の敷石は、心御柱および側柱の発掘地点がわかるようになっている

古代・中世の出雲大社本殿はどのような姿をしていたのか。古代出雲歴史博物館には四つの復元案の模型が並んでいた

に身を隠さねばならず、それはすなわち死罪に処されたといえるかもしれない。
そして、この「大祓」の祝詞が「中臣祝詞《なかとみのよごと》」といわれるところをみると、この祝詞は中臣神道の思想を如実に表すものであり、中臣氏によって作られたとみて差し支えあるまい。

中臣は、再三述べたように舒明《じょめい》天皇の御代に亀卜《きぼく》の占いによって中央政界に登場した、天智《てんじ》天皇とともに蘇我政権を倒した鎌足の大功績によって初めて貴族の仲間入りをし、天智天皇の晩年、神事のみではなく政治にも参加できるようにと、新たに藤原の姓を賜った新興氏族である。とすれば、この「中臣祝詞」といわれる「大祓」の祝詞は、天智天皇以後、おそらくは大宝律令が成されたとき作られたと考えるのがもっとも自然である。つまり藤原不比等は、自らの作った大宝律令の精神を表すイデオロギーとして「中臣祝詞」を作らしめたのではなかろうか。そしてそれによって「政治」は藤原、「祭事」は中臣、という支配体制が固まったのではなかろうか。

六月及び十二月の「晦の大祓」は、天武天皇の時代に臨時に施行されているが、それが毎年行われる定例の神事となったのは大宝律令の施行以後である。それは藤原氏の威光を文武百官に大いに印象づけたことだろう。藤原氏の権威が確立されれば、そのような儀式は形式的なものになり、醍醐《だいご》天皇の御代まで細々と続けられた後、廃止されてしまう。

このような禊・祓いの神道が、出雲大社が建造された時代の神道であるとすれば、出雲大社はそのような神道思想によって建造されたと考えねばならない。スサノオは流罪に処され、オオクニヌシも前王朝の大王として死罪になったと考えられる。

ところで、出雲大社が何のために建てられたのか。そのことをよく知らしめる祝詞が『延喜式』に残されている。「出雲国造神賀詞」である。この神賀詞は、出雲大社の宮司を兼ねた出雲国造が代替わりごとに献上品を持って一族を引き連れて上京したときに奏上したものであった。大宝律令の施行により、先祖代々国の長として諸国を治めていた国造は政治的実権者としての立場を追われ、中央政府から任命される国守に代えられたのであるが、出雲にだけは国守がおかれず、出雲国造は紀《き》伊国造とともにその政治的支配権を留め置かれた。それはおそらく出雲国の神祭りが特別に重視されたからであろう。この神賀詞は、国造の出雲臣がいかによく出雲の神を祀《まつ》っているかを語っている。


八十日日《やそかび》はあれども、今日の生日《いくひ》の足日《たるひ》に、出雲の国の国の造《みやつこ》姓名《なにがし》、恐《かしこ》み恐みも申したまはく、「挂《か》けまくも恐《かしこ》き明《あき》つ御神と、大八《おほや》島国《しまぐに》知ろしめす天皇命《すめらみこと》の大御世を、手長《たなが》の大御世と斎《いは》ふと もし後の斎ひの時には、後の字を加へよ。 して、出雲の国の青《あを》垣山《がきやま》の内に、下つ石《いは》ねに宮柱太知り立て、高天の原に千木《ちぎ》高知ります、いざなきの日まな子、かぶろき熊野の大神、くしみけのの命、国作りましし大なもちの命二柱の神を始めて、百八十六社《ももやそまりむやしろ》に坐す皇神等《すめがみたち》を、某甲《それがし》が弱肩に太襷《ふとだすき》取り挂けて、いつ幣《ぬさ》の緒結び、天のみかび冠《かがふ》りて、いづの真屋《まや》に麁草《あらくさ》をいづの席《むしろ》と苅り敷きて、いつへ黒益《くろま》し、天の瓱《みか》わに斎《い》み籠《こも》りて、しづ宮に忌《いは》ひ静め仕へまつりて、朝日の豊栄登《とよさかのぼ》りに、斎《いは》ひの返事《かへりごと》の神賀《かむほき》の吉詞《よごと》、奏《まを》したまはく」と奏《まを》す（『延喜式』巻の八「出雲国造神賀詞」）

国造の出雲臣は、「『かぶろき熊野の大神』すなわちスサノオと『国作りましし大なもちの命』すなわちオオクニヌシをはじめとして、出雲の百八十六社におられる神々の霊を、無力な自分でありますが、一生懸命祀って鎮《しず》め申し上げていますのでどうぞご安心ください」と語る。

ここで注意すべきことは、出雲大社の宮司を兼ねる国造の出雲臣が鎮魂する神はオオクニヌシに限らず、スサノオを含めて出雲国の百八十六社に祀られる神々すべてであることである。それは、国造である出雲臣が出雲全域の神々を管理していることを

出雲大社の大鳥居は、大正 4 年（1915）、天皇即位の御大典の記念に、
九州の敬神家によって寄進された

意味しよう。古くから、出雲大社はオオクニヌシばかりかスサノオをも祀っているという説があるが、そういう説があるのも、この神賀詞を読めばもっともであると思われる。

次にオオクニヌシの国譲りの話が語られている。

「高天の神王高御魂《かむみおやたかみむすび》の命の、皇御孫《すめみま》の命に天の下大八島国を事避《ことよ》さしまつりし時に、出雲の臣等《おみら》が遠《とほ》つ神天《あめ》のほひの命を、国体《くにがたみ》見に遣はしし時に、天の八重雲をおし別けて、天翔《あまがけ》り国《くに》翔りて、天の下を見廻りて返事《かへりごと》申したまはく、『豊葦原《とよあしはら》の水穂の国は、昼《ひる》は五月蠅《さばへ》なす水沸《みなわ》き、夜は火瓫《ほべ》なす光《かがや》く神あり、石《いは》ね・木立・青水沫《あをみなわ》も事問ひて荒ぶる国なり。しかれども鎮め平《む》けて、皇御孫の命に安国と平らけく知ろしまさしめむ』と申して、己命《おのれみこと》の児天《みこあめ》の夷鳥《ひなとり》の命にふつぬしの命を副《そ》へて、天降し遣はして、荒ぶる神等を撥《はら》ひ平《む》け、国作らしし大神をも媚《こ》び鎮めて、大八島国の現《あき》つ事・顕《うつ》し事事避《ことよ》さしめき。すなはち大なもちの命の申したまはく、『皇御孫の命の静まりまさむ大倭《おほやまと》の国』と申して、己命《おのれみこと》の和魂《にぎみたま》を八咫《やた》の鏡に取り託《つ》けて、倭《やまと》の大物主《おほものぬし》くしみかたまの命と名《みな》を称《たた》へて、大御和《おほみわ》の神なびに坐せ、己命の御子あぢすき高ひこねの命の御魂を、葛木《かづらき》の鴨《かも》の神なびに坐せ、事代主《ことしろぬし》の命の御魂をうなてに坐せ、かやなるみの命の御魂を飛鳥《あすか》の神なびに坐せて、皇孫《すめみま》の命の近き守神と貢《たてまつ》り置きて、八百丹杵築《やほにきづき》の宮に静まりましき。ここに親神《むつかむ》ろき・神ろみの命の宣りたまはく、『汝《いまし》天のほひの命は、天皇命《すめらみこと》の手長《たなが》の大御世を、堅磐《かきは》に常磐《ときは》に斎《いは》ひまつり、茂《いか》しの御世に幸《さき》はへまつれ』と仰《おほ》せたまひし次《つぎて》のまにまに、供斎《いはひごと》もし後の斎ひの時には、後の字を加へよ。仕へまつりて、朝日の豊栄登《とよさかのぼ》りに、神の礼《ゐや》じろ臣の礼じろと、御禱《みほき》の神《かむ》宝献《だからたてまつ》らく」と奏《まを》す

ここで、記紀に語られる国譲りの話と相反する話が語られている。記紀では、出雲臣の祖先神であるアメノホヒは国譲りの使者として出雲に遣わされたのに、オオクニヌシにおもねって三年もの間、復命しなかったとされる。しかしこの神賀詞では、「天孫ニニギが治められる国にするため、豊葦原の中つ国に派遣されたが、この国には荒ぶる神が満ち満ちていた。しかしアメノホヒは、この神々を鎮めることができると報告し、息子のアメノヒナドリをフツヌシに添えて遣わした。それで国譲りの交渉はみごとに成功した」というのである。これは『古事記』の伝承とはもちろん、『日本書紀』の伝承とも異なる。『古事記』には、タケミカヅチの国譲りの交渉のとき、アメノトリフネがタケミカヅチに副えて遣わされたとある。また『日本書紀』には、フツヌシが主なる使者であり、タケミカヅチは副使者であるが、アメノヒナドリの名

はない。

これは、あるいはアメノホヒの子孫である出雲臣家に代々伝わってきた伝承かもしれない。出雲臣の祖先神が天孫の命に従わないというのは、ヤマト支配下においては出雲臣家の不名誉になる。この伝承は出雲臣が祖先の汚名を晴らそうとして作り上げたものとみるべきであろう。

ここは『古事記』『日本書紀』の伝承のほうが正しいと思われる。たとえば、菅原《すがわらの》道真《みちざね》の怨霊《おんりょう》の鎮魂のために建造された北野天満宮の宮司を務めたのは、代々菅原道真の子孫であった。また崇神《すじん》天皇の御代にオオモノヌシの祟《たた》りで疫病が流行したのを天皇はいたく憂《うれ》えたが、オオクニヌシの子孫、オオタタネコを探してオオモノヌシを祀らせたところ、疫病はたちまち治まり、国は安らかになったという。つまり、怨霊神を鎮魂できるのはその怨霊神の子孫であるか、あるいはその怨霊神ときわめて親しい神の子孫であるかのどちらかである。アメノホヒがオオクニヌシに国譲りを強要した使者の一人であったとすれば、そのようなアメノホヒの子孫がオオクニヌシの魂を鎮魂することはとてもできないだろう。ここは記紀が語るように、オオクニヌシに媚《こ》び従った神の子孫でなければこのような役は務まらない。

しかし、記紀の伝承とは異なるこのような伝承を奏する出雲臣を、中臣氏も、藤原

稲佐の浜——「国譲り」の海に夕闇が訪れる

氏もとがめることなく黙認したのはどういうわけであろう。私は、この出雲の神々の鎮魂の仕事は大変重要で、その重要な仕事をつつがなく務める出雲臣の自尊心を尊重し、祖先神アメノホヒがあくまでタカミムスビに忠実であったと強弁する出雲臣を大目に見たゆえではないかと思う。

もう一つ、神賀詞の中で見逃せないくだりがある。オオクニヌシが自らの和魂《にぎみたま》をオオモノヌシと名を変えて「大御和《おほみわ》」に、アヂスキタカヒコネの魂を「葛木の鴨《かづらきかも》」に、コトシロヌシの魂を「うなて」に、カヤナルミの魂を「飛鳥《あすか》」に祀り、皇孫ニニギの守り神にしたという文である。ここでカヤナルミのみは記紀に出てこないが、カヤナルミはオオクニヌシの娘であるシタデルヒメであるという説がある。あるいは、そうかもしれない。今はすべての神がこの記述通りの場所に祀られているわけではないが、オオクニヌシは国譲りの後、オオクニヌシの子孫の神々を、アマテラスを祖先神とする天孫族の王朝の忠実な守り神としたのであろう。

そして最後に、出雲臣は彼らの持参した出雲名産の献上品を誉め称《たた》え、その献上品は国の安泰に大いに役立つと述べるのである。

霊亀二年（七一六）の出雲臣果安の奏上が、この神賀詞の最初であったと思われるが、果安が直接天皇に奏上したのではあるまい。おそらくそれを聞いた中臣人足が果安に代わって天皇に奏上したのであろう。位が外正七位上にすぎない果安は、天皇に直接奏上できる身分ではなかった。中臣人足は神祇大副であるので、五位以上の殿上人とされる官僚であったことは確実である。神祇官では、神事に携わる官などが尊重されるが、その長官の神祇伯すら従四位下であり、大宝令の八省の長より位が低い。

藤原不比等は、不比等の子孫のみに藤原姓を名乗らせ、他の藤原氏を元の姓、中臣氏にして、政治を藤原氏、神事を中臣氏に司らせて、政治権力とともに宗教権力をも握ることにより、藤原氏の末永い繁栄を図った。しかし宗教権力をもつ中臣氏には従四位下しか与えなかった。それはおそらく藤原氏と中臣氏の上下関係を固定するためであろう。かくして藤原↓中臣↓出雲臣という従属関係が半永久的に固定されたのである。このように考えて初めて出雲臣の神賀詞の意味が理解される。

しかしここで問題がある。それは「大祓祝詞」にはっきり表れている中臣氏の禊・祓いの神道と、この神賀詞で語られる鎮魂の神事はどのように関係するかという問題である。

この問いに対する答えは簡単である。禊・祓いの神道は、祓われた霊を鎮魂することをもっとも重要な神事とするからである。よき例を挙げよう。北野天満宮の建造に関する話である。右大臣であった菅原道真は醍醐天皇の御代に左大臣の藤原時平《ときひら》など

江戸中期、延享元年（1744）に造営された出雲大社の本殿は、神社建築としては破格のスケールを誇る。ところが古代・中世はさらに現在の2倍、48メートルの高さがあり、東大寺大仏殿をしのぐ高層建築だった

の讒言《ざんげん》により大宰府《だざいふ》に流罪《るざい》になり、それを恨んで死んだ。ところがその後、天災や地変が続き、また落雷で道真の流罪に関係した官僚が死んだりして、道真の怨霊がいたく恐れられた。ところが、道真流罪にまったく責任がなかったとはいえない、時平の同母弟の藤原忠平《ただひら》が北野天満宮という大神宮を建てて道真を祀った。それにより、怨霊の恨みはもっぱら時平の子孫に向かったため、忠平一家は藤原氏の長として政治の実権を握り、摂政関白の職を独占するにいたり、北野天満宮はついに摂関家の守護神になったというのである。これは、禊・祓いの神道において、「流罪」「死罪」にあった怨霊の鎮魂がいかに重要な神事であるかを物語るものである。

私はかつて『隠された十字架』を書き、再建法隆寺は聖徳太子の怨霊を鎮魂するための寺であり、また『水底の歌』を書き、柿本人麻呂は流罪になり刑死になったのではないかと論じた。聖徳太子は藤原不比等によって怨霊として祀られ、柿本人麻呂は不比等によって石見《いわみ》などに流罪になり、ついに水死を命じられた。しかし怨霊として祀られたのは聖徳太子や柿本人麻呂ばかりではない。前代の王朝、出雲王朝のスサノオ、オオクニヌシこそ、不比等がもっとも手厚く祀った大怨霊神なのであり、そして、その藤原不比等こそが、ヤマト王朝に敗れた出雲王朝の神々を出雲の地に封じ込めた張本人だと、私は思う。

以上の論及によって、(三)の出雲大社は何のために、いかなる思想によって建造されたかという問いは解決された。残るところは、(四)の出雲大社の建造がいかなる意味をもつか、という問いのみである。

出雲大社建造は後世に誇るべき大事業であったといえる。現在の約二倍の高さのあったこの壮大きわまる本殿は何度か倒壊したが、そのたびごとに再建され、鎌倉時代はまだそのままであったことが柱根の出土によって確認された。江戸時代には本殿は約半分の高さになったが、それでも天皇の祖先神アマテラスの坐す伊勢神宮よりはるかに壮大な神社である。

中国では新しい王朝が誕生する毎に、前代王朝の歴史書が編まれた。それには前代の王朝の鎮魂という意味も含まれていたのであろう。日本最初の歴史書『古事記』と『日本書紀』も、中国の歴史書にならって日本の歴史を語り、前代の王朝の洪業を賛美し、その上で、現王朝が前代の王朝に代わらねばならぬ必然性を述べたものと思われる。『古事記』においてオオクニヌシの国作りの話が特に詳しく語られているのは、悲劇的な最期《さいご》を遂げたオオクニヌシの怨霊鎮魂をひそかに行おうとしたからであろう。出雲大社建造は、この『古事記』に語られている前代の王朝の神々の鎮魂を具体的に示したものであるといえよう。

この出雲大社完成のときを、霊亀二年ではないかと私は語ったが、それは元正《げんしょう》天皇の御代であった。しかし壮大な出雲大社の建造にはかなりの時間がかかると思われるので、その建造は遅くとも元明《げんめい》天皇の和銅年間には始められていたと考えなければならない。とすれば、出雲大社建造は元明・元正親子の両女帝の功績ということになる。この両女帝の御代において、平城遷都《せんと》、『古事記』『日本書紀』撰集などの大事業がなされている。また大宝律令の制定は元明帝の子である文武《もんむ》帝の大宝元年（七〇一）のことであるが、養老律令の制定は『日本書紀』の編纂《へんさん》と同じ養老四年の元正帝の御代のことで、いずれも元明、元正天皇が帝として君臨していた時代である。とすれば、律令の制定、歴史書の編集、都城の造営などの後世に残る大事業をなした両女帝は、稀代《きたい》の名君として称えられてもよいはずである。出雲大社建造についても、彼女たちが君臨していた御代の事跡として、二人の女帝の栄光をいっそう輝かせるものであろう。

しかし残念ながら、記紀はそのことに触れていない。元明、元正帝の背後には、知謀に富み、実行力抜群の政治家がいたからであろう。

不比等は日本の律令制を完成せしめた巨人であるが、その律令制の基礎を作った聖徳太子とは大きな違いが二点ある。聖徳太子は新たにつくられるべき日本の国の理想を語り、日本人に守るべき道徳を提示した。太子が作った「十七条憲法」は、憲法であるというよりは官吏のあるべき道徳を語ったものであると思われる。さらに太子は三経の講義を行い、『三経義疏《さんぎょうぎしょ》』を作って、人間のよるべき仏教の教えとはいかなるものであるかを追究した。これに対して不比等が語るのは、政治や歴史という実際に即したことであり、哲学や道徳のことなどは一切語らない。

また、聖徳太子は千年の日本の理想を語ったが、自己の子孫の栄達のことをあまり考慮しなかった。聖徳太子は「子孫あらせじと思うなり」と語ったという。これは、太子の死の二十年後の、山背大兄皇子《やましろのおおえのおうじ》をはじめとする太子の子孫の惨殺《ざんさつ》の後に太子の魂を鎮魂するために、後世の人によって太子の言葉とされたものであると私は考えるが、聖徳太子は、藤原不比等のように末永く彼の子孫が権力、財力を保持することなどまったく考えなかったにちがいない。しかし不比等は違う。彼の子孫が永久に権力を保持し、末永く繁栄する策を、時代の要請に応《こた》える政治的事業の中に巧みに忍び込ませたのである。おかげで太子の子孫は滅び、不比等の子孫は千年の栄華を全《まっと》うする。彼には『竹取物語』のくらもちの皇子のように、嘘《うそ》を本当に見せかけることに天才的なところがあり、決して万人に好かれる人間ではない。

やはり万人に好かれるのは何といってもオオクニヌシである。出雲王国の神の子として生まれながら、卑母のせいであろう、兄弟神の僕として、兄神たちのいちばん後に大きな袋を背負ってとぼとぼ歩んだが、心は甚だやさしく、傷ついた稲羽《いなば》の素兎《しろうさぎ》に傷を治す方法を教え、女性に愛され、女性の力で出雲の王となり、日本国の王にさえなった。そして、スクナヒコナとともに稲作農業を盛んにし、おいしい酒造りを教え、医療を民衆に遍《あまね》く施した。しかし、武運つたなくついに天つ神にこの国の支配権を譲り、稲佐の海に身を隠した。このように、平和的に国譲りを行った悲運の英雄オオクニヌシこそ、日本の民衆が心から愛した神である。私は改めて『古事記』を読み、その功業の跡の残る神社や遺跡を遍く訪ね、日本の国をつくった大英雄オオクニヌシを賛美せざるを得なかった。

約四十年前、『神々の流竄』を書いたとき、私は何度も『古事記』『日本書紀』を読んだはずなのに、オオクニヌシという存在が十分理解できなかった。そして、出雲神話はヤマトで起こった物語を出雲に仮託したものであるという説を出した。しかし、これはまったく誤った説であり、このような誤った説の書かれた書物を書いたことを大変恥ずかしく思うとともに、オオクニヌシノミコトにまったく申し訳ないことをしたと思っている。今回改めて出雲大社に参拝し、神前で拝礼してオオクニヌシノミコトに心からお詫《わ》びした。そして「私は間違っていました。改めてミコトの人生を正しく顕彰《けんしょう》する書物を書きます」と固く誓って、出雲を後にしたのである。

主要参考文献

◆倉野憲司＋武田祐吉校注『古事記　祝詞』日本古典文学大系　岩波書店　1958年
◆秋本吉郎校注『風土記』日本古典文学大系　岩波書店　1958年
◆坂本太郎＋家永三郎＋井上光貞＋大野晋校注『日本書紀　上』日本古典文学大系　岩波書店　1967年
◆西宮一民校注『古事記』新潮日本古典集成　新潮社　1979年
◆野口元大校注『竹取物語』新潮日本古典集成　新潮社　1979年
◆青木和夫＋稲岡耕二＋笹山晴生＋白藤禮幸校注『続日本紀　二』新日本古典文学大系　岩波書店　1990年
◆坂本太郎校訂『新訂増補　国史大系　第三巻　日本後紀、続日本後紀、日本文徳天皇実録』吉川弘文館　1934年
◆丸山二郎校訂『新訂増補　国史大系　第七巻　古事記、先代旧事本紀、神道五部書』吉川弘文館　1936年
◆坂本太郎＋黒板昌夫校訂『新訂増補　国史大系　第八巻　日本書紀私記、釈日本紀、日本逸史』吉川弘文館　1932年
◆坂本太郎＋丸山二郎＋黒板昌夫校訂『新訂増補　国史大系　第十二巻　扶桑略記、帝王編年記』吉川弘文館　1932年
◆黒板昌夫＋馬杉太郎校訂『新訂増補　国史大系　第五十三～五十七巻　公卿補任』吉川弘文館　1934―39年
◆平井直房＋佐藤真人校注『神道大系　神社編三十七　出雲大社』神道大系編纂会　1991年
◆梅原猛『現代語訳　日本の古典1／古事記』学習研究社　1980年
◆千家尊統『出雲大社』学生社　1968年

◆梅原末治『日本古玉器雑攷』吉川弘文館　1971年
◆梅原猛『梅原猛著作集八　神々の流竄』集英社　1981年
◆『島根観光事典』島根県観光連盟　1984年
◆大野晋＋大久保正校訂『本居宣長全集　第九巻、第十巻』筑摩書房　1968年
◆久松潜一校注『本居宣長集』古典日本文学全集　筑摩書房　1960年
◆『津田左右吉全集　一巻〜二巻　日本古典の研究』岩波書店　1963年
◆『津田左右吉全集　四巻〜八巻　文学に現はれたる我が国民思想の研究』岩波書店　1964年
◆柳田国男『妹の力』角川文庫　1957年
◆栗田寛『新撰姓氏録考証　上、下』（複製版発行）臨川書店　1969年
◆上田正昭『藤原不比等』朝日選書　1986年
◆佐原真＋春成秀爾『出雲の銅鐸　発見から解読へ』NHKブックス　1997年
◆上山春平『埋もれた巨像　国家論の試み』同時代ライブラリー　岩波書店　1997年
◆島根県加茂町教育委員会編『銅鐸の謎』河出書房新社　1997年
◆前島己基編著『古代出雲を歩く』山陰中央新報社　1997年
◆谷川健一編『日本の神々』（新装復刊）全13巻　白水社　2000年
◆佐原真『銅鐸の考古学』東京大学出版会　2002年
◆『木次町の史跡と文化財』木次町教育委員会　2004年
◆森浩一編『古代翡翠文化の謎』新人物往来社　1988年
◆藤田富士夫『玉とヒスイ』同朋舎出版　1992年
◆梅原猛『日本の霊性―越後・佐渡を歩く』新潮文庫　2007年

◆設楽博己＋藤尾慎一郎＋松木武彦編『弥生時代の考古学7　儀礼と権力』同成社　2008年
◆樋口隆康『古鏡』新潮社　1979年
◆瀧音能之『図説　出雲の神々と古代日本の謎』青春出版社　2007年
◆『荒神谷遺跡／加茂岩倉遺跡　青銅器大量埋納の遺跡』島根県埋蔵文化財調査センター　2002年
◆「特集　検証　古代出雲王国」／『歴史読本』2007年4月号　新人物往来社
◆『古代出雲歴史博物館　展示ガイド』ワン・ライン　2007年
◆『荒神谷博物館　展示ガイドブック』斐川町　2005年
◆『荒神谷遺跡銅剣発掘調査概報』島根県教育委員会　1985年
◆『加茂岩倉遺跡発掘調査概報　I』加茂町教育委員会　1997年

取材協力（敬称略・順不同）

出雲市／雲南市／出雲大社／日御碕神社／長浜神社／須佐神社／島根県立古代出雲歴史博物館／荒神谷博物館／万九千神社／須我神社／玉作湯神社／松江市立出雲玉作資料館／島根県立八雲立つ風土記の丘／熊野大社／八重垣神社／佐太神社／美保神社／伊和神社／射楯兵主神社／御形神社／兵庫県立考古博物館／神戸市立博物館／辰馬考古資料館／姫路市埋蔵文化財センター／姫路文学館／洲本市立淡路文化史料館／南あわじ市滝川記念美術館（玉青館）／出雲弥生の森博物館

解説

井波律子

著者はこれまで日本古代をテーマにした作品において、通説に挑戦し、これを根本的に覆《くつがえ》す論旨を展開してきた。法隆寺を聖徳太子一族の怨霊《おんりょう》鎮魂の寺とする『隠された十字架』、柿本人麻呂《かきのもとのひとまろ》を流罪《るざい》刑死に処された人とする『水底《みなそこ》の歌』は、その代表作である。本書『葬られた王朝　古代出雲の謎《なぞ》を解く』はこの二大作につづいて、出雲神話をフィクションだとする通説を覆し、古代出雲にかつて強大な王権が存在したことを立証しようとする意欲作にほかならない。さらにまた、本書で展開される論旨は通説への挑戦であるとともに、過去に立てた自説をあえて否定するものだと、著者自身、言明している。すなわち、今を去ること約四十年、著者はその著『神々の流竄《るざん》』において、「出雲神話なるものは、大和に伝わった神話を出雲に仮託したものである」と論じたが、「その説は結論においては、戦後の歴史家が多く採用する、出雲神話ばかりか日本の神話そのものを全くのフィクションと考える津田左右吉《そうきち》の説と変わりなかった」と、率直に言いきっているのである。

こうして通説・定説および過去の自説をきっぱり否定したうえで、著者はまず出雲にまつわる神話・伝説の徹底的な検証を通じて、出雲神話の秘められた文脈を読み解き、ついでフィールドワークすなわち近年、出雲の地に大量出土した考古学的遺跡・文物を実地検分することによって、出雲神話の具体的裏付けを行う。本書において、こうした文献と遺跡の両面からの検証により、葬られた出雲王朝、失われた出雲王国の貌《かお》が、ありありと浮かびあがってくるさまは、圧巻というほかない。

本書は、序章「出雲へ」、第一章「出雲王朝はスサノオから始まった」、第二章「オオクニヌシ——王朝を繁栄させた大王」、第三章「考古学が語る出雲王朝」、第四章「記紀の謎」、終章「出雲大社の建造」の六部構成をとる。第一章と第二章は、『古事記』の記述を中心に、『日本書紀』および『播磨国風土記《はりまのくにふどき》』『出雲国風土記』などを参照しながら、出雲王朝の始祖と目されるスサノオ、出雲王朝をクライマックスに導いたオオクニヌシの足跡をたどり、これをうける第三章では、出雲に今ものこる多くの神社や近年、発見された荒神谷《こうじんだに》遺跡や加茂《かも》岩倉《いわくら》遺跡の銅剣や銅鐸《どうたく》をはじめとする出土品をとりあげ、考古学的見地から神話の形で語られる古代出雲王権の実在を立証する。

かくして、第四章では、出雲神話の書かれている『古事記』『日本書紀』の成り立ちを解明し、その成り立ちに、当時の実力者藤原不比等《ふひと》の意図が強くはたらいていたことを明らかにする。しかし、いかに権力者が神話や伝説を改竄しようとも、著者が「巧妙な歴史偽造者は、自己の利益のあるところのみを偽造して、それ以外は古来からの伝承を忠実に伝えるものである。そうでなければ、偽造された部分の虚偽が露《あら》わになりやすいからである」と述べているように、何もかも虚偽に塗りかえることはできず、叙述の綻《ほころ》び目から、古来の伝承がおのずと浮かびあがってくるのが習いである。複雑に錯綜《さくそう》した神話や伝説を解きほぐしながら、出雲王朝の始まりから終焉《しゅうえん》までをたどった本書の第一章から第二章は、『古事記』や『日本書紀』に習熟した著者が、幾重にも張りめぐらされた虚妄の叙述から、出雲王朝の興亡に関する事実を鋭い感受性によって選りわけ、著されたものだといえよう。

本書において、もっとも興趣にあふれるのは、やはりスサノオを描いた第一章とオオクニヌシを描いた第二章だと思われる。

第一章でとりあげられるスサノオには、『古事記』や『日本書紀』によれば、出雲に出現するまで、高天原《たかまがはら》を主要な舞台とする波瀾万丈《はらんばんじょう》の前史がある。国生み神話のイザナギ・イザナミの末子、アマテラスの弟のスサノオは高天原を騒がせたため、追放処分を受ける。追放されたスサノオは、『日本書紀』によれば、直接、出雲に向かわず、いったん朝鮮半島の「曾尸茂梨《そしもり》」に降臨して舟を造り、その舟に乗って出雲にたどりついたというのである。こうした神話から、著者は、スサノオは朝鮮半島からやってきた渡来人であろうと推測する。謎に包まれた神話の文脈からその暗示するところを、みごとに探り当てた卓見である。

さらに、出雲に到着したスサノオは国つ神の子孫であるアシナヅチから、八つの頭と八つの尾をもつ高志《こし》のヤマタノオロチが毎年、娘を食べにくるという話を聞く。そこで、スサノオはヤマタノオロチに酒を飲ませて、十握《とつか》の剣でバラバラに切り殺し、アシナヅチの最後に残った娘であるクシナダヒメと結婚、以後、出雲は平穏になる。諸書に記載されるこのヤマタノオロチ伝説から、著者は、ヤマタノオロチとは、ヒスイを産出する豊かな越《こし》の国からやってきた豪族を指し、その豪族が出雲を支配して住民を圧迫し、害をもたらしたことを意味するのではないかと述べる。出雲に無数にのこるスサノオやヤマタノオロチにゆかりの地をめぐりながら、著者が展開するこの説は、荒らぶる放浪の神スサノオが外敵を追い払って出雲に定住し、この地に平穏をもたらしたという開国伝説の深奥《しんおう》にひそむ、歴史的脈絡をあぶりだすものであり、説得力に富む。

著者によれば、スサノオの六代目の子孫オオクニヌシは、「スサノオの行なった越の国の支配からの解放をさらに進め、越の国を逆に出雲の国の支配下に置いた」英雄である。第二章は、ドラマティックな転変を繰り返したオオクニヌシの足跡をスリリングに追跡したものであり、一場の戯曲を見るような昂揚感《こうようかん》にあふれている。祖先のスサノオが女性（クシナダヒメ）を救うことによって、荒らぶる神から出雲の守り神に変身したとすれば、オオクニヌシは、逆に度重なる試練をあまたの女性や動物（ウサギやネズミ）に救われることによって、当初の弱々しさから脱皮し、戦い支配する荒らぶる神にして、スクナヒコナなどの助力を得、出雲に豊穣《ほうじょう》な実りをもたらす守り神に変身したといえよう。

身分の低い母をもつオオクニヌシが兄たちに軽んじられ迫害されながら、因幡《いなば》のヤガミヒメに愛され結ばれたこと。以後もつづく兄たちの執拗《しつよう》な攻撃を逃れ、黄泉《よみ》の国へ行ったものの、またも王のスサノオの厳しい試練にさらされるが、スサノオの娘のスセリビメに助けられ、手に手をとって黄泉の国から脱出することに成功したこと。これらの話は、オオクニヌシが女性の援助により、イニシエーション（通過儀礼）をくぐりぬけ、強い英雄に生まれ変わったことを示すものであろう。

生まれ変わったオオクニヌシは兄たちを征伐して出雲の王となったのみならず、かつて出雲に害をなした越の国に征伐に向かう。上質のヒスイを産出するゆたかな越の国の支配者はヌナカワヒメという女王だったが、オオクニヌシは彼女とも結ばれ、越の支配権を奪取するに至る。オオクニヌシはすこぶるエロス的な存在でもあるのだ。ちなみに、著者には『日本の霊性　越後・佐渡を歩く』という越の国のヒスイ文化を論じた好著がある。このためもあって、オオクニヌシの越征伐を描くくだりは臨場感にあふれ、実に面白い。

オオクニヌシの矛先は越のみならず、やがてヤマトにまでおよび、出雲王権の支配圏は広大となるが、やがてヤマト王権に迫られ、ついに国譲りのやむなきに至る。オオクニヌシの弱者から強者への変身と、出雲王朝、出雲王権の上昇から下降への経緯を重ね合わせながら描ききったこのくだりは、まさに本書の白眉《はくび》といえよう。さらにまた、ここにはオオクニヌシという稀有《けう》の存在の魅力が存分に描かれており、興趣尽きないものがある。

ヤマト王権に屈し滅び去ったスサノオ、オオクニヌシの出雲王権は長い時の流れのなかで、いつしか幻と化し、神話的フィクションと見なされるに至った。こうした見方を根底から覆したのが、先述のとおり、近年、荒神谷遺跡や加茂岩倉遺跡が発見され、前者からは三百五十八本の銅剣、後者からは三十九個の銅鐸など、数多い青銅器が出土したことである。この考古学的発見により、かつて出雲に強大な王権が存在し、高度な青銅器文化が栄えていたことが立証された。著者の述べるとおり、出雲神話は幻ではなかったのである。出雲王権を築き発展させたスサノオとオオクニヌシは霊力の強い王者であり、自らの存在を無化してきた従来の歴史観に、このような形で異議を申し立てたとしか思えない。

さらにまた、著者は、これらの青銅器のほとんどに×印が刻まれていることに着目し、これは偉大なる死者、すなわち国譲りの後、海に身を隠して黄泉の国の王になったオオクニヌシに捧げられたものではないかと論じ、長らく埋蔵されていた青銅器の秘密に迫る。

こうして多様な角度から、出雲神話がフィクションでないことを論証してきた著者は、出雲王権が地上から消滅してから長い年月が経過した後、その興亡を神話として封じ込めた『古事記』『日本書紀』成立に深く関与した、藤原不比等こそが、元明（七〇七―七一五在位）・元正（七一五―七二四在位）という二人の女性皇帝の時代に、壮大な出雲大社を建立し、強烈な霊力をもつスサノオとオオクニヌシを大怨霊神として、手厚く祀《まつ》った仕掛け人ではないかと述べ、葬られた出雲王朝を現代に甦《よみがえ》らせたこの探究を締めくくる。

総じて、本書は首尾一貫した綿密な全体構想によって組み立てられているが、細部の叙述は豊饒《ほうじょう》にして躍動的であり、読者に快い知的快感を覚えさせる。要所要所に挿入される写真も遺跡、文物、風景、これらに見入る著者の姿等々、バラエティに富み、本書における神話から歴史への旅にゆたかな彩《いろどり》を添えている。

（平成二十四年八月、国際日本文化研究センター名誉教授）

この作品は平成二十二年四月新潮社より刊行された。

葬《ほうむ》られた王《おう》朝《ちよう》

—古代出雲の謎を解く—

新潮文庫　う－5－14

平成二十四年十一月　一日　発行
平成二十六年十一月　十日　七刷

著者　梅《うめ》原《はら》猛《たけし》

発行者　佐藤隆信

発行所　株式会社　新潮社

郵便番号　一六二—八七一一
東京都新宿区矢来町七一
電話　編集部(〇三)三二六六—五四四〇
読者係(〇三)三二六六—五一一一
http://www.shinchosha.co.jp

価格はカバーに表示してあります。

乱丁・落丁本は、ご面倒ですが小社読者係宛ご送付ください。送料小社負担にてお取替えいたします。

印刷・大日本印刷株式会社　製本・加藤製本株式会社

ISBN978-4-10-124414-3 C0195